AINSI
PARLA L'ONCLE

JEAN PRICE - MARS

AINSI
PARLA L'ONCLE

ESSAIS D'ETHNOGRAPHIE

RAPSYCHOLOGY FOUNDATION, INC.

500 Fifth Avenue   New York, N. Y.

INTRODUCTION

A LA NOUVELLE EDITION

Le but de Parapsychology Foundation, Inc., en publiant une nouvelle édition de "Ainsi Parla l'Oncle" pour les lecteurs de langue française, est de mettre cet ouvrage, devenu un classique dans le domaine ethnologique, à la disposition d'un public de plus en plus conscient des problèmes haïtiens.

Ceux qui ont étudié les problèmes haïtiens ont trouvé dans le livre du Dr. Jean Price-Mars une source inestimable de renseignements pour leurs recherches dans les origines de la Société haïtienne. A une période où les recherches scientifiques parmi la paysannerie haïtienne étaient pour ainsi dire non-existantes, "Ainsi Parla l'Oncle" ouvrit la voie qui depuis fût suivie par les chercheurs, humbles ou bien connus. Durant ce dernier quart de siècle, les chercheurs ont rendu hommage au Dr. Price-Mars, reconnaissant qu'il a été le premier à explorer les vastes et fascinantes frontières des études ethnologiques sur Haïti. Depuis la parution de "Ainsi Parla l'Oncle" en 1928, bien des livres ont été écrits sur Haïti, et nombre de leurs auteurs ont tenu à faire état publiquement de leur dette de gratitude au Dr. Price-Mars pour le travail qu'il a effectué.

Parapsychology Foundation, Inc., republie l'édition originale de "Ainsi Parla l'Oncle" telle quelle, persuadée qu'un ouvrage d'une telle valeur classique doit demeurer inchangé.

La parution de cette nouvelle édition de "Ainsi Parla l'Oncle" coïncide avec le 150ème Anniversaire de l'Indépendance de la République d'Haïti. Il est à souhaiter que cette publication contribue à faire davantage apprécier et comprendre, ici et à l'étranger, les origines traditionnelles de la Société haïtienne.

Hiver 1954-1955

Parapsychology Foundation Inc.
500 Fifth Avenue
New York, N. Y.

PRÉFACE

Nous avons longtemps nourri l'ambition de relever aux yeux du peuple haïtien la valeur de son folk-lore. Toute la matière de ce livre n'est qu'une tentative d'intégrer la pensée populaire haïtienne dans la discipline de l'ethnographie traditionelle.

Par un paradoxe déconcertant, ce peuple qui a eu, sinon la plus belle, du moins la plus attachante, la plus émouvante histoire du monde — celle de la transplantation d'une race humaine sur un sol étranger dans les pires conditions biologiques — ce peuple éprouve une gêne à peine dissimulée, voire quelque honte, à entendre parler de son passé lointain. C'est que ceux qui ont été pendant quatre siècles les artisans de la servitude noire parce qu'ils avaient à leur service la force et la science, ont magnifié l'aventure en contant que les nègres étaient des rebuts d'humanité, sans histoire, sans morale, sans religion, auxquels il fallait infuser n'importe comment de nouvelles valeurs morales, une nouvelle investiture humaine. Et lorsque à la faveur des crises de transmutation que suscita la Révolution française, la communauté d'esclaves de Saint-Domingue s'insurgea en réclamant des titres que personne jusque là ne songeait à lui reconnaître, le succès de ses revendications fut pour elle tout à la fois un embarras et une surprise — embarras, inavoué d'ailleurs, du choix d'une discipline sociale, surprise d'adaptation d'un troupeau hétérogène à la vie stable du travail libre. Evidemment le parti le plus simple pour les révolutionnaires en mal de cohésion nationale était de copier le seul modèle qui s'offrit à leur intelligence. Donc, tant bien que mal, ils insérèrent le nouveau groupement dans le cadre disloqué de la société blanche dispersée, et, ce fut ainsi que la communauté nègre d'Haïti revêtit la défroque de la civilisation occidentale au lendemain de 1804. Dès lors, avec une constance qu'aucun échec, aucun sarcasme, aucune perturbation n'a pu fléchir, elle s'évertua à réaliser ce qu'elle crut être son destin supérieur en modelant sa pensée et ses sentiments, à se rapprocher de son ancienne métropole, à lui ressembler, à s'identifier à elle. Tâche absurde et grandiose! Tâche difficile, s'il en fut jamais!

Mais c'est bien cette curieuse démarche que la métaphysique de M. de Gaultier appelle un bovarysme collectif c'est-à-dire la faculté que s'attribue une société de se concevoir autre qu'elle n'est. Attitude étrangement féconde si cette société trouve en elle-même les ressorts d'une activité créatrice qui la hausse au-dessus d'elle-même parce qu'alors la faculté de se concevoir autre qu'elle n'est devient un aiguillon, un moteur puissant qui la presse à culbuter les obstacles dans sa voie agressive et ascensionnelle. Démarche singulièrement dangereuse si cette société alourdie d'impedimenta, trébuche dans les ornières des imitations plates et serviles, parce qu'alors elle ne paraît apporter aucun tribut dans le jeu complexe des progrès humains et servira tôt ou tard du plus sûr prétexte aux nations impatientes d'extension territoriale, ambitieuses d'hégémonie pour la rayer de la carte du monde. Malgré des sursauts de redressement et des bouffées de clairvoyance, c'est par la mise en œuvre du second terme du dilemme qu'Haïti chercha une place parmi les peuples. Il y avait des chances que sa tentative fut considérée dénuée d'intérêt et d'originalité. Mais, par une logique implacable, au fur et à mesure que nous nous efforcions de nous croire des Français « colorés », nous désapprenions à être des Haïtiens tout court, c'est-à-dire des hommes nés en des conditions historiques déterminées, ayant ramassé dans leurs âmes, comme tous les autres groupements humains, un complexe psychologique qui donne à la communauté haïtienne sa physionomie spécifique. Dès lors, tout ce qui est authentiquement indigène — langage, mœurs, sentiments, croyances — devient-il suspect, entaché de mauvais goût aux yeux des élites éprises de la nostalgie de la patrie perdue. A plus forte raison, le mot nègre, jadis terme générique, acquiert-il un sens péjoratif. Quant à celui « d'Africain », il a toujours été, il est l'apostrophe la plus humiliante qui puisse être adressée à un

Haïtien. A la rigueur, l'homme le plus distingué de ce pays aimerait mieux qu'on lui trouve quelque ressemblance avec un Esquimau, un Samoyède ou un Toungouze plutôt que de lui rappeler son ascendance guinéenne ou soudanaise. Il faut voir avec quel orgueil quelques-unes des figures les plus représentatives de notre milieu évoquent la virtualité de quelque filiation bâtarde! Toutes les turpitudes des promiscuités coloniales, les hontes anonymes des rencontres de hasard, les brèves pariades de deux paroxysmes sont devenues des titres de considération et de gloire. Quel peut être l'avenir, quelle peut être la valeur d'une société où de telles aberrations de jugement, de telles erreurs d'orientation se sont muées en sentiments constitutionnels ? Dur problème pour ceux qui réfléchissent et qui ont la tâche de méditer sur les conditions sociales de notre milieu! En tout cas, il apparaîtra au lecteur combien notre entreprise est téméraire d'étudier la valeur du folk-lore haïtien devant le public haïtien. Notre audace apparaîtra plus nette quand nous avouerons que c'est sous la forme de conférences de vulgarisation que nous avions conçu le dessein originel de ce livre. Au fait, nous jetâmes l'amorce de deux conférences sur la division du sujet qui nous sembla la plus accessible au public amateur de frivolités et de bagatelles. Pour le reste, nous jugeâmes plus opportun de lui réserver le cadre d'une monographie. Alors, nous modifiâmes le plan primitif et nous joignîmes bout à bout les essais qui sont ici réunis. Nous confessons sans tarder que de toute la matière du folk-lore les modalités des croyances populaires, leurs origines, leur évolution, leur manière d'être actuelle, les explications scientifiques qui découlent de leur mécanisme ont été les problèmes qui ont le plus vivement sollicité nos recherches. C'est pourquoi elles tiennent une plus grande place dans ce recueil. Les solutions auxquelles nous avons souscrit sont-elles définitives ? Nous n'avons garde de le prétendre. C'est l'éternel souci de l'esprit scientifique de ne jamais considérer que comme provisoires les conclusions auxquelles aboutit l'étude des phénomènes d'ordre biologiques selon les méthodes et les acquisitions les plus récentes de la science. Du moins nous nous sommes efforcés d'utiliser les plus doctes travaux qui fussent susceptibles de nous aider à comprendre notre sujet dans ses modalités essentielles. Nous souhaitons que d'autres creusent plus avant le sillon et répandent une plus large profusion de semences...

Mais, nous dira-t-on, à quoi bon se donner tant de peine à propos de menus problèmes qui n'intéressent qu'une très infime minorité d'hommes, habitant une très infime partie de la surface terrestre ?

On a peut-être raison.

Nous nous permettrons d'objecter cependant que ni l'exiguité de notre territoire, ni la faiblesse numérique de notre peuple ne sont motifs suffisants pour que les problèmes qui mettent en cause le comportement d'un groupe d'hommes soient indifférents au reste de l'humanité. En outre, notre présence sur un point de cet archipel américain que nous avons « humanisé », la trouée que nous avons faite dans le processus des événements historiques pour agripper notre place parmi les hommes, notre façon d'utiliser les lois de l'imitation pour essayer de nous faire une âme d'emprunt, la déviation pathologique que nous avons infligée au bovarysme des collectivités en nous concevant autre que nous ne sommes, l'incertitude tragique qu'une telle démarche imprime à notre évolution au moment où les impérialismes de tous ordres camouflent leurs convoitises sous des dehors de philantropie, tout cela donne un certain relief à l'existence de la communauté haïtienne et, devant que la nuit vienne, il n'est pas inutile de recueillir les faits de notre vie sociale, de fixer les gestes, les attitudes de notre peuple, si humble soit-il, de les comparer à ceux d'autres peuples, de scruter leurs origines et de les situer dans la vie générale de l'homme sur la planète. Ils sont des témoins dont la déposition ne peut être négligeable pour juger la valeur d'une partie de l'espèce humaine.

Tel est, en dernière analyse, le sens de notre entreprise, et quel que soit l'accueil qu'on lui réserve, nous voulons qu'on sache que nous ne sommes pas dupe de son insuffisance et de sa précarité.

Pétionville, le 15 décembre 1927.

I

Ainsi parla l'Oncle

Qu'est-ce que le folk-lore ?

Notre réponse à cette interrogation s'inspirera, en partie, des travaux copieux et savants qui ont illustré le nom de M. Paul Sébillot et auxquels il a consacré les plus patientes recherches et la plus pénétrante sagacité.

Le terme folk-lore, rapporte Sébillot d'après William J. Thoms, est composé de deux mots saxons, « folk-lore, littéralement » folk : peuple, lore : savoir, c'est-à-dire : the lore of the people, le savoir du peuple (1).

« Il est difficile d'expliquer — continue William J. Thoms — quelles branches de connaissances doivent être comprises sous ce titre générique. L'étude du folk-lore s'est étendue bien au-delà de sa conception originelle. Dans un sens large, on peut dire qu'il occupe dans l'histoire d'un peuple une position correspondant exactement à celle que la fameuse loi non-écrite occupe au regard de la loi codifiée et on peut le définir comme une histoire non-écrite. De plus, il est l'histoire non-écrite des temps primitifs. Au cours du développement de la vie civilisée beaucoup des anciennes manières, coutumes, observances et cérémonies des temps passés ont été rejetées par les couches supérieures de la société et sont graduelle-

___

(1) Paul Sébillot. Le folk-lore. Littérature orale et ethnographique traditionnelle. 1 volume, Paris 1913.

ment devenues les superstitions et les traditions des basses
classes.

« On peut dire que le folk-lore englobe toute la « culture »
du peuple qui n'a pas été employée dans la religion officielle
ou dans l'histoire de la civilisation par d'étranges et grossières
coutumes, de superstitieuses associations avec les animaux,
les fleurs, les oiseaux, les arbres, les objets locaux, et avec
les événements de la vie humaine; il comprend la croyance
à la sorcellerie, aux fées et aux esprits, les ballades et les
dires proverbiaux qui s'attachent à des localités particulières,
les noms populaires des collines, des ruisseaux, des cavernes,
des tumulus, des champs, des arbres, etc..., et de tous les
incidents analogues.

« Dans la vie sauvage, toutes ces choses existent non
comme survivances mais comme des parties actuelles de l'état
même de la société. Les survivances de la civilisation et le
« status » du folk-lore des tribus sauvages, appartiennent
toutes deux à l'histoire primitive de l'humanité... »

Et en circonscrivant le domaine de la nouvelle science,
le comte de Puymaigre a résumé, en 1885, les raisons pour
quoi on l'a dénommée folklore : « Folklore comprend dans
ses huit lettres, dit-il, les poésies populaires, les traditions,
les contes, les légendes, les croyances, les superstitions, les
usages, les devinettes, les proverbes, enfin tout ce qui concerne
les nations, leur passé, leur vie, leurs opinions. Il était nécessaire d'exprimer cette multitude de sujets sans périphrases
et l'on s'est emparé d'un mot étranger auquel on est convenu
de donner une aussi vaste acception... »

Voilà donc exposés selon de hautes références l'objet et
l'étendue de la science qui nous occupe. Mais si cet objet, ainsi
que nous venons de le voir, consiste surtout à recueillir et à
grouper des masses de faits de la vie populaire afin d'en
révéler la signification, d'en montrer l'origine ou le symbole,
si la plupart de ces faits dévoilent un certain moment, une
étape de la vie de l'homme sur la planète, la première explication provisoire et aventureuse des problèmes qu'il a eu à
confronter, si, d'autre part, ils n'existent plus qu'à l'état de
survivances dans certaines sociétés comme pour marquer la
profondeur et l'ancienneté de croyances primitives, s'ils constituent, à notre gré, le plus troublant miroir où se reflète la

communauté d'origine probable de tous les hommes de quelque orgueil qu'ils se prévalent, à l'heure actuelle, n'est-il pas intéressant de rechercher par quelles matières éventuelles notre société pourrait concourir à l'enrichissement de cette partie de l'ethnographie et, le cas échéant, ne pourrions-nous pas tenter d'apporter un bref jugement sur la valeur d'une telle contribution ?

En d'autres termes, la société haïtienne a-t-elle un fonds de traditions orales, de légendes, de contes, de chansons, de devinettes, de coutumes, d'observances, de cérémonies et de croyances qui lui sont propres ou qu'elle s'est assimilé de façon à leur donner son empreinte personnelle, et si tant est que ce folk-lore existe, quelle en est la valeur au double point de vue littéraire et scientifique ?

Voilà le problème que nous nous sommes posé en écrivant ces essais. Mais comme on pense bien, les multiples aspects du sujet, l'abondance des informations, leur caractère embroussaillé, la nouveauté même de l'entreprise handicaperaient nos efforts et les amèneraient à un échec certain si nous n'avions le ferme propos de limiter d'avance notre champ d'action en choisissant dans la masse confuse des matériaux telles données qui soient représentatives de notre folk-lore

Nous savons bien à quels reproches d'arbitraire ou de parti pris nous nous exposons.

Mais (n'est-il pas vrai ?), si d'après le mot de Leibnitz, il n'y a de science que du général, on ne saurait classer sans choisir, on ne saurait choisir sans catégoriser.

Au reste deux méthodes s'offraient à nous. Ou bien établir la longue liste de nos légendes, observances, coutumes, etc..., en leur consacrant une description détaillée — ce qui ne serait pas sans profit mais provoquerait la plus vive et la plus légitime impatience du lecteur — ou bien choisir parmi ces faits tels d'entre eux qui nous paraissent avoir un caractère de symboles ou de types et rechercher en quoi ils nous sont propres, par quoi ils sont dissemblables ou analogues à ceux qui ont été recueillis en d'autres sociétés moins civilisées ou plus raffinées que la nôtre. Dans la limite que nous nous sommes imposée ici, c'est cette dernière méthode d'ethnographie comparée que nous avons adoptée.

II

Nous avons admis précédemment que le folk-lore s'entend des légendes, des coutumes, des observances, etc..., qui forment les traditions orales d'un peuple. En ce qui concerne le peuple haïtien, on pourrait les résumer toutes ou à très peu près en disant qu'elles sont les croyances fondamentales sur lesquelles se sont greffées ou superposées d'autres croyances d'acquisition plus récente.

Les unes et les autres se livrent une lutte sourde ou âpre dont l'enjeu final est l'emprise des âmes. Mais c'est dans ce domaine surtout que le conflit revêt des aspects différents selon que le champ de bataille se dresse dans la conscience des foules ou dans celle des élites. Or, en vérité, je ne sais laquelle de ces deux entités sociales occupe la meilleure situation à ce point de vue étroit si l'on considère que ceux d'en bas s'accommodent le plus simplement du monde ou de la juxtaposition des croyances ou de la subordination des plus récentes aux plus anciennes et parviennent ainsi à obtenir un équilibre et une stabilité tout à fait enviables. Les classes élevées, au contraire, paient un très lourd tribut à ces états de conscience primitifs qui sont de perpétuels sujets d'étonnement et d'humiliation pour tous ceux qui en portent le stigmate, car ni la fortune, ni le talent qui, combinés ou isolés, peuvent compter comme autant de traits de distinction pour marquer la hiérarchie sociale, ne constituent des obstacles contre l'intrusion possible de telles ou telles croyances puériles et surannées, et comme celles-ci réclament certaines pratiques extérieures, il s'ensuit que les âmes qui en sont affectées pâtissent d'une angoisse et d'une détresse susceptibles de devenir tragiques par instants.

Cet état de transition et d'anarchie des croyances est l'une des caractéristiques les plus curieuses de notre société. De là proviennent la terreur et la répugnance que l'on éprouve à en parler en bonne compagnie.

Faut-il que je m'en excuse ici ? Ne devons-nous pas soumettre tous les problèmes de la vie sociale au crible de l'examen scientifique ?

Et n'est-ce pas ainsi seulement que nous parviendrons à dissiper les erreurs, à atténuer les malentendus, à répondre

enfin d'une façon satisfaisante aux sollicitations de notre curiosité si souvent désemparée par les inquiétudes de prétendus
mystères ?

Mais avant même que de développer les conséquences
auxquelles aboutissent des prémisses ainsi posés, sérions les
questions en mettant en première ligne de notre examen une
sélection de contes et de légendes.

Contes et légendes !

Existe-t-il un peuple qui en ait une plus riche moisson
que le nôtre ?

En connaissez-vous dont l'imagination ait inventé plus
de drôleries, de bonhomie, de malice et de sensualité dans
ses contes et dans ses légendes ? Et qui de nous peut oublier
ces interminables et désopilantes histoires de « l'Oncle Bouqui
et de Ti Malice » dont notre enfance a été bercée ?

Ces contes sont-ils de vrais produits autochtones ou bien
ne sont-ils que des réminiscences d'autres contes et d'autres
légendes venus de périodes antérieures à la servitude ? Sont-ils
nés sur notre sol comme notre *créole* lui-même, produits hétérogènes de transformation et d'adaptation déterminés par le
contact du maître et de l'esclave ?

L'une et l'autre de ces hypothèses sont aisément justi-
fiables et il est possible de découvrir dans les éléments consti-
tutifs de nos contes des survivances lointaines de la terre
d'Afrique autant que de créations spontanées et d'adapta-
tions de légendes gasconnes, celtiques ou autres.

D'abord, voyons le cadre et les circonstances dans lesquels nous disons les contes ici.

Ils sollicitent le mystère de la nuit comme pour ouater
à dessein le rythme de la narration et situer l'action dans le
royaume du merveilleux. C'est, en effet, par les nuits claires
au moment où « Lapin est de garde » (comme on dit dans
le Nord, pour exprimer la limpidité d'un ciel constellé d'étoiles), c'est à ce moment là que le fier « lecteur » lance l'appel
à l'attention de son auditoire.

Et pourquoi le choix de l'heure est-il exclusivement réservé
à la nuit ? Est-ce un tabou ? Oui, sans doute, puisque la trans-
gression de la règle amène une terrible sanction. En effet, il
est de tradition que dire un conte en plein jour peut vous
faire perdre votre père ou votre mère ou un tout autre être

L'oncle Bouqui.

cher. Mais d'où nous vient ce tabou ? Est-ce d'Afrique, est-ce d'Europe ?

« Les vieux Bassoutos (peuple de l'Afrique Australe) prétendent que si on dit les contes le jour, une gourde tombera sur la tête du narrateur ou que sa mère sera changée en zèbre ». Voilà un point de repère pour l'Afrique (1).

Mais en Irlande aussi, on croit que cela porte malheur (2).

De quel côté donc faut-il chercher l'origine de notre coutume ? Est-ce d'Afrique ? Est-ce d'Europe ?

D'autre part, nous commençons nos contes par un « cric » auquel l'auditoire répond « crac ». Cette tradition nous vient en droite ligne de l'époque coloniale. Elle est très propre aux marins bretons et très répandue dans toute la Bretagne et vous savez si nous avons eu un grand nombre de Bretons à St-Domingue.

Méfions-nous, cependant.

Sur la côte des esclaves, le narrateur annonce aussi son récit par un « alo » auquel l'auditoire répond « alo ».

N'y aurait-il pas dans notre préférence du premier mode d'expression qu'une simple substitution de mots sans qu'il y ait eu une égale mutation de coutumes ?

Nous le croyons sans peine d'autant que, de façon générale, nous modifions la morphologie des contes dont nous nous emparons avant même que d'agir sur les matériaux dont ils sont faits. C'est ainsi, par exemple, que pour imposer au conteur un nombre déterminé de récits, au « cric-crac » succède une autre interrogation.

Time, Time ?

Alors, selon que le narrateur est plus ou moins bien disposé à gratifier l'assemblée de un ou de plusieurs récits, il acquiesce à la demande en répliquant : « Bois », ou « Bois sèche ».

Le dialogue se poursuit.

— Combien li donné ?

— Rien, ou bien 1, 2 ou plusieurs.

Il semble que cette façon d'éprouver les bonnes dispositions du narrateur nous soit très personnelle. Malgré de patientes recherches nous n'avons pas trouvé d'habitudes ana-

---

(1) Paul Sébillot, loc. cit.
(2) Paul Sébillot, loc. cit.

logues chez d'autres peuples. Il en est de même d'ailleurs
de la moralité qui est le dernier terme du récit et qui reste
invariable : Cé ça m'talé ouè moin tombé jusqu'icite (1).

— Cric ? dit le conteur.
— Crac, répond l'assistance.
— Time, Time ?
— Bois sèche.
— Combien li donné ?
— Deux !
Et le conteur est mis à contribution pour dire deux contes...

III

Et maintenant que vaut la matière même de nos contes ?
Il nous est avis que le moins qu'on en puisse dire c'est
qu'elle est extrêmement diversifiée. Si l'on en fait une étude
serrée, il n'est pas rare d'y rencontrer des sujets où les genres
les plus variés se coudoient : l'épopée, le drame, le comique
et la satire. Il apparaît néanmoins que ces deux derniers genres
en donnent la note dominante comme étant plus expressive
de notre état d'âme. D'ailleurs, le comique et la satire de nos
contes éclatent le plus souvent, non point dans la trame du

(1) C'est ce ˙ ˙ ˙ ˙ 'ai été me rendre compte et qui me vaut d'être en
votre compagni

récit toujours simple et naïf, mais dans le réalisme et le pittoresque des personnages.

Donc, le relief des caractères s'accusera plus ou moins, selon que le narrateur sera lui-même plus ou moins doué et animera son rôle d'une vie plus ou moins intense. Autrement dit, il faut que le narrateur joue son personnage, aptitude difficile à acquérir, étant donné le mode de formation complexe des personnages. Car tout y contribue, la nature entière est mise en scène : le ciel, la terre, les hommes, les animaux, les végétaux, etc. Ces personnages s'expriment en paraboles et en sentences. Ils revêtent presque toujours un caractère de symboles. Telle est, par exemple, la conception de *Bouqui* et de *Ti Malice*. On a dit justement que ces deux héros inséparables, sont l'un, la personnification de la bonne brute, de la Force inintelligente et cordiale, tandis que l'autre est celle de la Ruse.

Il y a évidemment de tout cela dans *Bouqui* et *Ti Malice*, mais je crois aussi qu'il y a autre chose. Il nous paraît probable que, historiquement parlant, Bouqui est le type de « nègre bossale » fraîchement importé d'Afrique à Saint-Domingue dont la lourdeur et la bêtise étaient l'objet de nombreuses brimades et d'impitoyables railleries de Ti malice, personnification du « nègre créole » généralement considéré comme plus adroit et même un peu finaud.

Au reste le terme de « Bouqui » semble être une simple déformation de « Bouriqui », nom générique que portait vers le 17e siècle une tribu de la Côte des graines et dont certains individus étaient importés, en fraude, à Saint-Domingue par les Anglais. On prétend qu'ils étaient indociles et ne s'accommodaient guère du régime colonial.

N'auraient-ils pas fourni les principaux éléments dont est fait le personnage de Bouqui par leurs travers et le côté inassimilable de leur tempérament si différent des autres nègres promptement fondus dans la masse indistincte des esclaves ?

N'auraient-ils pas été à cause de cela les victimes désignées à la raillerie des autres ? Quoiqu'il en soit, la signification du symbole a du évoluer à mesure que le souvenir du régime colonial s'atténuait dans la tradition populaire ; et, c'est maintenant seulement qu'il nous paraît représentatif d'une certaine force faite de patience, de résignation et d'intelligence, tel qu'il est possible d'en déceler l'expression dans la masse de nos paysans montagnards.

D'autre part, Bouqui et Ti Malice peuvent bien être des noms transposés d'animaux.

Vous savez quelle place tiennent les bêtes dans la formation des personnages de fables, de contes et de légendes sur toute la surface du globe. Rappelez-vous seulement le rôle assigné au compère Renard, fin croqueur, passé maître en tromperie, et le pauvre Baudet borné, stupide, « empêtré dans son enveloppe brute » et si bonne créature malgré tout, que le génie de La Fontaine a tirés des contes préhistoriques de la vieille Europe pour les immortaliser dans ses fables.

Eh ! quoi ? me direz-vous, allons-nous établir une comparaison quelconque entre de telles fables et nos contes ? J'y vois mieux qu'une comparaison, il y a peut-être une filiation entre eux !

D'abord n'est-il pas étrange que, en ce qui concerne la dénomination des personnages, nos paysans du Nord appellent Ti Malice indifféremment « Compère Lapin ou Maître Ti Malice ? ».

Mais, en outre, nos congénères d'Amérique n'ont-il pas, eux aussi, choisi le lapin ou le lièvre comme l'emblême de la ruse ? Sur la plus grande partie du continent noir, le lièvre n'est-il pas considéré comme le type génial de la finesse tandis que l'antilope caractérise la sottise et la bonasserie ?

D'autre part, n'est-il pas curieux que Sir Harry Johnstone un des plus savants africologues anglais, dans son magnifique Livre sur le Libéria (1), relate qu'il y a une remarquable similitude de facture dans tous les contes où les animaux sont pris comme héros et qu'on débite dans toute l'Afrique noire du Sénégal au pays des Zoulous, de la Colonie du Cap au Soudan égyptien ; que ces contes sont de la même famille que ceux de l'Afrique du Nord ; qu'ils proviennent de la même source que les fables d'Esope de la Méditerranée orientale ; qu'il y a une ressemblance frappante dans la structure, le choix du sujet des contes africains et des contes des classes populaires des pays de l'Europe tels qu'ils sont parvenus jusqu'à nous par les délicieuses versions du bas allemand et du wallon...

(1) Sir Harry Johnstone. Liberia, 2 vol.

Ah! voyez-vous, de quelle glorieuse parenté peuvent se réclamer notre Bouqui et son impayable compère Ti Malice. L'un et l'autre sont les porte-paroles de nos doléances et de nos amertumes, l'un et l'autre sont significatifs de nos habitudes d'assimilation. Ne vous en moquez pas trop et surtout ne les dédaignez pas. Ne rougissez ni de la rondeur niaise de l'un, ni de la finasserie de l'autre. Ils sont à leur manière ce que la vie nous offre partout sur le globe de balourdise, de vanité puérile et d'habileté cauteleuse. Ils sont représentatifs d'un état d'esprit très près de nature sans doute, non point parce qu'ils sont nègres, mais parce qu'ils ont été pétris dans la plus authentique argile humaine. Ils doivent donc nous être chers parce qu'ils ont longtemps amusé notre enfance, parce que, maintenant encore, ils font jaillir la première étincelle de curiosité dans l'imagination de nos rejetons, et enfin parce qu'ils satisfont en eux ce goût du mystère qui est l'un des magnifiques privilèges de notre espèce.

Qu'ils ne soient cependant ni les plus pittoresques créations de l'imagination populaire, ni même la plus savoureuse expression de ses gaillardises, c'est ce dont il est facile de se rendre compte par les traits salés dont on charge certains animaux de notre entourage de colorer les fictions dont ils sont partie intégrante.

Connaissez-vous l'aventure qui advint à « Macaque » certain jour ?

Haut perché, sur un arbre, au bord de la route, il observait la foule des paysans qui s'acheminaient vers le marché de la ville.

A une bonne femme restée en arrière bien que trottinant, diligente sous son fardeau, allait toute sa sympathie, peut-être même un peu de sa pitié, car, Macaque, volontiers malin, voire espiègle, devinait au visage épanoui de la paysanne que celle-ci comptait tirer de mirobolants bénéfices de l'énorme calebasse qu'elle avait sur la tête.

Et de quoi cette calebasse était-elle pleine ?

Telle est la question que se posait Macaque. Et son imagination allait trottinant cependant que trottinait la paysanne sous son fardeau.

Or, juste au pied du chêne où Macaque, haut perché, cherchait à pénétrer la pensée humaine, la pauvre femme heurta une pierre et soudain la calebasse tomba, se rompit, laissant glisser en nappes dorées le miel qu'elle contenait.

— Mon Dieu! Quelle misère! fit la paysanne éplorée... Macaque entendit et retint.

Des deux termes il ne connaissait qu'un seul.

Il connaissait bien le bon Dieu dont il avait eu d'ailleurs à se louer de l'avoir créé, lui, Macaque, un peu à la ressemblance de l'homme, manière de sous-germain, peut-être. Mais jusque-là, il ne connaissait pas encore la misère.

Il descendit donc promptement de son observatoire et dare dare s'empressa de lier connaissance avec cette chose qui semblait si précieuse.

Prudemment, il flaira la matière, puis en goûta...

— Fichtre! C'est succulent, se dit-il. Et sur le champ, Macaque résolut d'aller trouver le bon Dieu pour que le Créateur lui fit don d'un peu de misère.

Il partit, marcha longtemps, longtemps, traversa maintes savannes, enfin, à la nuit tombante,

Il arriva devant une porte fermée,

Sous laquelle passait un jour mystérieux,

C'était l'endroit sacré, c'était l'endroit terrible

. . . .

De derrière la porte, on entend l'hosanna...

Les anges furent stupéfaits de la démarche téméraire de Macaque.

Dieu étant en conférence, ce fut l'Archange St-Michel, alors chef du protocole céleste, qui reçut l'auguste visiteur et lui remit, de la part du Père Eternel, un gros sac pesant en lui recommandant de façon expresse et formelle de ne l'ouvrir qu'au milieu de l'une des savanes qu'il venait de traverser.

Macaque, guilleret, joyeux, repartit enthousiasmé.

Dès qu'il parvient au lieu désigné, il satisfit sa curiosité. Horreur!

Ce sac ne contenait qu'un chien!

Macaque détala avec la rapidité de l'éclair. Hélas! le chien, bon coureur, le tint de près, chauffant de son souffle l'arrière train du grand curieux. Course inénarrable, en vérité dans son échevèlement fantastique.

Enfin, grâce à de savantes péripéties, Macaque devança l'hôte incommode et atteignit l'habitation d'un Hougan (1).

— Ouf ! Docteur, je vous en prie, donnez-moi quelque chose qui puisse me permettre de débarrasser l'univers de cette sale engeance qu'est la race des chiens.

Figurez-vous... Et il narra sa mésaventure.

— Je veux bien, répliqua le hougan. Après tout, c'est très simple. Il suffit que vous m'apportiez... « telle chose de telle manière » ...d'un chien, n'importe lequel, du premier venu. Vous comprenez, n'est-ce pas, et avant que le coq ait chanté trois fois, je vous affirme qu'il ne restera plus un chien, plus un seul sur toute la planète.

— Rien que ça. Mais alors, disons que c'est bientôt fait, acquiesça Macaque.

Et immédiatement, il se mit en campagne.

Deux jours, puis trois, puis cinq se passèrent avant que Macaque reparut chez le hougan, muni d'un récipient fermé.

L'homme de l'art le décacheta, huma le contenu et dit à son hôte :

— Ecoutez, mon ami, « cela » a je ne sais quel parfum que je crois déceler. Ah ! je vous préviens. Si « cela » vient d'un chien, tous les chiens mourront ; mais si « cela » vient d'un Macaque, tous les Macaques mourront !

— Attention, Docteur, attention !... Votre remarque me trouble. A la vérité, je ne suis pas certain du cachet d'origine que vous venez de rompre. Accordez-moi un tout petit quart d'heure... et je vous promets de vous apporter la certitude.

Macaque s'en alla anxieux et ne revint plus. Et voilà pourquoi chien et Macaque, deux frères en intelligence, sont encore d'irréconciliables ennemis.

IV

Et que faudrait-il dire, quel langage parlerais-je s'il fallait conter l'aventure savoureuse en paillardises de messire crapaud fiancé et en instance de mariage ?

---

(1) Le hougan est le nom du prêtre dans la religion du **vaudou.** Il est e même temps un médecin très écouté dans les campagnes haïtiennes.

N'est-ce pas, il faudrait que le lecteur entendît le latin et peut-être serait-il nécessaire — crapaud étant cul-de-jatte d'après le conte — qu'il simulât avec un partenaire l'exécution de ce duo singulier dont le rythme lascif n'est pas épargné aux auditeurs du conte par les narrateurs.

Quoiqu'il en soit, les contes, malgré leur caractère délicieux, leur air dégingandé et rocambolesque, n'appartiennent, au fait, qu'à une très élémentaire catégorie du merveilleux. Ils sont par nature sans prétention ni suffisance.

Oh ! bien plus haut placés dans l'échelle des valeurs sont nos héros de légende ! Ceux-ci s'approprient un tel luxe de détails et de précision dans la vie réelle, ils se targuent d'un tel air entendu dans les explications qu'ils nous offrent des phénomènes naturels, que, malgré la gouaille frondeuse avec laquelle ils nous traitent, nous sommes contraints de nous faire violence pour ne pas leur accorder un prompt témoignage de vraisemblance.

En veut-on des exemples ?

S'agit-il d'expliquer comment l'homme s'est trouvé si diversifié sur la planète et pourquoi, nous Haïtiens, nous sommes encore arriérés dans la course du progrès ? La légende racontera que certain jour, Dieu ayant achevé l'œuvre de la Création, manda par devant son trône le Blanc, le Mulâtre et le Nègre et leur tint à peu près le langage suivant : — Voici, je veux doter chacun de vous d'aptitudes spéciales. Exprimez vos désirs, je les agréerai aussitôt. Le « Blanc » incontinent, sollicita la domination du monde par la sagesse, la fortune, les arts et la science. Le Mulâtre désira ressembler au blanc — ce qui était d'ailleurs se mettre un peu à sa suite — mais quand vint le tour du Nègre, le récit atteint le plus haut burlesque.

— Et vous, mon ami, fit le bon Dieu, que désirez-vous ?

Le Nègre s'intimida, bredouilla quelque chose d'inintelligible, et, comme le bon Dieu insistait, le nègre pirouetta et finit par dire :

« *M'pas besoin angnin. Cé ac ces Messié là m' vini...* (1)
Et voilà pourquoi nous sommes encore à la suite...

S'agit-il, au contraire, de stigmatiser l'audace impertur-

---

(1) Je n'ai besoin de rien. Je suis le serviteur de ces Messieurs.

bable de d'Haïti-Thomas (1), son ardeur irrésistible de courir
après les places même disproportionnées à ses capacités, son
incurable penchant par les maléfices ? La légende dira que
l'abbé M..., un de nos premiers prêtres indigènes, mourut
curé de Pétion-Ville. Comme il fut un saint homme, il s'en
alla droit en Paradis et y fut chaleureusement accueilli.

Pendant des jours et des jours, il fit sa partie dans le
chœur des anges qui célèbrent là-haut la gloire du Créateur.
Mais enfin, à la longue, le bon curé s'ennuya ferme. Il fit le
tour du paradis, bailla, flâna et continua à s'ennuyer de plus
belle. Un jour, n'y tenant plus, il fit l'aveu de son état au bon
Dieu qui en fut marri.

— Que voulez-vous faire, lui dit le bon Dieu ?

— Oh ! il n'y a qu'un moyen de m'empêcher d'avoir la
nostalgie de la terre, c'est de me donner une « place » ici
et il n'y en a qu'une seule que je me sente digne d'occuper,
c'est celle de St-Pierre, détenteur des clefs du Ciel !

Le bon Dieu lui fit de paternelles remontrances en lui
démontrant l'impossibilité de réaliser ses désirs...

L'abbé M... en fut très chagrin mais ne se tint pas pour
battu...

Un matin, Saint-Pierre en prenant son service, remarqua
quelque chose d'insolite à la porte du Paradis. Un amalgame
de « feuillages », « d'lo-répugnance » (2), de maïs grillés et
d'autres ingrédients jonchaient le sol.

Il eut l'imprudence de repousser du pied l'étrange offrande.
Immédiatement, il fut pris de si vives douleurs dans les membres inférieurs devenus soudain enflés, que tout le Ciel en
fut bouleversé. Mais, à la face réjouie, à l'air satisfait de l'abbé
M..., le bon Dieu comprit qu'il était l'auteur responsable du
méfait et qu'il s'était rendu coupable d'un acte indigne d'un
habitant du Paradis. Il fut maudit et précipité en enfer.

Et voilà pourquoi nous n'aurons jamais un clergé indigène...

V

A la vérité, la légende n'habite pas toujours de telles

---

(1) Nom légendaire que les Haïtiens s'attribuent.
(2) « Feuillages », « d'l'eau répugnance », sont synonymes de maléfices.

cîmes, encore qu'elle traite les grands et les humbles avec la même familiarité et la même bonne humeur. Ainsi, elle illustra de gloses tragiques la vie des précurseurs et des fondateurs de notre nationalité. Toussaint Louverture, Dessalines. Pétion, Christophe autant que Dom Pèdre, Mackandal, Romaine-la-Prophétesse ont fourni d'immenses matériaux à la légende. L'imagination populaire en a tiré des fables fantastiques et même quelques-unes de nos plus farouches superstitions.

Quoiqu'il en soit, contes et légendes ont trouvé dans le langage créole un mode d'expression d'une finesse et d'une acuité de pénétration tout à fait inattendues.

Et c'est ici que notre capacité d'assimilation et notre faculté adaptatrice se sont muées en puissance de création.

Le créole est-il un langage dont on puisse tirer une littérature originale par laquelle se consacrera le génie de notre race ? Le créole doit-il devenir un jour la langue haïtienne comme il y a une langue française, italienne ou russe ? Peut-on en faire dès à présent telles applications pédagogiques comme on se sert dans la solution d'un problème de tels termes connus pour arriver à la découverte des autres termes en puissance ?

Difficiles et intéressantes questions que nous devions fatalement rencontrer au cours de cette étude sans même que nous ayons le loisir d'en approfondir la discussion.

En tout cas, on conviendra, sans peine, que tel qu'il est, notre créole est une création collective émanée de la nécessité qu'éprouvèrent jadis maîtres et esclaves pour se communiquer leur pensée; il porte par conséquent l'empreinte des vices et des qualités du milieu humain et des circonstances qui l'ont engendré; il est un compromis entre les langues déjà parvenues à maturité des conquérants français, anglais et espagnols et des idiomes multiples, rudes et inharmoniques de multitudes d'individus appartenant à des tribus ramassées de toutes parts sur le continent africain et importées dans la fournaise de St-Domingue. Mais il n'est cependant ni le « petit nègre » dont abuse trop souvent l'imagination complaisante et servile des globe-trotters, ni la langue codifiée que voulait en faire dès à présent l'impatience des doctrinaires en chambre. Pour le moment, il est le seul instrument dont nos masses et nous, nous nous servons pour l'expression de notre mutuelle pensée; instrument primitif à bien des égards, mais d'une sonorité et d'une délicatesse de touche inappréciables. Tel quel, idiome, dialecte, patois, son rôle social est donc un fait dont nous n'avons pas le pouvoir de nous dégager. C'est grâce au créole que nos traditions orales existent, se perpétuent et se transforment, et c'est par son intermédiaire que nous pouvons espérer combler un jour le fossé qui fait de nous et du peuple deux entités apparemment distinctes et souvent antagonistes. Voyez-vous l'importance qu'il revêt dans l'étude des problèmes à laquelle nous nous consacrons maintenant ?

Le créole, à qui sait l'entendre, est un langage d'une grande subtilité. Qualité ou défaut, ce caractère dérive moins de la netteté des sons qu'il exprime, que de la profondeur insoupçonnée des équivoques qu'il insinue par ses sous-entendus, par telle inflexion de voix et surtout par la mimique du visage de celui qui s'en sert. C'est peut-être pourquoi le créole écrit perd la moitié de sa saveur de langage parlé; c'est peut-être pourquoi le folk-lore haïtien n'a pas fait éclore une littérature écrite. Au demeurant, dans le créole l'image éclate souvent par une simple répétition de sons analogues qui, en créant l'onomatopée accentue la musicalité de l'idiome. Tels sont les exemples que nous fournissent le mot « *tcha-tcha* » si expressif du bruissement que produisent les feuilles et les gousses desséchées du swazia acacia, le mot *voun-vou* qui rend le vrombissement produit par les élytres du scarabée nasicorne. Au reste, s'il fallait un surcroît de preuves pour faire ressortir l'ingéniosité du créole, il suffirait de citer tels proverbes déroutants d'à-propos dont l'application à notre tentative ne manquerait d'ailleurs ni de saveur ni d'actualité.

N'est-il pas vrai que :

« Parlé 'francé pas l'esprit et nègre sott cé l'événement ? » (1). ⌐

Eh ! bien, malgré cette physionomie spéciale, insidieuse de notre patois, il apparaît néanmoins que le peuple ne trouve pas l'instrument sonore à son gré puisqu'il souligne l'intérêt de ses contes en y intercalant des bouts-rimés et assonancés,

---

(1) Savoir bien parler ne signifie pas bien penser. La sottise est un danger.

et que même le plus grand nombre de ces récits ne sont, en dernière analyse, que de longues mélopées. La plupart du temps, ces mélopées se vêtent d'une grâce indicible. Elles soutiennent l'action par leur cadence, soit qu'elles en mesurent la marche progressive vers une conclusion pré-déterminée, soit enfin qu'elles en suivent le rythme dans ses contours les plus capricieux. Il existe, dans ce genre, une fable d'un goût tout à fait piquant.

Il s'agit de l'interdiction dont était frappé certain pays très loin, très loin et dont l'accès devait être à jamais interdit aux femmes.

Un jour, la curiosité tenta quelque femme qui ne recula même pas devant l'horreur d'un déguisement masculin pour violer la règle et pénétrer dans la ville. Mais les cloches veillaient et bientôt, dans un carillon d'alarme, elles dévoilèrent l'artifice :

Bim   Bam   ça moué la-cé famm   Bim Bam li   bel   li jo — li

Quel dommage tout de même que le conte, trop capricieux, ne nous dise pas la suite des événements. Je parierais ma tête que, dès que les hommes virent que l'inconnue était une femme et surtout remarquèrent qu'elle était jolie, ils se soumirent à sa domination, ce qui n'était d'ailleurs que le moindre hommage rendu à la toute puissance de sa séduction native.

Au reste, vous savez que la femme tient un rôle prépondérant dans les réunions où l'on conte et où l'on chante. Si elle n'en est pas toujours le coryphée, elle en est au moins un personnage de tout premier ordre auquel le populaire assigne d'ailleurs la dénomination de reine chanterelle, reine éternelle s'il en fut jamais, étant donné la place considérable que le chant sous toutes ses formes occupe dans la vie de notre peuple. A ce propos, je crois, en vérité, qu'on pourrait très justement définir l'Haïtien : un peuple qui chante et qui souffre, qui peine et qui rit, un peuple qui rit, qui danse et

Bim'm-bàm'm
(1) Celle que je vois
     Est une femme

se résigne.)(De la naissance à la mort, la chanson est associée » à toute sa vie. Il chante la joie au cœur ou les larmes
aux yeux. Il chante dans la fureur des combats, sous la grêle
des mitrailles et dans la mêlée des baïonnettes. Il chante l'apothéose des victoires et l'horreur des défaites. Il chante l'effort
musculaire et le repos après la tâche, l'optimisme indéracinable et l'obscure intuition que ni l'injustice, ni la souffrance
ne sont éternelles et qu'au surplus rien n'est désespérant
puisque « bon Dieu bon » (1).

Il chante toujours, il chante sans cesse. Ah! chants
mélancoliques de l'esclave soumis et meurtri sous le fouet du
commandeur qui en appela à la justice immanente; chants
enflammés, mugissements innombrables, chœur farouche des
meurt-de-faim révoltés qui jetèrent le défi à la mort dans la
ruée de Vertières, en lançant la strophe sublime :

> « *Grenadiers à l'assaut!*
> « *Ça qui mouri zaffaire à yo!*
> « *Nan point manman nan point papa!*
> « *Grenadiers à l'assaut!*
> « *Ça qui mouri zaffaire à yo!*

Marseillaise de gloire qui, dans la nuit fulgurante de la
Crête à Pierrot, impressionna l'armée française par votre violence et votre grandeur. O chants mélancoliques des blessés
qui sont morts pour la liberté de la race et sa réintégration
dans l'éminente dignité de l'espèce; berceuses enveloppantes
que murmurent des lèvres de tendresse pour apaiser l'humeur
capricieuse des marmots; rondes enfantines qui dérident l'inquiétude naissante des petits vers la communion universelle,
et vous, nocturnes liturgiques des croyants troublés par
l'énigme de l'univers et confondus dans l'adoration fervente
des forces indomptées, couplets satiriques qui fouaillent les
fantoches du jour et démasquent le pharisaïsme des politiciens en vedette; hymnes d'amour et de foi, sanglots émouvants des Cléopâtres et des Saphos affolées; vous tous, enfin,
qui avez, en des époques lointaines ou proches, nourri le
rêve, exalté l'espoir, grandi l'action, assoupi la douleur, vous
tous qui fûtes la pensée aîlée, un moment fugitif de la conscience de mon peuple, que ne puis-je vous recueillir pieuse-

(1) Dieu est bon.

ment, vous ramasser en éclatante frondaison pour composer
la geste immortelle où la race reprendrait le sens intime de
son génie et la certitude de son indestructible vitalité ?...

Vains désirs, hélas ! Impuissante ambition !... De toutes
nos traditions populaires, la chanson est celle qui se perd
avec la plus désobligeante persévérance parce qu'elle est,
au premier chef, une tradition orale. Je ne crois pas qu'il
soit parvenu jusqu'à nous une seule des chansons qui durent
apaiser la cruauté des heures de la servitude coloniale. Cependant elles devaient avoir un certain charme amer si nous nous
référons aux couplets semblables qui forment les plus origi-
naux spécimens du folk-lore des nègres américains.

Mais, enfin, malgré qu'il en ait, de l'époque coloniale,
seuls ont survécu quelques couplets satiriques et quelques
complaintes d'amour que l'on peut glaner çà et là dans les
vieux chroniqueurs. Voici, en remontant aux premiers jours
de l'Indépendance, un spécimen de chanson politique :

> *Eh! bien ces mulâtres*
> *Dits lâches autrefois,*
> *Savent-ils se battre*
> *Campés dans les bois ?*
> *Ces nègres à leur suite,*
> *Vous font prendre la fuite ?*
> *Vive l'Indépendance !*
>
> *Brave Dessalines,*
> *Dieu conduit tes pas !*
> *Geffrard en droite ligne*
> *Ne te quittera pas.*
> *Férou, Coco Herne,*
> *Cangé, Jean Louis François*
> *Près les Cayes vous cernent*
> *Evacuez, Français !*

En remontant un peu plus avant, nous citerons deux
belles chansons d'amour. Malheureusement leurs airs ne nous
sont pas parvenus. Et c'est pourquoi M. Lamothe, le délicieux
musicien de tant de mélodies évocatrices d'heures vermeilles
ou mélancoliques, a bien voulu, sur notre instance, donner
un nouvel ajustement aux tendres couplets de Lisette :

Li-zette quit-té la plaine, Mon perdi bon-her a moué,

Gié à moin sem-blé fontaine, Di-pi mon pas mi-ré toué. Le jour quand mon

coupé canne, mon songé za - mour à moué La nuit quand mon dans cabane, Dans dro-

mi mon quimbé toué .

Traduction d'après
Moreau de Saint-Méry.

1er Couplet

Lisette quitté la plaine,
Mon perdi bonher à moué;
Gié à moin semblé fontaine,
Dipi mon pas miré toué.
La jour quand mon coupé canne,
Mon songé zamour à moué;
La nuit quand mon dans cabane,
Dans drani mon quimbé toué

I

Lisette tu fuis la plaine,
Mon bonheur s'est envolé;
Mes pleurs, en double fontaine,
Sur tous tes pas ont coulé.
Le jour moissonnant la canne,
Je rêve à tes doux appas;
Un songe dans ma cabane
La nuit te met dans mes bras.

II

Si to allé à la ville,
Ta trouvé geine Candio,
Qui gagné pour tromper fille
Bouche doux passé sirop;
To va crèr yo bien sincère
Pendant cœur to coquin trop
C'est serpent qui contrefaire
Crié rat pour tromper yo.

II

Tu trouveras à la ville,
Plus d'une jeune freluquet,
Leur bouche avec art distille
Un miel doux mais plein d'apprêt;
Tu croiras leur cœur sincère!
Leur cœur ne veut que tromper;
Le serpent sait contrefaire
Le rat qu'il veut dévorer.

III

Dipi mon perdi Lisette
Mon pas sonchié Calinda
Mon quitté Bram-bram sonnette
Mon pas batte Bamboula
Quand mon contré l'aut' néguesse
Mon pas gagné gié pour li;
Mon pas sonchié travail pièce;
Tout qui' chose à moins mourri.

III

Mes pas loin de ma Lisette,
S'éloignent du Calinda;
Et ma ceinture à sonnette
Languit sur mon bamboula.
Mon œil de toute belle,
N'aperçoit plus de souris;
Le travail en vain m'appelle,
Mes sens sont anéantis.

IV

Mon maigre tant cou gnou souche,
Jambe à moin tant comme roseau;
Mangé n'a pas doux dans bouche,
Tafia c'est même comme d' l'eau.
Quand moin songé toué Lisette,
D' l'eau toujou dans gié moin.
Magner moin vini trop bète,
A force chagrin magné moin.

IV

Je péris comme la souche,
Ma jambe n'est qu'un roseau;
Nul mets ne plait à ma bouche,
La liqueur s'y change en eau.
Quand je pense à toi Lisette,
Mes yeux s'inondent de pleurs.
Ma raison lente et distraite,
Cède en tout en mes douleurs.

V

Lisette mon tandé nouvelle,
To compté bientot tourné
Vini donc toujours fidelle,
Miré bon passé tandé.
N'a pas tardé d'avantage,
To fair moin assez chagrin,
Mon tant com' zouézo dans cage,
Quand yo fair li mouri faim.

V

Mais est-il bien vrai ma belle,
Dans peu tu dois revenir:
Oh! reviens toujours fidèle
Croire est moins doux que sentir.
Ne tarde pas davantage,
C'est pour moi trop de chagrin;
Viens retirer de sa cage,
L'oiseau consumé de faim.

C'est encore sous le signe de l'amour et dans le mode mineur que s'exhale la tristesse de la femme abandonnée dans cette autre chanson que Moreau de St-Méry a recueillie pour notre dilection.

I

Quand cher zami moin va rivé,
Mon fait li tout plein caresse.
Ah! plaisir là nou va goutté;
C'est plaisir qui duré sans cesse.
    Mais toujours tard
       Hélas! Hélas!
Cher zami moin pas vlé rivé.

II

Tan pi zouézo n'a pas chanté
Pendant cœur à moin dans la peine.
Mais gnou fois zami moin rivé
Chantez, chantez tant comme syrène.
Mais, mais paix bouche!
Cher zami moin pas hélé moin ?

III

Si zami moin pas vlé rivé
Bientôt mon va mouri tristesse
Ah! cœur à li pas doué blié
  Lisa là li hélé maîtresse.
    Mais qui nouvelle ?
      Hélas! Hélas!
Cher zami moin pas cor rivé!

IV

Comment vous quitté moin comme ça!
Songé zami! n'a point tant comme moin
Femme qui jolie!
Si comme moin gagné tout plein talents qui doux.
Si la vous va prend li; pa lé bon pour vous,
Vous va regretté moin toujours. (1)

Telle quelle, parée de grâces surannées et désuètes, elle est la sœur de l'immortelle *Choucoune*, la *marabout* d'Oswald Durand, et elle traduit en échos amers la plainte de celle qui attend toujours l'infidèle. N'est-ce pas le même sentiment qui inspirera le quatrain du poète des « Serres Chaudes ».

Et s'il revenait un jour
Que faut-il lui dire ?
Dites-lui qu'on l'attendit
Jusqu'à s'en mourir...

(1)   I

Quand mon cher ami reviendra
Je lui prodiguerai de folles caresses.
Ah! le plaisir que nous goûterons
Sera éternel...
Mais il se fait tard.
        Hélas! Hélas!
Mon cher ami ne veut pas revenir...

II

Ne chantez pas petits oiseaux
Pendant que mon cœur a du chagrin.
Mais si mon ami revient
Chantez, chantez comme la Sirène...
        Silence, Hélas! Hélas!
Mon ami ne m'a pas appelé!...

III

Si mon ami ne veut plus revenir
        J'en mourrai.
Ah! son cœur ne devrait pas oublier
Lisette qu'il appelait sa maîtresse...
        Quelle nouvelle?
        Hélas! Hélas!
Mon cher ami est encore loin!

IV

Pourquoi m'avez-vous abandonnée
Songez-y mon ami! Il n'y en a aucune
Qui soit plus jolie que moi. Si vous en trouvez une
Qui ait plus de talents que moi
        Prenez-la... Je n'en crois rien.
Vous me regretterez toujours...

Mais si intéressantes que soient les traditions orales sur lesquelles nous nous sommes penchés un instant, si suggestives qu'elles paraissent, elles ne sont qu'une très infime partie de cette matière confuse qu'est notre folk-lore.

Les croyances en sont l'expression la plus apparente et la plus représentative. Etudier les croyances non seulement dans leurs manifestations actuelles mais dans leurs origines proches et lointaines, les dégager du symbolisme dont elles sont enveloppées, les comparer à d'autres états de conscience, chez d'autres peuples, est la tâche que nous allons poursuivre dans les pages ci-après.

CHAPITRE II

Les Croyances populaires

I

Nulle étude ne paraît plus digne de tenter l'ambition d'un observateur que celle qui embrasserait l'ensemble des phénomènes psychologiques désignés sous le nom générique de croyances populaires. Sans doute, il y entre beaucoup d'éléments hétérogènes tels que survivances et amalgames de coutumes anciennes dont le sens intime nous échappe maintenant : empirisme initial des techniques et des concepts juridiques, rêvasseries de théosophes, pratiques de médicastres, toutes tentatives par quoi enfin s'ébauchent les premières disciplines scientifiques, mais aussi sacrifices de sorcellerie et fourberies charlatanesques qui marquent le degré où l'ignorance se heurte aux mystères de la nature. Que sont-elles en définitive, toutes ces modalités des croyances populaires qui se groupent, s'agglutinent pour éclater en des manifestations de confiance et de piété ? Ne révèlent-elles pas des inquiétudes auxquelles nulle créature humaine n'a le pouvoir de se dérober devant les énigmes qui nous assaillent de la naissance au tombeau ? Ne constituent-elles pas autant de représentations auxquelles s'accrochent des esprits trop près de l'état

de nature pour accepter comme notre plus magnifique titre
de noblesse cette curiosité dont nous sommes accablés devant
la part de l'inconnu et peut-être d'inconnaissable qui déborde
notre univers ? Au demeurant toutes nos croyances populaires
reposent sur des actes authentiques de foi et se concrétisent,
en fin de compte, en une religion qui a son culte et ses traditions.

C'est pour discuter la valeur de ces propositions, essayer
d'en démontrer l'exactitude et la véracité que nous allons en
faire l'examen. Une question préalable nous arrête au seuil
même de cette étude.

Nous venons de dire que les pratiques dont il s'agit sont
des faits de croyances et se résument en des actes de foi qui
impliquent l'adhésion à une religion. Quelle est cette religion ? Serait-ce le *Vaudou* ? (1). En admettant qu'il soit possible — et nous croyons l'hypothèse démontrable — de ramener toutes nos croyances populaires à autant de modalités
dans la foi au *Vaudou*, peut-on considérer le *Vaudou* comme
une religion ?

Rien ne nous paraît plus propre à élucider cette question
préalable que de nous entendre dès l'abord sur la portée et
la signification des termes dont nous nous servons. Cette opération préliminaire aura au moins l'avantage de débarrasser
le champ de la discussion de toute équivoque.

Et d'abord qu'est-ce que la religion ?

La nature particulière de cette étude nous interdit de
nous étayer longuement sur les définitions que les philosophes
et les théologiens ont données de la religion. Nous nous bor-
nerons à rechercher et à retenir parmi les acceptions proposées celles qui, par des termes minima, renferment l'essentiel
qu'on est susceptible de rencontrer dans l'universalité du
sentiment et des phénomènes religieux. Nous entendons adopter une explication suffisamment large de façon qu'elle satis-
fasse tout à la fois aux exigences des religions les plus complexes en même temps qu'elle contienne le simple résidu
auquel on peut ramener les formes les plus élémentaires du
phénomène et des sentiments religieux.

Nous écarterons d'emblée la définition qu'on en donne

---

(1) Orphéus, p. 3.

usuellement à savoir que religion vient du latin « religio, reli-
gare », c'est-à-dire relier, afin de tirer de cette étymologie
la simple conclusion que la religion est le lien essentiel « qui
rattache la divinité à l'homme ». (Cette étymologie nous paraît
tout à fait douteuse) (1).

L'ethnographie et l'histoire semblent nous donner raison.
N'existe-t-il pas de grandes religions d'où l'idée de dieux et
d'esprits est absente où, tout au moins, elle ne joue qu'un
rôle secondaire et effacé ? (2). C'est le cas du Bouddhisme
notamment. Le bouddhisme, dit Burnopf, se place en opposition au brahmanisme comme une morale sans dieu et un
athéisme sans nature. « Il ne reconnait point de dieu dont
l'homme dépende, dit M. Barth ». Sa doctrine est absolument
athée et M. Oldenberg, de son côté, l'appelle « une religion
sans dieu ». En effet, tout l'essentiel du bouddhisme tient
dans quatre propositions que les fidèles appellent les nobles
vérités.

La première pose l'existence de la douleur comme liée
au perpétuel écoulement des choses; la seconde montre dans
le désir la cause de la douleur; la troisième fait de la suppression du désir le seul moyen de supprimer la douleur; la quatrième énumère les trois étapes par lesquelles il faut passer
pour parvenir à cette suppression : c'est la droiture, la méditation, enfin la sagesse, la pleine possession de la doctrine.
Ces trois étapes traversées on arrive au terme du chemin, à la
délivrance, au salut par le Nirvâna.

Tels sont les éléments fondamentaux du bouddhisme au
moins à son origine. On ne prétend pas que cette religion n'ait
pas évolué vers un type cultuel d'adoration incarné en un
dieu personnel qui fut Bouddha lui-même. On a voulu faire
ressortir simplement que si une grande religion comme le
bouddhisme a pu naître et vivre pendant un certain temps dans
sa pureté originelle d'après un concept tout à fait laïque, la
définition donnée ci-dessus de la religion, à savoir qu'elle est
un lien entre la divinité et l'homme, excluerait le bouddhisme
du cadre des religions et que cette conclusion serait paradoxale.
Donc nous éliminerons comme étant trop caractéristique des

---

(1) L'orthographe du mot n'est pas fixée. Le lecteur aura l'occasion de
trouver ces variantes au cours de l'ouvrage.
(2) Durkheim. Les formes élémentaires de la vie religieuse, p. 42.

religions déjà parvenues à un terme d'une haute évolution, l'acceptation qui en fait le symbole d'un rattachement de l'homme
à un être ou à des êtres spirituels dont il dépende. L'idée
adoptée par l'école sociologique de Durkheim contient la
pensée minima que nous recherchons. Elle établit, et tout le
monde est d'accord là-dessus, que « toutes les croyances religieuses connues, qu'elles soient simples ou complexes, présentent un même caractère commun : elles supposent une
classification des choses réelles ou idéales que se représentent
les hommes en deux genres opposés, désignés généralement
par deux termes distincts que traduisent les mots de profane
et de sacré. La division du monde en deux domaines comprenant l'un, tout ce qui est sacré, l'autre, tout ce qui est profane, tel est le trait distinctif de la pensée religieuse ; les
croyances, les mythes, les dogmes, les légendes sont ou des
représentations ou des systèmes de représentations qui expriment la nature des choses, les vertus et les pouvoirs qui leur
sont attribués, leur histoire, leurs rapports les unes avec les
autres et avec les choses profanes. Mais, par choses sacrées,
il ne faut pas entendre simplement ces êtres personnels que
l'on appelle des dieux ou des esprits ; un rocher, un arbre,
une source, un caillou, une pièce de bois, une maison, en un
mot, une chose quelconque peut être sacrée. Un rite peut
avoir ce caractère ; il n'existe même pas de rite qui ne l'ait
à quelque degré. Il y a des mots, des paroles, des formules,
qui ne peuvent être prononcés que par la bouche de personnages sacrés ; il y a des gestes, des mouvements qui ne peuvent être exécutés par tout le monde. En résumé, le sacré
et le profane forment deux catégories distinctes dont le signe
différent réside dans le caractère opposé et absolu de l'une
et de l'autre catégories. Que ce caractère se manifeste par
la représentation d'un être spirituel unique ou des êtres supérieurs « tels du moins que l'homme en dépende et ait quelque
chose à en craindre ou à en espérer, qu'il puisse appeler à
son aide et dont il puisse s'assurer le concours » (1), que
l'homme élève à cet être un culte d'amour et de vénération
en son cœur ou bien qu'il traduise son sentiment en un culte
public et extérieur, il n'est pas difficile de reconnaître à ces
traits sommaires les manifestations de piété qui ont abouti

---

(1) J. Bricourt. « Où en est l'histoire des religions », p. 15.

aux types des religions monothéistes dont le catholicisme est
l'un des plus grandioses exemplaires. Que d'autre part,
l'homme trouve dans la contemplation et l'abstinence, dans
la pratique de la charité, dans l'humilité et dans l'immolation extérieure, l'occasion d'aboutir à la sainteté et à la
béatitude qui l'affranchissent des misères et des servitudes
de la chair sans même qu'il évoque une intervention extérieure,
le bouddhisme à sa naissance nous a donné le témoignage
d'une religion sans dieu.

Enfin, que l'homme désarmé dans son ignorance devant
les forces de la nature, leur voue une vénération faite de
crainte et de soumission, ou bien que ses relations quotidiennes avec les choses l'amènent à les classer en catégories
dont il convient de rechercher l'alliance ou de redouter l'hostilité, une telle attitude nous conduira jusqu'aux formes les
plus élémentaires du phénomène et des sentiments religieux
tels que les primitifs nous en offrent des exemples innombrables et suggestifs. C'est cette dernière attitude que justifie
le vers célèbre de Stace :

« *Primus in orbe deos fecit timor, ardua coelo
Fulmina dum caderent...* » (I)

Dans tous les cas, on tenait à démontrer par trois types
de religions — allant du simple au complexe — que la formule que nous avons adoptée, si sommaire que soit l'explication que nous en avons fournie, est assez riche pour contenir dans sa signification générale, l'essentiel du sentiment
religieux. Nous voulons dire que, dépouillé du symbolisme
dont il s'enrichit au fur et à mesure qu'il croît dans le cœur
humain et au fur et à mesure que l'homme grandit en culture et en civilisation, le sentiment religieux se minimise en
un ensemble de règles, en un système de scrupules dont la
maille devient de plus en plus serrée et de l'observance desquels dépend notre bonheur actuel ou futur, soit que ce bonheur dérive de nous-mêmes, soit que nous le fassions dériver
d'un être spirituel ou des êtres spirituels qui veillent sur nous.

(1) « Les dieux dans le monde sont d'abord nés de la crainte quand, terrible,
du ciel la foudre tombait. » Le vers est de Stace (Thebaïs, III 666o) qui l'a
emprunté à Pétrone. La même pensée est longuement développée dans Lucrèce
(De Natura rerum) ». Mgr. Leroy, La Religion des Primitifs, p. 20.

II

Et maintenant, à la lumière de cette définition, nous sera-t-il permis de rechercher en quoi le Vaudou satisfait aux conditions d'une religion ?

Le Vaudou est une religion parce que tous les adeptes croient à l'existence des êtres spirituels qui vivent quelque part dans l'univers en étroite intimité avec les humains dont ils dominent l'activité.

Ces êtres invisibles constituent un Olympe innombrable formé de dieux dont les plus grands d'entre eux portent le titre de Papa ou Grand Maître et ont droit à des hommages particuliers.

Le Vaudou est une religion parce que le culte dévolu à ses dieux réclame un corps sacerdotal hiérarchisé, une société de fidèles, des temples, des autels, des cérémonies et, enfin, toute une tradition orale qui n'est certes pas parvenue jusqu'à nous sans altération, mais grâce à laquelle se transmettent les partie essentielles de ce culte.

Le Vaudou est une religion parce que, à travers le fatras des légendes et la corruption des fables, on peut démêler une thé'ogie, un système de représentation grâce auquel, primitivement, nos ancêtres africains s'expliquaient les phénomènes naturels et qui gisent de façon latente à la base des croyances anarchiques sur lesquelles repose le catholicisme hybride de nos masses populaires.

Nous pressentons une objection qui s'impatiente de rester informulée. Vous vous demandez, sans doute, quelle est la valeur morale d'une telle religion, et comme votre éducation religieuse est dominée par l'efficience de la morale chrétienne, vous en faites l'étalon de votre jugement. A la lumière de telles règles, il ne peut surgir dans votre pensée qu'une condamnation irrémissible du Vaudou comme religion, parce que vous ne lui reprochez pas seulement d'être immoral, mais plus logique vous le déclarez franchement amoral. Et comme il ne saurait exister de religion amorale, vous ne pouvez accepter que le Vaudou en soit une. Eh! bien, une telle attitude serait pire qu'une injustice intellectuelle, elle serait une négation d'intelligence. Car, en fin de compte, on n'ignore pas que toutes les religions ont leur morale et que celle-ci

est le plus souvent en relation étroite avec l'évolution mentale
du groupe où cette religion a pris naissance et s'est enracinée.
Sans doute, on connaît telle ou telle religion — le christianisme par exemple — qui s'est élevée d'emblée à une hauteur morale qu'il est pour le moins difficile de dépasser. Mais,
sans entrer en des considérations dont le développement eut
débordé le cadre de cette modeste étude, nous savons que le
christianisme a surgi sur un terrain longuement préparé à
l'épanouissement de cette magnifique culture. Encore qu'à
l'origine, il fut prêché aux humbles du peuple d'Israël, il y
avait dans l'air, si l'on peut ainsi dire, une telle fermentation
religieuse déterminée notamment par cette espérance messia-
nique que la haute pensée des grands prophètes avait répandu
dans les milieux juifs, il y avait dans les disputes des syna-
gogues tant de graves idées débattues par les docteurs de la
loi, la philosophie grecque. avait exercé une telle influence
sur les maîtres de la pensée juive que lorsque le Christ parut,
à ne considérer son avènement que du seul point de vue historique et en dehors de toute mystique, il était en quelque
sorte l'aboutissant, le terme ultime d'un processus dont le
point de départ remonte à la fervente piété des bédouins que
Moïse eut la mission de conduire vers la terre promise. Il
n'est pas sans intérêt de remarquer que si l'on partait de la
pensée de Moïse à celle de Jésus, il serait possible de démontrer combien la morale judéo-chrétienne s'est épurée, enno-
blie comme l'or sort de la gangue. Y a-t-il, en effet, rien de
plus opposé que la sentence juive : œil pour œil, dent pour
dent, et la sublime exaltation de l'amour que le Galiléen a
prêchée en action et en amour lorsqu'il disait à ses disciples
que le premier et le dernier commandement de Dieu c'est
que vous devez aimer votre prochain comme vous-mêmes ?
N'est-ce pas cette pensée que Saint Paul a exprimée avec
son « éloquence abrupte » lorsqu'il écrivit aux Corinthiens :
« Quand je parlerais toutes les langues des hommes et des
anges, si je n'ai point la charité, je ne suis qu'un airain sonore, qu'une cymbale retentissante ». Que si donc au lieu de
considérer la morale chrétienne dans sa pureté et sa transcendance telle qu'elle se révèle dans la doctrine évangélique,
on s'en rapportait à ses origines ou à la pensée lointaine dont
elle dérive, on serait moins tenté d'en faire un étalon de

comparaison. En fait, si nous ne voulons pas considérer « que notre morale est la morale », nous verrons que les sociétés primitives sont jugulées par un code très étroit de contraintes et d'obligations, toutes d'origine religieuse qui, par leur application extensive, dominent la vie privée et publique et expriment de la façon la plus nette l'idée que ces sociétés se font de la morale.

De telles contraintes, de telles obligations existent-elles dans le Vaudou ? Qui oserait le nier ?

De la naissance au tombeau, l'adhérent au Vaudou est emprisonné dans les mailles étroites d'un réseau d'interdictions : défense de laisser périr un délai déterminé sans plonger le nouveau-né dans une eau lustrale soigneusement composée par le *hougan* qui consacre l'enfant à la divinité capable de le préserver de la malfaisance des mauvais esprits et de le secourir contre « l'emprise des maladies surnaturelles » ; défense de prononcer le nom de « baptême » de l'enfant en certaines circonstances à haute voix, surtout le soir (1) ; interdiction de faire quoi que ce soit d'irrévencieux aux abords des sources où résident « les Esprits » ; respect dû aux vieillards dépositaires des traditions ; défense de tuer et de voler ; obligations annuelles de participer par un acte quelconque aux sacrifices cultuels ; interdiction de l'inceste ; interdiction aux parents de suivre le convoi de leurs enfants morts et d'en porter le deuil public sous la forme du vêtement noir ; interdiction d'enterrer les cadavres sans les avoir préalablement lavés à l'aide d'une composition dont le grand prêtre a seul le secret ; interdiction d'enterrer les morts sans les munir de tels talismans dont ils peuvent se servir contre une résurrection possible ou bien dont ils peuvent avoir besoin dans leur survivance sous une forme quelconque, soit en qualité de fantômes errants, soit par métempsycose en quelqu'autre individualité humaine, etc.

Au demeurant, toutes ces coutumes, toutes ces interdictions dont nous ne donnons ici qu'un petit nombre, se résu-

---

(1) On retrouve, le même tabou dans la grande majorité des peuples primitifs. C'est ce qu'explique Lévy Bruhl dans « La mentalité primitive », p. 229. Le nom pour les primitifs dit-il, ne sert pas seulement à désigner les individus. Il est une partie intégrante de la personne, il participe d'elle. Si l'on dispose de lui on est maître d'elle aussi. Livrer le nom d'un homme, c'est le livrer lui-même ».

ment en un code de tabous auxquels l'individu se soumet
avec une crainte révérentielle tout à fait curieuse. Mais, s'il
est vrai que la morale privée et publique est la fille éman-
cipée du tabou qui, par définition, est un ensemble de scrupules, comment peut-on contester au Vaudou de n'avoir pas
sa morale à lui ? Il ne paraît en être dénué que parce que,
malgré nous, nous le jugeons en fonction d'un type de morale
plus élevée, adéquate à notre conception de la vie, parce
qu'enfin nous jugeons la morale du Vaudou comme une
superstition injurieuse pour notre idéal de civilisation. Que
si, au lieu de la considérer en comparaison de la morale chrétienne, on la jugeait à sa valeur intrinsèque, on verrait par
la sévérité des sanctions auxquelles s'expose l'adepte qui
transgresse « la loi », combien celle-ci commande une discipline de la vie privée et une conception de l'ordre social qui
ne manquent ni de sens ni d'à-propos.

On comprendrait ainsi comment, à un moment donné,
elle fut assez efficace pour brider les instincts de l'individu
dans une certaine mesure et préserver la dissolution de la
communauté.

Ah ! autre chose et autrement sérieuse, est l'objection
qu'on élève contre le Vaudou lorsqu'on dit qu'il est entaché
de magie et de sorcellerie.

Nous en convenons volontiers, à la condition d'admettre,
toutefois, qu'il est singulièrement difficile de délimiter la
frontière où finit la religion et où commence la magie. Car,
en fin de compte, si la magie se conçoit comme la puissance
que s'attribue un individu sur les forces naturelles, soit qu'il
prononce certains mots, qu'il effectue certains actes ou certains gestes en vertu desquels il croit pouvoir réaliser ce qu'il
désire — et c'est ce qu'on appelle la magie imitative dont
l'exemple classique est le pouvoir supposé chez nous, aux
jumeaux ou au dernier-né des enfants d'une mère de faire
tomber la pluie rien qu'en prononçant telle formule rituelle
et en versant de l'eau sur des arbres par temps de grande
sècheresse — soit enfin que l'individu se croit capable d'exercer une influence à distance sur la vie de son semblable rien
qu'en soumettant à telle et telle opération mystérieuse le
linge, les rognures d'ongles, les cheveux, les dents ou n'importe quelle autre chose appartenant au sujet, et c'est ce qui

s'appelle la magie sympathique — en réalité si la magie est
l'autorité que se confère l'individu et grâce à laquelle il se
croit en mesure de disposer de toutes choses et principalement des forces qui l'environnent en les contraignant à obéir
à ses désirs personnels, alors nous nous demandons de quel
nom il faut appeler l'acte de tous ceux qui, forts de leurs
prières adressées à la divinité chrétienne, promènent processionnellement l'image de tels Saints en vue d'arrêter les tem-
pêtes, d'apaiser la tourmente des volcans, d'arrêter les secous-
ses sismiques. Ne sont-ce pas autant de tentatives de subjuguer les forces de la nature à des desseins personnels en nous
reconnaissant de prétendus pouvoirs sur les lois physiques
qui régissent la matière ? De quel nom faut-il appeler l'acte
des multitudes qui, agenouillées sur les dalles des sanctuaires,
la bougie à la main, attendent, espèrent de l'exaucement de
leurs prières, la punition d'un ennemi, la réalisation de quelque rêve de gloire ou d'amour ? Au fait, on a eu raison de
dire que « l'humanité n'est pas restée passive en présence
des mille forces spirituelles dont elle se croyait environnée.
Pour réagir contre elles, pour les dompter et les asservir à
ses fins, elle a trouvé un auxiliaire dans une fausse science
qui est la mère de toutes les vraies sciences, la Magie. » (1).
Comme, d'autre part, il fallait bien que les premiers hommes
s'accommodassent des conditions matérielles dans lesquelles
ils étaient obligés de vivre sans les dominer — et tous les
non-civilisés recommencent la même expérience — ils ani-
mèrent le milieu physique, divinisèrent les forces naturelles,
déterminèrent autant que possible les modalités d'après lesquelles ils réglèrent leurs rapports avec elles. De là vint un
système de représentations, une cosmogonie qui tient tout à
la fois de la religion et de la magie, et de là vint aussi cet
autre phénomène que très souvent la religion la plus complexe n'est à ses débuts qu'un ensemble de pouvoirs magiques
et ne s'en dégage que lentement pour évoluer vers des formes
plus élevées et plus spiritualisées de croyances. Et c'est peut-
être pourquoi il est rare de rencontrer une religion même
parmi les plus riches en abstraction dont les débuts ne soient
pas entachés de thaumaturgie et de magisme. Sans doute,

(1) Salomon Reinach, édition : 1900, p. 32.

dans la civilisation occidentale, la magie ne vit plus qu'à l'état de survivances curieuses et avec une impertinence qui aurait besoin d'être pardonnée, mais c'est surtout là qu'elle apparaît comme une caricature de la vraie religion et qu'elle met une sorte de plaisir professionnel à profaner les choses saintes, et que, dans ses rites, elle prend le contre-pied des cérémonies religieuses » (1).

Cependant ces deux formes de la croyance — magie et religion — se distinguent et s'opposent par maints côtés.

Les croyances religieuses ne sont pas seulement l'exaltation du sentiment qui nous fait éprouver notre dépendance des forces cosmiques et, parvenu à son expression la plus élevée, nous incline à la communion universelle par l'amour, la confiance et la prière; elles ont au premier chef la vertu sociale de nous réunir en communauté, de rendre plus sensibles les liens qui attachent les uns aux autres les gens d'un même pays et, par delà les frontières, les peuples, les races dissemblables, enfin d'importantes fractions d'humanité pour le plus grand épanouissement de la foi commune qui les anime.

Quant aux croyances magiques, soit que les progrès de la connaissance restreignent la possibilité de leur extension, soit qu'elles appartiennent à des époques périmées de la marche ascensionnelle de l'humanité vers plus de lumière, elles sont obligées de s'entourer de mystères pour aspirer par la peur à l'emprise des âmes et ne se répandent que parmi de rares initiés. Elles révèlent par cela même un caractère particulièrement individualiste. En ce sens, on a remarqué que s'il y a des communautés religieuses, il n'y a pas de communautés magiques.

Et maintenant, pouvons-nous escompter que du résultat de cette courte discussion nous pouvons tirer une première conclusion à savoir que le Vaudou est une religion très primitive formée en partie de croyances en la toute Puissance d'êtres spirituels — dieux, démons, âmes désincarnées — en partie de croyances à la sorcellerie et à la magie. Pouvons-nous escompter que ce double caractère nous sera révélé au fut et à mesure que nous l'étudierons à l'état plus ou moins

(1) Durkheim: Les formes élémentaires de la vie religieuse.

pur dans son pays d'origine et sur notre sol, altéré par sa juxtaposition plus que séculaire à la religion catholique, adapté aux conditions de la vie de nos masses rurales, luttant contre le statut légal de la nation qui voudrait se libérer de toute attache avec cette forme très ancienne de croyances dont elle n'a plus rien à attendre ?

Et voilà en termes synthétiques la position qu'occupe le Vaudou dans notre milieu social.

★
★ ★

Mais d'où nous vient le Vaudou ?

De l'Afrique incontestablement. Cependant *l'Afrique* implique un sens géographique trop large pour que le seul énoncé du vocable suffise à répondre avec précisions aux préoccupations qui nous absorbent. Car, il ne s'agit de rien de moins que de savoir si le Vaudou est répandu à l'état de religion concrète sur toute l'étendue des 30 millions de kilomètres carrés du vieux continent, ou bien s'il est circonscrit en des zônes délimitées. C'est ce que nous allons examiner.

Hâtons-nous de dire tout de suite que rien n'est plus difficile à élucider dans l'état actuel de l'ethnographie africaine. Cependant, autant que nos investigations ont pu nous permettre de pousser très avant l'étude des mœurs et des coutumes des peuples du continent noir, il semble qu'on trouve çà et là, sur toute l'étendue de la terre africaine et chez tous les peuples qui l'habitent, des rites cultuels qui sont similaires à ces rites du Vaudou sans qu'il y ait entre eux identité absolue. Entre les uns et les autres, s'échelonnent des nuances quelquefois presque indiscernables, d'autres fois assez profondes pour établir des zônes de démarcation. Ainsi, sur toute l'étendue des côtes baignées par l'Océan Atlantique, du Cap Blanc au Cap de Bonne Espérance, sur les côtes baignées par l'Océan Indien jusqu'au pays des Somalis ; puis, dans l'hinterland, sur tout le plateau central et l'aire forestière, à la limite des déserts au Nord-Ouest, et à l'Est jusqu'à la bordure orientale, il est possible de recueillir une moisson prodigieuse de croyances à peu près semblables, tandis que dans la région méditerranéenne et celle baignée par la mer Rouge, des différences religieuses singularisent les populations qui y vivent et créent entre elles et les autres, une opposition assez nette de traditions.

Eh bien, si arbitraire que soit cette ligne de démarcation, elle ne correspond pas moins à une vivante réalité. Elle divise l'Afrique plus ou moins animiste, de l'Afrique plus ou moins chrétienne ou musulmane.

Et cette différence imprime également un sceau ethnique sur l'ensemble des populations du vieux continent. On sait, en effet, que de vastes courants d'invasion venus de l'Asie par Suez, ont amené le croisement des envahisseurs sémites pendant des siècles innombrables avec les populations autochtones de l'Afrique du Nord et du Sud-Est. On sait, d'autre part, que les mêmes Sémites habitent le nord de l'Afrique à l'état de race dominante plus ou moins pure, que l'Islam et le Christianisme ont été de cette façon implantés dans ces régions et se maintiennent plus ou moins altérés par leur juxtaposition avec les croyances des races qu'ils ont subjuguées, qu'ils s'efforcent de pénétrer. En vertu des considérations que nous venons d'établir, il nous paraît possible de dresser la carte religieuse de l'Afrique malgré l'écueil auquel on aboutit forcément dans toute entreprise de ce genre, étant donné l'impossibilité à laquelle on se heurte de marquer les nuances de transition. Quoiqu'il en soit, pouvons-nous choisir sur cette carte, n'importe quel pays de la côte de Guinée où se concentrait le commerce de la traite pour y étudier le Vaudou inaltéré ? Nous nous abstiendrons d'en user de la sorte parce que, à notre gré, ce terme de Vaudou contient une équivoque qu'il convient de dissiper dès maintenant. Nulle part nous ne l'avons trouvé significatif d'un ensemble de croyances codifiées en formules et en dogmes. Il existe en tel centre, au Dahomey, des représentations spirituelles appelées *Vodoun* cependant que, sous des dénominations diverses, telles autres parties de l'Afrique nous offrent des croyances à peu près semblables qui dérivent du même fond psychologique. Que si à Saint-Domingue ces diverses croyances représentées par leurs adeptes qui appartenaient d'ailleurs à des tribus différentes par leurs degrés de civilisation, voire même par leur conformation physique, ont reçu la dénomination commune de *Vaudou*, de même qu'ethniquement on les englobait toutes sous la dénomination de nègres,

CARTE DES RELIGIONS DE L'AFRIQUE

LÉGENDE

- Religion chrétienne de toutes nuances excepté éthiopienne
- Ethiopienne (copte)
- Islamisme (toutes sectes)
- Animisme (toutes nuances)

cela est dû à deux causes, l'une d'ordre psychologique, l'autre d'ordre linguistique.

IV

La première c'est que la plus grande justification, la seule avouable du système esclavagiste ayant résidé dans le prosélytisme religieux S.M.T.C., avait enjoint à ses sujets, par le deuxième article de l'édition de mars 1685, connu sous le nom de Code Noir, d'obéir aux injonctions suivantes :

1° Tous les esclaves qui seront dans nos Isles, dit le Roi, seront baptisés et instruits dans la religion catholique, apostolique et romaine. Enjoignons aux habitants qui achèteront des nègres nouvellement arrivés, d'en avertir les gouverneur et inter.dant des dites Isles dans la huitaine au plus tard, à peine d'amende arbitraire, lesquels donneront les ordres nécessaires pour les faires instruire et baptiser dans le temps convenable.

2° Interdisons tout exercice public d'autre religion que la catholique, apostolique et romaine ; voulons que les contrevenants soient punis comme rebelles et désobéissants à nos commandements ; défendons toutes assemblées pour cet effet, lesquelles nous déclarons conventicules, illicites et séditieuses, sujettes à la même peine qui aura lieu même contre les maîtres qui les permettront ou souffriront à l'égard de leurs esclaves.

Il s'ensuit donc que, d'après la lettre même des textes précités, les nègres — quels que fussent leurs goûts, leurs croyances ou leurs aptitudes — étaient tenus d'être instruits pour être baptisés dans la religion catholique huit jours au plus tard après leur débarquement à Saint-Domingue. On peut même affirmer que l'une des premières surprises qui saisissaient l'Africain au seuil du monde nouveau dans lequel il pénétrait, c'était cette autre manifestation de la violence par laquelle on l'obligeait à confesser d'autres dieux que ceux qu'il avait jusque-là connus et qui se présentaient à lui le menaçant d'outrages et comme des messagers de souffrances immédiates ou lointaines.

Ne serait-ce pas la condensation de telles rancunes qui explosèrent plus tard lorsque dans la curieuse cérémonie du *serment du sang,* le 14 août 1791, Boukman, préparant l'insurrection générale, fit jurer fidélité aux nègres assemblés au Bois Caïman, sur l'habitation Lenormand de Mézi, en des circonstances tout à fait impressionnantes. On se rappelle la scène.

Dans la nuit noire, sous les branches entrelacées du Mapou feuillu, les conjurés, en troupes muettes, n'avaient qu'un cœur et qu'une pensée.

D'innombrables éclairs sillonnaient les nues. La voix du tonnerre ajoutait l'effroi à l'horreur du décor.

Alors, dans le silence des ombres, la prêtresse fit les signes cabalistiques et plongea le couteau du sacrifice dans la gorge du sanglier. Puis elle étala les entrailles sur le sol inondé de sang, et Boukman prononça les paroles sacramentelles :

> *Bon Dieu qui fait soleil,*
> *Qui clairé nous en haut,*
> *Qui soulevé la mer,*
> *Qui fait l'orage gronder,*
> *Bon Dieu là z'autres tendez*
> *Caché dans son nuage.*
> *Et là li gardé nous.*
> *Li vouai tout ça blancs fait.*
> *Bon Dieu mandé crime,*
> *Et pas nous vlé bienfaits,*
> *Mais Dieu là qui si bon*
> *Ordonnez nous vengeance.*
> *Li va conduit nous.*
> *Li baille nous assistance.*
> *Jetez portraits Dieu blanc*
> *Qui soif d'leau dans yeux nous*
> *Coutez la liberté qui nan cœur à nous tous !... (1)*

---

(1) Le bon Dieu qui fait le soleil qui nous éclaire d'en haut, qui soulève la mer, qui fait gronder l'orage, entendez-vous, vous autres, le bon Dieu est caché dans les nuages. Là, il nous regarde et voit tout ce que font les blancs. Le Dieu des blancs commande le crime, le nôtre sollicite des bienfaits. Mais ce Dieu qui est si bon (le nôtre) nous ordonne la vengeance. Il va conduire nos bras et nous donner l'assistance. Brisez l'image du dieu des blancs qui a soif de nos larmes ; écoutez en nous-mêmes l'appel de la liberté !...

V

D'autre part, et toujours d'après les textes précités, aucune manifestation religieuse n'étant admissible excepté celle de l'église catholique, il s'ensuivit que les nègres allaient au baptême avec un engouement suspect. Mais, jusqu'à quel point cette prescription légale était-elle respectée des maîtres ? Peu ou prou. La raison en était que, pour faire baptiser les nègres, il fallait leur donner un rudiment d'instruction religieuse. C'était permettre l'intrusion des moines dans le mouvement des ateliers. Bien que les ministres catholiques fussent aussi propriétaires d'esclaves, ils passaient pour avoir plus de bonté et d'humanité dans leurs relations avec ces pauvres créatures. Certains moines — les Jésuites — étaient même accusés de pousser à la désertion et à la révolte des ateliers. Ils inspiraient une violente antipathie à l'autorité laïque et c'est ainsi que le 24 novembre 1763, le Conseil Supérieur les fit expulser de la colonie.

Quant aux nègres, la christianisation forcée à laquelle ils furent contraints, leur procurait une occasion de jouer de ruse avec l'adversaire et de dérober une parcelle de Liberté au dur labeur quotidien.

Qu'on se rappelle d'ailleurs que les nègres créoles déjà catholiques, se prévalaient de leur foi apparente pour tirer un motif de supériorité sur les nouveaux arrivants qu'ils assaillaient de quolibets et qui, même lorsque ceux-ci s'étaient conformés à la loi et revenaient de l'église munis de leur bulletin de baptême, n'étaient pas moins accueillis des créoles par l'épithète injurieuse de « baptisés debout ».

Mais la cérémonie du baptême était, pour le plus grand nombre des néophytes, une occasion de faire ripaille et bombance avec leurs parrains et marraines choisis d'office. C'est pourquoi les nègres inventèrent rapidement le truc de se faire baptiser plus d'une fois pour avoir autant d'occasions de s'amuser. Rien qu'à ce trait, on reconnaît aisément que le nouvel état religieux de l'esclave n'était que de façade ; que par sa conversion officielle, ses croyances profondes n'étaient en quoi que ce fut entamées et restaient inchangées dans les mystères de sa conscience infrangible. Ses croyances devaient d'autant plus rester mystérieuses qu'elles subissaient la com-

pression de la loi et du milieu humain. Mais l'on sait la force
d'élasticité dont est capable toute croyance solidement étayée
sur des agrégats de pensée séculaire. Elle plonge ses racines
dans les profondeurs insondables du subconscient avec d'autant plus de ténacité qu'elle est contrainte de se dissimuler.
Telle était donc la situation psychologique dans laquelle
se trouvaient les Soudanais de la brousse, les Congolais fores-
tiers et tout le reste, lorsque, jugulés par l'oppression, ils
étaient obligés d'afficher un christianisme d'apparat et de
refouler leur secrète adoration des forces obscures envers lesquelles ils se sentaient liés par de longues traditions ancestrales. Il advint que de tels êtres placés en de telles conditions devaient, à certains moments, se sentir unis chaque fois
qu'une émotion soudaine, un geste furtif, un acte de piété,
trahissaient chez les uns et les autres la persistance de croyances qui, si elles n'étaient pas toutes identiques, avaient pour
le moins beaucoup plus de points de contact entre elles qu'elles
n'en avaient avec celles des maîtres également détestés par
tous, quels' que fussent les origines, les mœurs et l'habitat
de chacun avant la déportation et la servitude sur la terre
étrangère. Ainsi s'explique et s'entend l'organisation des
sociétés secrètes dont les réunions se faisaient au fond des
bois, pendant la nuit, pour le libre exercice des cultes dont
on nous signale l'existence dès les premiers jours de l'administration coloniale.

Sans doute, ces réunions prirent, dans la suite, un caractère franchement politique, mais on peut affirmer qu'elles
furent d'abord cultuelles. Elles créèrent à la longue une obligation impérative soutenue par des sanctions sévères et main-
tinrent ainsi l'existence d'une véritable communauté religieuse,
nouvelle à bien des égards, fille du milieu et des nécessités
du moment. C'est bien là, ce nous semble, la proche origine
de *notre* Vaudou. Il est par excellence un syncrétisme de
croyances, un compromis de l'animisme dahoméen, congolais, soudanais et autre. Que s'il a pu s'assimiler les modalités de toutes ces variétés de croyances au point de leur donner une unité apparente de rites et de coutumes sous une
dénomination commune, c'est qu'il résumait en soi l'essentiel,
le substratum de tous les autres cultes et qu'il était, en outre,
la forme la plus rapprochée des traditions religieuses des

tribus disséminées depuis la Guinée septentrionale jusqu'au cap Lopez, comprenant la Côte des Graines, de l'Ivoire, de l'Or, le royaume des Achantis, du Dahomey, etc..., et allant de la zone côtière dans l'hinterland, au plateau soudanais, jusqu'au 20e degré de latitude Nord.

Il était la plus proche expression des croyances d'une grande catégorie de peuples dont le serpent était le totem et qui, même lorsqu'ils ne lui rendaient pas de culte, savaient qu'il était l'animal éponyme de leurs ancêtres.

En outre, le Vaudou a trouvé un facile moyen de diffusion parmi les représentants de toutes les tribus dont non seulement les croyances étaient apparentées, mais dont l'idiome était plus ou moins semblable. Or, le plus grand nombre des nègres importés à Saint-Domingue appartenait à la famille linguistique des bantous et des mandingues.

Quel a été de ces deux groupes de langues, mandingue et bantou (1), celui qui a prévalu parmi les nègres des plantations ?

On pourrait conjecturer que ce fut le bantou, non seulement parce qu'il constitue le groupe linguistique qui occupe la plus grande partie de l'Afrique habitée s'étendant d'un océan à l'autre et depuis le bassin supérieur du Nil et celui du Tchad jusqu'à l'Orange, mais parce que c'est parmi ceux qui n'entendaient que cette langue, que la traite opéra son plus fructueux trafic. Nous avons là-dessus les témoignages concordants d'un grand nombre de documents historiques. Moreau de St-Méry (2) ne nous rapporte-t-il pas que les nègres les plus communs de la colonie furent ceux de la côte du Congo et d'Angola, c'est-à-dire qu'ils furent pris sur toute l'étendue du Cap Lopez au Cap Nègre soit près de trois cents lieues comptées en ligne droite. Ils appartenaient incontestablement au groupe linguistique des Bantous. Et parmi les qualités que M. de St-Méry leur reconnaissait et qui les désignaient particulièrement au service de la domesticité, ce fut leur grande facilité à parler purement le créole. Nous tenons

---

(1) Du préfixe personnel « Ba », et du radical « ntu », « les hommes », d'après le Dr Bleich, « Comaparative grammar of South Africain languages » cité par Mgr Leroy : « La Religion des Primitifs ».

(2) Moreau de Saint-Méry: Description topographique, physique, civile, politique et historique de Saint-Domingue. Edition originale de Philadelphie 1797, IIe vol.

là une des causes les plus caractéristiques du pouvoir d'adaptation des Africains à leur nouveau milieu.

Car cette précieuse faculté d'assimilation nous permet
de saisir sur le vif pourquoi le créole absorba rapidement les
divers idiomes africains y compris le mandingue (1) puisque
le groupe le plus important en nombre en avait fait comme
les maîtres eux-mêmes son plus sûr moyen de communication. Et nous nous expliquons également par là le très petit
nombre de mots d'origine africaine qui ont survécu, altérés
ou purs, dans notre créole actuel. Le mot *Vaudou* serait-il
une survivance africaine ou est-il un terme créole ?

VI

Les africologues de langue anglaise penchent pour la
dernière hypothèse (2). Ils pensent que l'expression dérive du
mot « Vaudois » et ils tirent de l'analogie des rites du Vaudou et des extravagances auxquelles se livra la secte des
Vaudois, la conclusion que les colons de Saint-Domingue ont
appliqué simplement à la religion africaine le nom du culte
hérétique créé par Pierre de Vaux ou Valdo.

On se souvient que ce riche marchand lyonnais, au moment où la fermentation religieuse produisit au 12e siècle le
mouvement de réforme en faveur d'un retour au christianisme
primitif, abandonna ses biens aux pauvres, fit traduire les
évangiles en langue vulgaire et prêcha une doctrine très voisine de l'apostolisme qui fut condamné pour cause d'hérésie
par Boniface VIII. Les partisans extrémistes n'en continuèrent
pas moins leur propagande et il y eut parmi eux des illuminés
qui se disaient en possession de l'Esprit. C'est à cette époque
trouble qu'on vit surgir un Eon de l'Etoile, gentilhomme bre-
ton qui se disait fils de Dieu venu sur la terre pour juger les
hommes (3).

Jusqu'à quel point ces lointaines analogies du culte des
Vaudois avec la religion africaine des *Obi* ou *Obia* répandue

---

(1) « Bien que le mandingue soit la langue d'une tribu du haut Sénégal
il est compris comme idiome inter-tribial par la majorité des peuples soudanais ».
Delafosse : « Haut Sénégal Niger », III vol. 1er vol., page 368.

(2) Cf. The Negro Church a social study. (The Atlanta publications, p. 5).
O.W.E.B. Dubois : The Negro, p. 189.

(3) Cf. Petit. Histoire Universelle des peuples, Tome II, p. 30 et suiv.

presque partout en Afrique, sous des noms divers, et qui n'est
en définitive qu'une des nombreuses formes de l'animisme,
jusqu'à quel point ces ressemblances plus ou moins vagues
ont-elles pu donner naissance à la confusion de termes et de
pensée d'où serait sorti le mot « vaudou » ? C'est ce qu'il
serait difficile d'expliquer, comme d'ailleurs il est le plus souvent malaisé de rendre compte des transformations ou altérations linguistiques. Dans tous les cas, ce qui donnerait une
certaine consistance à l'hypothèse des africologues de langue
anglaise, c'est que pendant que le culte de l'animisme africain sous une forme ou une autre était connu et est décrit
chez les plus vieux chroniqueurs de Saint-Domingue tels que
le jésuite le Pers, le P. Charlevoix, par exemple, et cela, à
partir du moment que la traîte avait jeté un nombre considérable de nègres dans la colonie, le terme *Vaudou* ne se rencontre guère qu'au XVIII siècle, Moreau de St-Méry nous
paraît l'avoir employé le premier, vers 1789.

Cependant une grave objection nous empêche d'adopter
l'hypothèse anglo-saxonne. Il existe, sur la côte de Guinée,
un petit pays, le Dahomey, peu important si l'on s'en tient
à la faible étendue de son territoire comparativement à l'aire
d'habitat des peuples bantous, mais terriblement entreprenant
par la puissance de son organisation militaire avant la conquête
française. Au Dahomey, il existe une religion dont la structure est faite des mêmes éléments que notre *Vaudou*. Au
Dahomey certaines déités, les *Esprits*, en général, s'appellent *Vôdoun*, et d'après la traduction de M. A. Le Hérissé,
il est curieux de trouver dans certaines formules rituelles presque mot à mot les expressions les plus communes au « langage » de nos vaudouïsants. Voici par exemple deux formules
tout à fait saisissantes :

> *Vodoun e gni Mahounou*
> *L'esprit est une chose de Dieu*
> *Mahou ouè do Vodoun*
> *Dieu possède l'Esprit.* (1)

Mais par quel processus une poignée d'hommes obligés
à la même ignominie, courbés sous le même joug d'infamie,

(1) A. Le Hérissé: L'ancien Royaume du Dahomey, Paris, 1911.

a-t-elle pu exercer une sorte de domination sur le reste du troupeau au point de l'amener à adopter quelques-uns des rites et des formes de sa religion à elle C'est ce que nous allons essayer de démontrer.

Retenons dès maintenant qu'il est infiniment probable que des formules d'incantation, de chants, de vaticination dans lesquelles les mêmes mots revenaient souvent, se sont imposées aux sectateurs autant qu'aux spectateurs occasionnels ; que ces formules ont perdu leur signification propre peu à peu, à la reculée des âges, au point que ceux qui les répètent à l'heure actuelle, ignorent totalement leur sens originel ; qu'en fin de compte c'est de ce moment de la vie coloniale que le terme a été adopté définissant tout à la fois le syncrétisme des croyances et donnant une sorte de concordance aux rites des religions et aux danses des esclaves de Saint-Domingue ; que, si pendant plus d'un siècle, ni dans les actes officiels du Conseil Supérieur, ni dans les rapports des Gouverneurs généraux, des Lieutenants du Roi ou dans les procès-verbaux de la maréchaussée, ni dans les Remontrances des Colons, dans les exhortations des Jésuites, nous n'avons trouvé une estampille qui authentifie le terme « Vaudou », il faudrait peut-être se rappeler que le monde colonial, tant à Saint-Domingue que dans les autres îles françaises, n'a commencé à prendre ombrage des manifestations religieuses des esclaves qu'à partir du moment où elles semblaient être le symbole des révoltes, et cela nous ramène aux années 1740-1750 environ. Nous savons qu'à cette époque le marronnage était intense, les réunions nocturnes étaient nombreuses à l'appel du mystérieux tambour.

N'accuse-t-on pas des chiffres progressifs qui marquent la croissance de ce mouvement de révolte ? Un millier de Marrons vers 1700 et plus de trois mille en 1751 (1). Ils se donnèrent des chefs : un Michel, en 1719, dans les montagnes du Bahoruco ; un Polydor dans la plaine du Trou ; un Noël, un Canga et tant d'autres, dans les environs du Fort Liberté, vers 1775 (2). On connaît l'histoire de Mackandal, exécuté en 1758. Il fut le plus célèbre de ces chefs qui exerçaient

---

(1) Mémoire sur les nègres Marrons dans les papiers de Saint-Domingue à la Bibliothèque Nationale cité par Vayssières : Saint-Domingue. Paris, 1909.
(2) Arrêt du Conseil du Cap, 2 octobre 1777.

une véritable fascination sur leur entourage. Tous avaient la
révolte pour objectif. Ils ne reculaient devant aucun moyen
pour réaliser leurs desseins et si, d'aventure ils étaient pris
et livrés au bourreau, ils allaient au supplice avec la foi hautaine du martyre. Les maîtres avaient beau multiplier les
châtiments : castration, écartèlement, bûcher, roue, rien ne
pouvait enrayer l'ardeur mystique des révoltés. « Ils souffrent
sans mot dire » écrit M. de Machault, administrateur colonial,
et M. de Sézellan ajoute : « Ils endurent les plus cruels tourments avec une constance sans égale, paraissent sur les écha-
fauds et sur les bûchers avec une tranquillité et un courage
féroces » (1). Mais d'où pouvait venir une telle insouciance,
un tel stoïcisme devant la souffrance si ce ne fut la certitude
absolue, la confiance inébranlable que la victime obéit à une
force qui décuple sa volonté et qui la place au-dessus de
ses misères actuelles, étant assurée au surplus que, quel que
fut le sort qui lui écherrait, le triomphe ultérieur de ses revendications est infaillible et, certaine, la réalisation de ses espérances. Telle était la puissance de la foi qui conduisait les
nègres au martyre. Elle fut en même temps le guide suprême
qui l'obligea à se ranger à la discipline ordonnée par les
chefs. Or, ces chefs n'exerçaient pas seulement l'autorité
religieuse.

A cause de l'audace et de l'énergie de leur action, ils
exercèrent simultanément la puissance politique et religieuse.
Ainsi ils étaient en mesure de provoquer et de consommer la
ruine du régime par la double influence mystique qu'ils exerçaient sur les leurs. Une conséquence logique découle de
cette proposition. Ceux d'entre les conjurés qui offraient le
plus de garantie aux yeux des corréligionnaires ne pouvaient
être que les types connus dans leurs tribus pour être en même
temps des conducteurs de peuple et des docteurs de la foi.
Les Dahoméens répondaient à cette double désignation. Il
est donc infiniment probable qu'ils servirent de cadres à ces
mouvements politiques et religieux et que c'est par leur influence que le terme *Vaudou* (l'Esprit) a été attribué à l'ensemble des manifestations religieuses des esclaves que ce
terme, parce qu'il rendait l'essentiel des croyances, a englobé

(1) Lettre de M. de Sézellan du Cap, le 7 juin 1763 (Papiers de Saint-Domingue, Carton XV).

toutes les nuances de l'animisme africain. Voilà ce nous semble la double genèse et le processus des croyances africaines que nous dénommons le Vaudou.

Pour en bien comprendre le mécanisme, il nous paraît nécessaire d'étudier son milieu d'origine, c'est-à-dire l'Afrique, ses races et sa civilisation.

CHAPITRE III

L'Afrique, ses Races et sa Civilisation

L'un des traits les plus saillants de l'ethnographie africaine, c'est la relation étroite qui existe entre l'habitat des races et leur degré de civilisation. Que l'on parcoure le continent noir du Nord au Sud, de l'Est à l'Ouest, l'observation s'affirme que là où les peuples ont crû ou croissent en prospérité matérielle et morale, là où ils ont créé des états d'une certaine importance et se sont développés en culture sociale, là aussi les conditions physiques et économiques d'habitabilité ont été, non point les seuls, mais les principaux facteurs de ces possibilités de civilisation.

Telles se présentent à nous les régions tempérées de l'Afrique du Nord, le Maroc, l'Algérie, la Tunisie, avec leurs colonies de peuplement et leurs races indigènes parvenues à un état remarquable de culture, telle s'offre à notre étonnement l'Egypte des Pharaons, la mère auguste des civilisations méditerranéennes, telles nous rencontrons aussi des ébauches intéressantes de civilisation dans les régions côtières que borde l'océan Atlantique et enfin sur les hauts plateaux soudanais où tant de royaumes et d'empires nègres ont atteint jadis un grand épanouissement de prospérité économique et de progrès moral.

Examinons maintenant l'autre volet du dyptique.

A l'occident, sur l'immense étendue que baigne le golfe de Guinée, de la Côte d'Ivoire à l'Angola, débordant de part et d'autre la ligne équatoriale, se déroule l'aire des forêts dont la limite en profondeur s'étend jusqu'aux grands lacs. Par quels chiffres précis peut-on en exprimer la superficie ? Il ne semble pas qu'un tel calcul ait été fait. Tout ce que l'on peut en dire, c'est que la forêt équatoriale atteste sa puissance et étend son aire de ténèbres sur des millions de kilomètres carrés et imprime une physionomie *sui generis* à toute cette partie de l'Afrique. Elle est l'habitat d'une riche variété de races très différentes les unes des autres, contrastant d'ailleurs dans l'ensemble avec les autres races du plateau soudanais tant par la morphologie que par la résultante de ces éléments psychiques qu'on nomme le caractère.

Ce sont, parmi d'autres motifs, ces contrastes qui ont amené géographes et ethnologues à diviser l'Afrique *grosso modo* en trois régions naturelles : une région modérée au Nord et au Sud de l'Equateur, suivie de steppes et déserts ; une région tropicale et sub-tropicale, allant du 4e au 17e parallèle, puis enfin la région équatoriale couverte d'un réseau de forêt d'une si prodigieuse densité et tellement inextricable qu'elle suffit toute seule à faire comprendre pourquoi l'Afrique fut surnommée la mystérieuse. Et d'où provient la découpure du continent en zone de contrastes si nette ? Il ne semble pas que la position géographique suffise à expliquer le fait. Nous en aurons une plus claire intelligence si nous considérons de quoi se compose la structure orographique du pays.

On sait que, sauf dans sa bordure orientale, l'Afrique est dépourvue de massifs montagneux de très haute altitude dont les cimes sont couvertes de neiges permanentes, comme il s'en présente en Asie et en Europe. Elle est constituée, au contraire, par une succession de plateaux plus relevés vers le sud. « Chaque plateau, creusé en cuvette peu profonde, présente un faible rebord à sa périphérie. Le passage d'un plateau au plateau immédiatement inférieur se fait assez brusquement par une pente fortement inclinée. C'est, si l'on

veut, quand on s'avance de l'océan vers l'intérieur, comme
un gigantesque escalier dont chaque marche aurait, au-dessus
de la précédente, une hauteur de deux cents à trois cents
mètres et une largeur variant depuis des centaines jusqu'à
des milliers de kilomètres. La première marche est sous-
marine et court parallèlement à la côte. La seconde forme
ce ressaut désigné, selon les contrées, par les noms successifs de Monts de Cristal, Mayombé, Palabala, etc... » (1).

Il résulte de cette disposition orographique, qu'étant
donné l'absence de glaciers et d'un réseau central d'altitude
importante qui eussent commandé sa météorologie, la physionomie climatique du continent ne s'exprime que par sa latitude.
Mais la superposition des plateaux et leur amplitude, la brus-
que déclivité qui forme parfois le passage d'un plateau à
un autre, la dépression peu profonde dont ils sont creusés
d'une part ; d'autre part, la proximité plus ou moins lointaine
de l'équateur influant sur le régime saisonnier des pluies —
soit qu'elles se précipitent en prodigieuse abondance pendant
la plus grande partie de l'année, soit qu'elles ordonnent la
marche rythmique des saisons en période alternante de sécheresse ou d'humidité, soit enfin, qu'elles se raréfient et dispa-
raissent presque à l'approche du désert — toutes ces conditions météorologiques impriment un caractère tout à fait particulier à l'hydrographie africaine. En tout cas, sur les hauts
plateaux, les eaux s'accumulent dans les dépressions en d'immenses lacs qui sont autant de mers intérieures. Cherchent-
elles une issue vers les océans ? Alors elles se précipitent en
orbes immenses formant sur leur parcours d'énormes et d'innombrables cataractes ou bien roulent leurs masses silencieu-
ses sur de longues distances, toujours prêtes à déchaîner, à
l'époque des crues, des avalanches de ruines par la sauvage
grandeur de leur puissance. Et voilà comment, en deux ou
trois traits, se dégage l'ossature de l'Afrique.

Faut-il illustrer ces remarques d'ordre général par un
exemple concret ?

Considérons un instant cette immense étendue de la région équatoriale conventionnellement connue sous le nom de
bassin du Congo. On sait qu'elle est plutôt marquée par la

(1) Dr Ad. Cureau. Les Sociétés primitives de l'Afrique Equatoriale, Paris
1912.

constance des influences astronomiques que délimitée par une
conformation territoriale. Comme telle, elle englobe plus de
4.500.000 kilomètres carrés c'est-à-dire qu'elle forme une
superficie un peu moins grande que la moitié de l'Europe
mais 7 fois supérieure à celle de la France et de plus de 60
fois supérieure à toute l'île d'Haïti. Pour arroser une telle
surface, à quelle provision d'eau la nature va-t-elle recourir ?
Elle est ici d'une folle prodigalité. N'est-ce pas dans cette
région que naît le Congo, le plus puissant fleuve de toute
l'Afrique ? Selon Elisée Reclus, il roule à lui seul probablement autant d'eau que tous les autres fleuves du pays réunis.
On suppute qu'à son embouchure en temps normal, c'est-à-
dire dans l'intervalle des crues, il débite plus de deux millions
de pieds cubes à la seconde (de Preville). Le voyez-vous
prendre sa double source du lac Banguélo et un peu plus
loin, par le Lougouga, du trop-plein du lac Taganika ?

Nous sommes sur les hauts plateaux, à 800 mètres d'altitude environ, vers le 10ᵉ degré de latitude Sud et le 20ᵉ de
longitude Est. Le fleuve cherche sa voie vers la mer. Les
dernières pentes des plateaux du Sud, les derniers contreforts des montagnes de l'Est et des plateaux du Tchad, l'obligent à décrire une immense courbe au-dessus de la ligne équatoriale, face au Nord. Il s'infléchit vers les basses régions de
l'Ouest. Dans son tiers supérieur, il reçoit des pentes de la
zone méridionale le tribut d'innombrables affluents dont le
moindre dédaignerait d'être notre Artibonite. A l'Ouest, de
riches contributions lui viennent également du pays des
rivières. Ce ne sont plus que ruisseaux et lagunes s'entre-croi-
sant en d'innombrables chemins mouvants. Alors le fleuve,
grossi de tant de tributaires, concentre son action offensive
et se rue sur les obstacles qu'il détruit dans sa course affo-
lante vers les basses régions. Des hauteurs montagneuses,
il s'épand vers la plaine tantôt en cataractes tumultueuses,
tantôt en nappes luisantes. C'est probablement à lui que
pense M. Cureau lorsqu'il écrit en termes émouvants... « Pendant des centaines de kilomètres, sur le revers du plateau,
c'est un chaos, un bouleversement de roches, d'arbres et
d'eaux furieuses, le tumulte d'un fleuve pris de folie, des
grondements, des remous vertigineux, de prodigieux rejaillis-
sement de gerbes liquides, des glissements formidables du

fleuve tout entier, des gonflements et des resserrements alter-
natifs de sa masse qui en sont comme une palpitation ou
comme le halètement d'un lutteur exaspéré contre l'obstacle.

« Plus haut, sur le plateau, le fleuve s'étale, grandiose et
majestueux... Les fleuves d'Afrique, que nulle civilisation n'a
touchés, ont la sévérité, la lourdeur, la sauvagerie d'un pittoresque préparé par un hasard capricieux et indompté.

« Les plus grands écrasent l'imagination par le volume de
leur débit, par la violence de leur courant et par l'effroyable
énergie cinétique de leur masse. Ces géants ne connaissent
point de moyen terme : ils sont le calme et l'apathie ; puis,
brusquement, ils se lancent dans une folle course à l'abîme
au milieu de la désolation et des ruines qu'ils ont eux-mêmes
précipitées sur leur propre chemin.

« Durant le jour, sous l'écrasant soleil de midi, leur surface ressemble à un pesant bain de mercure, sans un frémis-
sement, sans une ride, réfléchissant, ainsi qu'un miroir, l'impitoyable ardeur d'un ciel étincelant. » (1)

Si nous rapportons cette grandiose description au Congo,
nous nous représenterons aisément la masse effroyable d'eaux
courantes et stagnantes que contient toute la région, la somme
d'humidité qui se dégage d'un tel milieu. Mais à tout cela,
il faut ajouter la constance de la vapeur d'eau dont s'alourdit
l'atmosphère et qui se résout en pluies torrentielles et quasi
quotidiennes. Alors, il est également facile de comprendre
que de telles conditions météorologiques engendrent l'épanouissement d'une flore surprenante par l'étrangeté des
espèces.

Sur le littoral, dans les marais fangeux croissent les multiples variétés des mangliers aux longues racines émergées
de la vase et emmêlées comme des fils d'un métier détraqué.
Plus loin, c'est le domaine de la grande forêt. Et voici surgir
le baobab, les palmiers géants, le fromager aux troncs énormes dressés à la conquête de l'espace avec une exubérance
exaspérée. Leur sombre frondaison construit un dôme d'é-
paisse verdure que transpercent très difficilement les rayons
du soleil. A leurs pieds s'entrelacent les lianes inextricables.

(1) Dr Cureau, Op. loc. cit.

souples comme des toiles d'araignée, résistantes comme des
tiges métalliques.

Par moments, le sous-bois s'humanise. Une éclaircie rend
moins tristes les ténèbres de la forêt, cependant que, sur le
sol, l'amas des feuilles mortes, en perpétuelle fermentation,
s'accumule, se resserre et tisse un tapis feutré et moelleux. (1)

Il n'est pas besoin de fouiller plus avant les détails du
dessin pour qu'apparaissent en lignes plus nettes la fresque
du milieu physique.

On conçoit, n'est-il pas vrai, que de telles conditions
physiques ne soient propres qu'à l'éclosion d'une vie animale
curieuse et farouche.

Laissons à leur empire des eaux ou de la vase les mons-
tres amphibies qui sont comme des témoins attristés d'une
époque préhistorique, laissons à leur course errante les fauves
grands et petits, les troupeaux variés de singes, la bande
silencieuse des vampires, la foule innombrable des serpents.
L'histoire de cette faune nous est familière. Ce qui l'est moins
peut-être c'est le pullulement d'invraisemblables êtres minuscules dont l'existence ne semble se justifier que par l'assaut
qu'ils livrent continuellement contre d'autres êtres organisés.
C'est le peuple innombrable des fourmis, des termites, des
charançons, dévorateurs féroces des semences et des fruits,
destructeurs âpres des moindres récoltes, démolisseurs inlas-
sables des misérables habitations humaines. Ce sont les troupes de choc des moustiques et des mouches tsé-tsé, terribles
agents de maladies mortelles pour l'homme et pour le bétail,
propagateurs des fièvres palustres et du trypanosome, autant
de causes de ruines et de destruction qui devaient rendre cette
région inaccessible à la vie humaine. Et pourtant toute une
humanité s'y est accrochée, s'y est développée par le plus
incroyable phénomène d'adaptation. Ah ! si tous les secrets
de la biologie ne sont pas interdits à notre curiosité, n'est-il
pas vrai que toute adaptation d'un être organisé à un milieu
donné se résume, pour parler en termes vulgaires, en *un
prêt et un rendu;* que la vie n'est pas possible sans une réaction interne contre les influences externes, que le maximum
d'adaptation d'un organisme au milieu ambiant c'est sa plus

---

(1) Cf Stanley. Dans les ténèbres de l'Afrique, 2 vol. A travers le continent noir, 2 vol.

grande capacité plastique et sa résistance aux forces d'anni-
hilation; qu'en fin de compte, il s'établit un équilibre de
forces, une harmonie, une sorte de mimétisme biologique
entre l'être et le milieu ?

Si ces propositions sont vraies, nous pouvons en trouver
la confirmation dans l'histoire de l'homme sur la planète.
De tous les êtres organisés, l'homme est le seul, en effet, qui,
par la puissance de son intelligence, possède « l'élan originel,
la poussée intérieure » non seulement pour s'adapter à son
milieu, mais pour s'en servir de telle sorte qu'il garde inextinguible la petite flamme qui fait sa supériorité et qu'il
conserve par devers lui l'essence divine d'une évolution éven-
tuelle.

C'est cette émouvante histoire que racontent, à qui sait
les interroger, les races qui vivent partout sur le continent
africain et plus particulièrement celles qui habitent la zone
équatoriale, même dans l'aire des forêts.

II

Pour la masse des ignorants et même pour la plupart des
gens distingués dont la distinction s'accommode d'une bêtise
d'autant plus agressive qu'elle repose sur des informations
ramassées au hasard des lectures, il ne fait pas de doute que
l'Afrique soit le berceau originel de la race noire. Rien n'est
moins certain.

Sans qu'il soit nécessaire de discuter ici ce que renferme
d'illusoire et d'erroné le concept même de la race appliqué
à la nature humaine, sans qu'il soit utile de s'attarder à rechercher si l'espèce humaine dérive d'une souche unique ou
de souches divergentes, si elle est la résultante d'une évolution ou bien encore le produit d'une transformation « explo-
sive », on sait que des savants et des ethnographes autorisés
depuis les études d'un de Quatrefages jusqu'à celles plus
récentes de Delafosse (1), de Desplagnes, de sir Harry Johnstone, etc..., admettent que l'Asie méridionale a été le point

_____

(1) Maurice Delafosse « Les Noirs de l'Afrique », 1 vol.
M. Delafosse opine que le peuplement de l'Afrique est peut-être venu de
migrations dont le point de départ serait dans la limite de l'Océan Indien
et du Pacifique.
Lieutenant Desplagnes : « Le plateau central nigérien », Paris.
Sir Harry Johnstone : The Negro in new-world. London, 1 vol. The opening up of Africa N, Y and London.

de départ probable des races qui peuplent le continent africain (1). Il serait intéressant d'en suivre l'itinéraire si nous
pouvions jalonner leurs routes de points de repère certains.
De tout ce que nous pouvons supputer de ce passé lointain,
il est probable que « le centre vibratoire » des migrations
ethniques a été quelque part vers le plateau de l'Iran et que
la vague a déferlé en deux principaux courants dont l'un
a pris la direction de l'Est et l'autre celle de l'Ouest. Ainsi
s'expliquerait la présence de ces importantes agglomérations
nègres dont le chiffre actuel dépasse 30 millions et qu'on
rencontre au sud de la Godaveri, sur la côte de Coromandel,
du Nizans, du Jaypore, sur le plateau de Mizore, sur la côte
du Malabar, etc. De la péninsule indoue, l'infiltration nègre
se serait poursuivie toujours vers l'est et aurait atteint les
îles du sud-est et par la Birmanie, la presqu'île de Malaca
et enfin l'archipel de la Malaisie.

Quant à l'autre courant, il aurait coulé vers l'Asie antérieure par le plateau de l'Iran et atteint l'Arabie, puis, de là,
franchissant l'isthme de Suez, serait parvenu en Egypte et
se serait répandu de toutes parts en Afrique. N'est-ce pas à
cette infiltration nègre qu'on doit attribuer la présence d'un élément nigritique en Europe vers le quaternaire moyen comme
l'indiquent les découvertes des grottes de Grimaldi par le
professeur Verneau ? (2).

Tel serait, en tout cas, l'itinéraire hypothétique de la
migration des races qui ont peuplé l'Afrique à une époque
fort reculée des âges. On sent bien que, dans l'état actuel
de la science, il est impossible d'étayer ces considérations
d'aucune preuve. Nous ne pouvons que faire mouvoir le jeu
délicat des probabilités.

Nous nous demandons, inquiets, par quel phénomène
on peut expliquer l'influence du sang nègre dont nous retrouvons la trace très visible chez une très grande partie de ces
populations de l'Asie antérieure et même un peu de l'Asie
mineure si ce n'est à la suite d'une migration noire dont le

---

(1) Des paléontogistes de marque tels que Mattew (W. D.) : « Climate
and evolution » (annals of the New-York, tc. of sc) XXIV, 1915.
   Marcellin Boule : « Les hommes fossiles », Paris, p. 467 et suiv. admettent
aussi que l'Asie méridionale est le point de départ des migrations ethniques.
   (2) « On doit donc admettre qu'un élément à peu près nigritique a vécu dans
l'Europe sud-occidentale vers le Quaternaire moyen, entre la race de Spy et
celle de Cro-Magnon. » Mémoire de M. Verneau cité par Marcellin Boule, op. cit.

point de départ serait ou en Afrique ou en Asie. D'autre part, si maigres que soient les données paléontologiques, elles nous inclinent à penser, selon l'expression de M. Boule, que « l'Inde apparaît de plus en plus comme un très vieux centre de culture préhistorique. »

Quoiqu'il en soit, et quelque désir que nous en ayons, on nous excusera de ne point nous attarder sur cette discussion, car, à quelque parti que nous nous arrêtions, il resterait encore à résoudre une autre donnée du problème. A quelles variétés humaines appartenaient ou appartiennent les races qui ont peuplé l'Afrique ?

Grave question, en vérité, et qui est tout près de ressembler à la quadrature du cercle.

Nous n'avons hélas ! aucun critérium solide pour trancher le débat éternel sur les problèmes de nos origines. Tout ce que nous savons de positif c'est que les groupements actuels du genre *homo* auxquels nous conférons, improprement d'ailleurs et par simple vue de l'esprit, des attributs d'espèces et de sous-espèces, de races ou de variétés, tout en étant les seules réalités tangibles sur lesquelles se puissent exercer nos investigations, se dérobent néanmoins à des classifications rigoureuses de zoologie et nous savons, en outre, que, depuis des époques millénaires, ces groupes ethniques se sont à ce point pénétrés les uns les autres que, malgré leur différenciation actuelle, aucun n'existe à l'état de pureté, même théorique, si pareil phénomène a jamais existé à un moment de la durée sur quelque point de la planète (1)

(1) Le « type négroïde semblerait (à en juger par les squelettes de Grimaldi) avoir pénétré dans le Nord-Ouest jusqu'en Grande-Bretagne et de là en Irlande. A l'Est on trouve des traces en Suisse et en Italie, et du néolithique à la période historique, il a pénétré les races nordiques. Des temps modernes à nos jours, on démêle facilement l'influence d'un vieil élément négroïde dans les populations du Nord de l'Afrique, de l'Espagne, de la France, de l'Irlande, de la Grande-Bretagne occidentale, de l'Italie, de la Sardaigne, de la Sicile et dans les populations riveraines de la Méditerranée orientale ». Sir H. Johnstone : « The Negro in the world », p. 26. Et plus loin l'éminent africologue parlant du mélange du sang caucasique chez les nègres d'Afrique s'exprime en ces termes : « C'est du mélange de tous ces éléments en différents degrés que sont sortis les peuples d'Afrique tels que nous les connaissons aujourd'hui. « Très peu d'entre eux » sont indemnes de quelques gouttes de sang caucasique provenant de la persistante invasion de l'Afrique par les peuples de race blanche depuis 12.000 ans avant J.-C. jusqu'à nos jours ». loc. cit., p. 30.

Dans une note marginale des « hommes fossiles » M. Boule signale que, depuis la découverte des squelettes négroïdes de Grimaldi, on en a trouvé d'autres dans le Néolithique de l'Illyrie et des Balkans. « Les statuettes préhistoriques, datant de l'âge de cuivre, du Sultan Selo (Bulgarie) représenteraient des Négroïdes ». D'après Zuparic, « les premiers habitants des pays Yougo-Slaves ». « Revue anthropologique », 1919, p. 32.

Que si des migrations de peuples venus de l'Orient en des âges préhistoriques se sont arrêtés sur la terre d'Afrique pour en faire leur habitat d'élection, il est peut-être possible qu'en interrogeant l'ethnographie du vieux continent tel qu'elle est à l'heure actuelle et malgré l'insuffisance de nos informations, nous retrouvions dans la survivance des types le fond primitif des races qui émigrèrent jadis en Afrique.

III

En dehors de toutes considérations théoriques, l'accord s'est fait sur l'interprétation de quelques faits essentiels.

Trois types émergent de l'amalgame des races africaines. Un type très net de nains dont la taille varie de 1 m. 25 à 1 m. 45. Ce sont les négrilles, les Pygmées de la forêt. Ils sont aussi peu nègre que possible quant à la couleur de leur peau, si par *nègre* on entend *noir* comme le veut l'étymologie du mot. Ils sont chocolat clair et même un peu roux (1). Par contre, ils ont la chevelure crépue, enroulée en grains de poivre, les membres supérieurs relativement plus développés que les inférieurs, le prognathisme « c'est-à-dire la saillie avant du maxillaire », très accentué, tandis que leur menton semble effacé. Ils sont proches parents des Bochimans ou Bushmen, pour parler plus exactement, dont la taille est un peu plus élevée (1 m. 50), la peau plus claire, la chevelure en tignasse laineuse. Leur habitat aux uns et aux autres s'étend dans toute l'Afrique équatoriale et déborde sur l'Afrique australe. Ils vivent dans un état misérable, en groupes errants, n'habitant que des campements provisoires dans l'aire immense des forêts ou dans les steppes désertiques de la région orientale. Ils ne possèdent rien, ne pratiquent aucune espèce d'industrie et ne vivent que de cueillettes, de chasse et de pêche. Ils semblent bien être « les nains » dont parle « le père de l'histoire, Hérodote d'Halicarnasse ».

Dans tous les cas, quand on a la chance de les trouver maintenant à l'état non suspect de mélange, ils sont certai-

---

(1) La couleur de la peau est d'un jaune fauve chez les Bochimans, tandis que celle des négrilles est d'un brun de chocolat en tablettes ou de grains de café légèrement brûlés » Deniker : Les races et les peuples de la Terre, Paris, 1926.

nement les derniers survivants du type le plus primitif dont
le souvenir nous ait été conservé tout à la fois par les plus
lointaines relations écrites et par les traditions orales les plus
constantes des tribus africaines. (1)

« Sur ce fond vint se déposer, à une époque lointaine
mais indéterminée, l'élément dit hamitique d'origine asiatique ou européenne (continuateurs présumés de la race de
Cro-Magnon). Cet élément se conserva assez pur parmi les
Berbères et se transforma, peut-être sous l'influence des mé-
langes avec les nègres, en une race nouvelle, analogue à la
race ethiopienne, et à laquelle il faut rapporter probablement
le fond des anciens Egyptiens. » (Deniker, page 521). A cette
race nouvelle se mélangèrent les sémites méridionaux venus
depuis l'époque néolithique égyptienne de l'autre continent,
et qui modifièrent encore les types du Nord-Est. Mais il
advint qu'une autre particularité — l'influence de la langue —
revêtit d'un caractère apparent d'unité toutes les agglomérations d'hommes plus ou moins noirs dont l'habitat comprend
la plus grande partie de l'Afrique australe et déborde sur le
centre congolais. Néanmoins, la diversité si saisissante des
types ne laisse aucun doute sur l'amalgame des couches ethniques dont ils dérivent. En définitive, tous les peuples qui
parlent le bantou, qu'ils soient Cafres ou Zoulous, du Maté-
bélé ou du Nyassaland, qu'ils habitent le Haut-Congo ou
les bords du Taganyka, ne sont connus sous la dénomination
de race bantoue que parce que leurs langages offrent une
certaine unité linguistique dont la principale caractéristique
est que la formation des mots dérive ordinairement d'un
préfixe.

Enfin, pour compléter notre analyse, nous envisageons
le cas du troisième groupe ethnique formé, lui aussi, de types
également composites et que, pour plus de commodité, Deniker appelle « la race nigritienne » d'où l'on a tiré le type
populaire ou classique du nègre. Son aire d'habitat se limite
au Nord par une ligne ondulée de l'embouchure du Sénégal
jusqu'à la grande boucle du Niger, puis le 14° parallèle Nord
jusqu'au Bahr-el-Ghasal et le Nil; au Sud, par la côte du

(1) Lieutenant Desplagnes, loc. cit.
Stanley, loc. cit.
Deniker, loc. cit.

golfe de Guinée jusqu'au Cameroun, puis le massif de l'Ada-
moura, le 7° degré de latitude Nord jusqu'aux pays occupés
par les peuples du groupe Foulah-Sandé, et plus à l'Est jusqu'au bassin du Haut-Nil. Ce grand fleuve constitue la limite
des Nigritiens tandis qu'à l'Ouest cette limite est nettement
indiquée par l'Océan Atlantique (Deniker).

    « On peut diviser le groupe nigritien en 4 grandes sec-
tions : 1° les Nigritiens du Soudan oriental, ou nègres nilo-
tiques ; 2° ceux du Soudan central français (c'est-à-dire le
groupe Haouassa-Ouadaï ; 3° les Nigritiens du Soudan occidental français et du Sénégal ; 4° les Nigritiens littoraux ou
nègres de Guinée » (Deniker).

    C'est probablement de ce groupe que l'Afrique tire sa
physionomie ethnique traditionnelle parce que ce groupe
l'emporte en puissance numérique sur tous les autres, et c'est
peut-être cette particularité qui a fait dénommer le continent
le pays des noirs, depuis l'Antiquité. En tout cas, c'est lui
qui a fourni, en très grande majorité, le marché d'esclaves
des Amériques et de l'archipel des Antilles. En partie, nous
autres nègres d'Haïti, nous en sommes les descendants plus
ou moins authentiques.

    Mais quels sont les caractères fondamentaux des Nigri-
tiens et en quoi se distinguent-ils des autres nègres ?

    C'est d'abord que, dans l'ensemble, ils sont plus franche-
ment noirs quant à la couleur de la peau. Ensuite, le type
humain acquiert ici un plein développement physique. Bien
que le groupe nigritien soit formé, lui aussi, de couches ethniques très diversifiées, bien qu'il se subdivise en d'innombrables et d'importantes variétés humaines, il use d'idiomes
différents les uns des autres, sans doute, mais dont la contexture générale, au contraire des langues bantoues, réside dans
la dérivation des mots à l'aide de suffixes. Que les divers
spécimens de ce groupe ne se ressemblent que par analogie,
c'est ce dont conviennent les meilleurs ethnographes. En
effet, qui n'établirait pas de différence entre le nigritien nilotique et les autres types ? Le nilotique est l'un des plus grands
spécimens d'hommes connus. Manifestement métissé de sang
khamitique ou mélangé aux hôtes de la forêt équatoriale, il
incarne tantôt un bel animal aux traits déliés et distingués,

tantôt un symbole de force latente avec son aspect trapu et sa face camuse...

Quant aux Soudanais centraux et occidentaux, ils partagent avec les nègres de Guinée, le caractère commun d'être des dolicocéphales de haute stature (1 m. 70 environ), d'un noir mat ou luisant. Cependant ils sont composites à l'extrême non seulement parce que depuis des millénaires ils réagissent les uns sur les autres, mais parce qu'ils ont été altérés de sang caucasique par les invasions venues des côtes méditerranéennes ou de l'Asie, grâce à l'isthme de Suez ou au détroit de Bab-el-Mandeb. N'est-ce pas, qu'y a-t-il de plus différent qu'un Guinéen des forêts de la côte dont la chevelure elliptique, le nez large et aplati, les lèvres lippues, le torse aux pectoraux bombés, les biceps saillants, dont l'ensemble épais et massif évoque l'aspect d'un vrai spécimen d'athlète, réputé d'ailleurs pour sa bravoure et sa férocité — et cet autre nègre mandingue ou lybien dégingandé aux attaches fines, à la chevelure frisée, aux traits adoucis, au front découvert, agile et solide tout à la fois ? Ces divers types ont beau être considérés comme étant de la même race nigritienne, ils n'en contrastent pas moins par leur morphologie générale profondément dissemblable. En fin de compte, eux tous, pygmées, bushmen, bantous, nigritiens des côtes ou des plateaux — tous communément appelés du terme générique de nègres, révèlent un tel amalgame de types, qu'à les considérer dans leur ensemble ils offrent le tableau le plus diffus et le plus complexe qui soit, de telle sorte qu'il est pour le moins erroné de parler *d'une race* noire d'Afrique puisque, ni au point de vue historique, ni au point de vue anthropologique, il n'est possible de soutenir cette thèse et de la justifier.

La dissemblance des races africaines éclatera encore avec plus d'évidence si, pour démontrer le bien-fondé de notre proposition du début à savoir que les possibilités de culture sociale sont, en premier lieu, filles du milieu physique, nous mettons en relief les centres de civilisation originale que l'histoire africaine nous révèle.

On verra combien les conditions psychologiques du développement humain subissent le déterminisme des conditions matérielles.

IV

Mais que parlons-nous de civilisation africaine ?

En quel dédale de sophismes allons-nous nous égarer ?

Les deux termes ne s'opposent-ils pas l'un à l'autre comme se repoussent deux corps incompatibles dans le creuset de l'expérimentateur ?

L'Afrique noire n'est-elle pas considérée comme la terre classique de la sauvagerie ? Comment peut-on parler de civilisation africaine sans paradoxe ? C'est, du moins, cette idée un peu simpliste que nous nous sommes faite du pays de nos ancêtres par l'information singulièrement abrégée que nous en avons eue de manuels trop sommaires.

Or, depuis quelque trente ou quarante ans, des missions scientifiques venues d'Europe ont exploré le vieux continent avec un grand souci d'éclairer le passé de ses races, des recherches entreprises par les gouvernements coloniaux ont recueilli des faits et des traditions du plus grand intérêt, et voici que de l'ensemble de ces études apparaît une histoire africaine, étrange par ses révélations et tout à fait suggestive quant aux conclusions auxquelles elle nous conduit.

Elle nous amène à une première remarque. C'est que, si, par civilisation d'un pays, d'un peuple, d'une race, on entend l'organisation sociale et politique, la culture intellectuelle à laquelle ce pays, ce peuple ou cette race est parvenue, si l'on y comprend l'ensemble de ses institutions, ses croyances, ses coutumes et ses mœurs, si toutes ces choses révèlent chez ce peuple un sens de la vie collective et privée, la règle d'où découlent le droit et la morale, il y a eu, à un certain moment donné, sur le continent africain des centres de civilisation nègre dont, non seulement on a retrouvé les vestiges, mais dont l'éclat a rayonné par delà les limites du steppe et du désert.

La forme que revêtaient ces centres de culture était le plus souvent la fondation d'un Etat — empire ou royaume — due à l'ingéniosité, à la clairvoyance et à l'audace d'un chef énergique. Cet Etat avait pour noyau le plus communément une cité dont la prospérité s'étendait au village voisin, de telle sorte que l'empire était, en fin de compte, une suite de cités fédératives obéissant au gouvernement d'un chef. Le plus éclatant de ces empires était celui que les Songhais établirent sur les rives du Niger, dont M. Félix Dubois nous a retracé l'histoire émouvante dans sa monographie sur *Tombouctou la mystérieuse* d'après le témoignage du *Tarik-es-Soudan* (1) écrit par l'histoire arabe Abderraham-es-Sadi. « L'empire Songhaï s'étendait au Nord depuis les mines de sel de Thégazza, en plein Sahara, jusqu'au Bandouk ou pays de Bammakou au Sud; depuis le lac Tchad au levant, jusqu'aux abords de la mer Atlantique, au couchant. Pour traverser ce formidable royaume, il fallait six mois de marche ».

Un des empereurs de la dynastie des Askia qui reçut de l'histoire le titre glorieux d'Askia le Grand, porta l'empire à un extraordinaire degré de prospérité et de grandeur morale. Musulman, il a laissé le souvenir d'un fameux pèlerinage qu'il effectua à la Mecque en 1495, entouré de savants et de pieux commentateurs du Coran. Il était escorté de 500 cavaliers et de 100 fantassins. Il avait emporté 300.000 pièces d'or. Pendant son séjour de près de deux ans hors de ses états, il distribua 100.000 pièces d'or dans les villes saintes de Médine et de la Mecque. Il dépensa pareille somme pour pourvoir à son entretien et à celui de sa nombreuse suite, puis il employa le reste de son argent à faire de luxueuses emplettes qu'il rapporta à Gâo, la capitale de son empire soudanais, en 1497. Il avait organisé son pays avec une rare clairvoyance d'administrateur avisé et circonspect. C'est ainsi que la sûreté de l'Etat reposant d'abord sur la supériorité de la force armée, il constitua une véritable armée de métier, bien entraînée, toujours prête à fondre sur les tribus pillardes et à porter la loi du maître là où les circonstances l'exigeaient. L'empire était divisé en vice-royautés dont chacune avait pour chef un féal lieutenant de l'empereur, choisi parmi les membres de sa famille ou dans son entourage immédiat. Pendant les trente-six années de son gouvernement, il maintint la paix et fit régner la justice dans toute l'étendue de son état aussi grand que la moitié de l'Europe. Il portait une particulière diligence à promouvoir l'agriculture ; ainsi il utilisait les eaux du Niger en un système de canaux qui permettait de porter la culture des terres arables jusqu'aux confins du désert. L'Em-

---

(1) Félix Dubois, Tombouctou-la-Mystérieuse, Paris, 1898.
Tarik-es-Soudan : La Chronique du Soudan (Traduction de M. Houdas).

pire étant le centre par lequel passaient les routes des caravanes qui venaient échanger les cotonnades, les soieries, la
verroterie contre l'or, l'ivoire et d'autres matières précieuses,
le souverain organisa un système de poids et mesures qui
avait pour but de réglementer le commerce contre les abus.
Mais là où la splendeur de l'empire atteignit le plus grand
éclat ce fut dans le domaine des arts et des sciences. Les
ruines de Tombouctou témoignent d'un épanouissement de
l'art architectural à un degré qui rappelle quelque peu l'art
égyptien. Les lettres et les sciences, cultivées par des hommes
instruits, étaient enseignées à l'Université de Sankoré, grande
mosquée dont les ruines imposantes existaient encore il y a
quelque trente ans. Les savants étrangers accoururent au
Soudan, dit M. Dubois, d'après l'historien arabe, ayant appris
que le meilleur accueil les attendait. Il en vient du Maroc,
du Touat, d'Algérie, de Ghadamès, du Caire. Les lettres et
les sciences prennent un soudain essor et bientôt nous voyons
se produire une série d'écrivains soudanais des plus intéres-
sants. L'auteur de « Tombouctou la mystérieuse » conclut :
« Une pareille œuvre fait le plus grand honneur au génie de
la race nègre et mérite à ce point de vue toute notre attention.
Au XVI siècle, cette terre de Songhaï qui porte les semences
de l'antique Egypte, tressaille. Une merveilleuse poussée de
civilisation monte là, en plein continent noir. »

Cette civilisation ne fut pas un effet du hasard, comme
on serait tenté de le croire, un état de prospérité dû à l'heureuse initiative d'une série de princes habiles. Le fait est que
le Soudan occidental, par sa position géographique, a été, de
tout temps, le carrefour où se sont rencontrés les éléments
sur lesquels on fonde les civilisations : facilités économiques
de culture, marchés des produits du sol et du sous-sol, peuples industrieux et entreprenants, enfin, fermentations de
croyances et prosélytisme religieux. Il suffit alors que dans
la gestation de l'heure surgissent des chefs en qui s'incarne
le génie de la race et qui s'inspirent des besoins du pays, pour
que s'ébranlent ces mouvements d'expansion intellectuelle et
de progrès de toute sorte dont les plus antiques civilisations
nous donnent le saisissant exemple.

L'histoire écrite et les traditions orales des peuples soudanais nous offrent une illustration complète de ce point de vue.

Si l'empire des Songhaïs a été le centre magnifique de culture dont nous venons de constater l'épanouissement et a poussé si loin le progrès moral et matériel à une époque où la civilisation était partout à peu près au même niveau de tâtonnement, ce serait une lourde méprise de prétendre que ce mouvement n'a eu que l'éclat du météore. Il semble, au contraire, n'avoir été que l'aboutissement de tentatives plus ou moins fructueuses dont les plus lointaines remontent à la fondation de Ghâna vers l'an 300 par des princes de race blanche dont la dynastie conserva le pouvoir pendant 7 siècles.

A cette dynastie se substitua une lignée de princes nègres Sonniké, qui soumirent à leur sceptre non seulement le pays du Blad-es-Soudan, mais encore étendirent leur conquête fort avant dans le désert pour y subjuguer les Berbères de race blanche. Les historiens et géographes arabes, Bekri et Edrissi, donnent des détails très suggestifs sur l'organisation de l'empire de Ghâna. Il en résulte que, vers l'an 1000, il avait atteint un assez haut développement tant au point de vue de la puissance politique que de la prospérité matérielle. Il devait cette fortune à sa position de marché intermédiaire entre les pays du Nord et ceux du Sud. Il était l'entrepôt de sel extrait des mines de Tatental, situées dans le Sahara. Nous savons à quel haut prix les populations du centre de l'Afrique évaluent le sel à cause de sa très grande rareté dans ces régions. On s'en servait quelquefois comme monnaie d'échange au même titre que l'or et l'argent...

Ghâna était aussi le grand marché des poudres et des pépites d'or venues des régions aurifères au sud du Sénégal. C'est pourquoi à une époque où les coups de main, les razzias sont des symboles de puissance, cet empire nègre si riche et si prospère fut une tentation pour tous les conquérants en mal de gloire et de rapt. Un chef blanc, Aboubekr-ben-Omar, souverain des Almoravides, qui avait réussi à établir sa domination au sud du Maroc et avait conquis tout le Sahara, envahit l'empire nègre de Ghâna et le détruisit vers 1076...

Maintenant, jetons un très rapide coup d'œil sur l'histoire des pays de la boucle du Niger. Nous y trouverons un développement presque parallèle à celui des pays que nous venons

d'étudier, et peut-être même l'intérêt que nous y prendrons
sera-t-il plus vif si, malgré le reproche auquel nous nous exposons, de faire l'école buissonnière autour de notre sujet, nous
ne perdons pas de vue que l'objet principal de ce très sommaire examen des civilisations africaines est de retrouver les
origines de certaines mœurs et croyances dont les Haïtiens
ont conservé la survivance après quatre siècles de transplantation...

Eh! bien, parmi les traits distinctifs qui ont marqué
l'existence des empires de la boucle — empires du Mossi —
on doit signaler d'abord leur résistance aux causes extérieures
de destruction par leur plus grande densité numérique et leur
plus grande homogénéité ethnique parce que plus foncièrement nègre et ensuite l'influence salvatrice de la religion
parce que plus foncièrement nationale.

Une remarque qu'il convient de faire à propos de ce
dernier caractère c'est que, chez les autres peuples soudanais,
les souverains étaient de fervents adeptes de l'islamisme et que
les principales tendances de leur gouvernement étaient leur
constante préoccupation d'adapter les mœurs de leurs sujets
aux prescriptions du Coran d'où la nécessité pour eux de
s'entourer de savants docteurs musulmans qui étaient autant
de conseillers politiques en même temps que des guides spirituels.

Mais jusqu'à quel point leurs peuples s'étaient-ils assi-
milés les prescriptions coraniques et combien d'entr eux
n'étaient-ils que des musulmans de surface ? C'est cer..inement une question qu'il faut toujours poser chaque fois que
des chefs empruntent leurs motifs d'action à une inspiration
religieuse et lorsque surtout cette religion est d'importation
étrangère. Ici, dans les empires de la boucle, principalement
dans les empires de Ouagadougou et du Yatenga, la religion
se présente sous la forme d'un sentiment national concrétisé
en une doctrine « qui règle minutieusement tous les actes
de la vie privée et publique, basée en grande partie sur le
culte des ancêtres et dont l'empereur, comme descendant du
grand ancêtre commun, détient entre ses mains la direction
suprême, participant lui-même en quelque sorte à la quasi-
divinité attribuée à ses prédécesseurs défunts et dont il devait
jouir à son tour après sa mort.

Il y a à cet égard une analogie assurément lointaine mais réelle, entre les institutions de la Chine et celle des pays Mossi, et ce qui a fait la force et la durée des premières a puissamment aidé les secondes à se maintenir dans leur intégrité au travers des révolutions des pays voisins. » (1)

En fait, ces empires dont l'origine remonte au XIe siècle, ont duré huit cents ans puisqu'ils n'ont été détruits que par la conquête française à la fin du XIXe siècle. S'ils n'ont jamais eu l'éclat ni la renommée des états de la rive gauche dont nous avons déjà parlé, ils ne se signalent pas moins par leur organisation aussi intelligente que pratique. Ainsi la division de l'empire en cinq gouvernements provinciaux et trois royaumes vassaux, l'étroite dépendance des gouverneurs et leur soumission au pouvoir central, l'ordonnance des rapports entre le souverain et ses subordonnés, témoignent d'un sens de l'organisation politique tout à fait remarquable. Et c'est grâce à cette aptitude d'administration, à cette habileté de direction que les empereurs du Mossi ont sauvegardé l'intégrité de leur pays contre les causes extérieures d'absorption ou d'anéantissement...

Enfin, pour achever notre incursion historique dans la zone soudanaise, il nous reste à dire un dernier mot sur l'empire du Mali (du Mandé ou des Mandingues), vaste pays situé au sud du Mossi. Il eut ses heures de gloire du XIe au XVIIe siècle.

Les Mandingues forment une population nègre dominante tant par le langage que par le type physique qui les distinguent des peuples divers dont l'habitat comprend une très grande étendue du plateau du Soudan occidental. Ils ont été métissés à des époques très lointaines par leurs voisins Peuhls qui sont, eux, des descendants de Judéo-Syriens et par des envahisseurs Arabo-Berbères dont l'influence ethnique est si profonde dans tout le bassin du Niger. Comme les Peuhls, les Maures ou les Toucouleurs, on les a souvent dénommés « hommes rouges » à cause de leur métissage. Ils sont intelligents, industrieux, fiers et courtois, disent les ethnographes (2).

(1) M. Delafosse, op. loc. cit. IIe vol., p. 124.
Cf. Lieutenant Marc. Le pays Mossi
Louis Tauxier. Le noir du Soudan (Pays Mossi et Gourounsi, Paris, 1912).
(2) Sir Harry Johstine : Liberia, 2 vol. London (II° vol., p. 928).
Delafosse, op. cit., IIe vol., p. 171.

Ils sont tous musulmans et leur conversion, d'après Léon l'Africain, remonterait vers 1050.

Il paraît que le premier souverain qui ait adopté l'islamisme aurait été converti par un prince almoravide, l'oncle du Sultan Youssef-ben-Tachfine, fondateur de Marrakech. Les Mandingues parvinrent à établir un empire stable pendant près de six siècles. Plusieurs de leurs souverains, comme tout bon musulman, firent le pèlerinage à la Mecque et quelques-uns d'entre eux ont marqué leur règne par des entreprises et des œuvres de haut intérêt. Kankan-Moussa (1297-1332), l'un des plus célèbres, signala sa générosité et son activité intelligente au cours de son voyage au lieu saint. Il eut la bonne fortune d'y rencontrer des hommes de valeur qu'il s'attacha. C'est ainsi qu'il s'entoura du poète Es-Sahali, Arabo-Espagnol, de l'historien El-Mâmer, qu'il ramena au Soudan.

Il utilisa leurs services dans l'administration de l'empire et c'est sous leur direction que furent élevées les deux mosquées de Tombouctou et de Gaô qui étaient annexées à ce moment-là au Mali.

Ibn-Batouta, le géographe arabe, nous a laissé une description minutieuse des coutumes et du cérémonial en honneur à la Cour des souverains du Mali. Il a dépeint le luxe et le grand apparat dont s'enorgueillissent les empereurs, l'ordre et la régularité des services de l'administration, l'observance des principes du Coran. De tout cela, nous gardons l'impression que l'empire du Mali avait réalisé au pays noir un type d'état organisé capable de soutenir la comparaison avec beaucoup d'autres états sur d'autres points du globe.

En résumé, lorsqu'on embrasse la longue période d'histoire des peuples noirs disséminés dans la zone soudanaise qu'arrosent le Niger et ses affluents — qu'il s'agisse de la fédération des Cités dont Ghâna fut le centre ou de l'empire des Songhaïs que les Askia amenèrent à la célébrité, qu'il s'agisse des monarchies centralisées dont les Mossi donnèrent le type le plus marquant, ou des états qui eurent leurs heures d'éclat sur le plateau mandingue — il ressort de l'examen des faits historiques qu'une certaine culture sociale, une conception de la vie publique, enfin une forme de civilisation noire s'est développée à un moment donné en plein centre africain. Que si nous comparons cette civilisation à celle d'autres peuples des trois continents et notamment à celle des peuples de l'Europe orientale à la même époque, il ne semble pas que ce soit chez les nègres qu'on trouverait le plus d'inclination à un retour vers la barbarie ou la moindre aspiration à un idéal plus élevé de vie sociale.

Mais alors un autre problème surgit et nous incite à chercher pourquoi le Soudan paraît avoir été le seul foyer où se soit implanté ce mouvement culturel ? Y en a-t-il eu d'autres ? Et si tant est que d'autres aient existé, pourquoi leurs développements n'ont-ils point eu autant de durée que ceux du Soudan dont nous avons ébauché l'histoire ?

Autant de questions dont l'étude nous semble être assez attachante pour leur consacrer quelques brèves minutes de méditation.

CHAPITRE IV

Les Sociétés Africaines

et le Monde extérieur

Pour comprendre l'évolution des sociétés africaines dont nous avons trop rapidement brossé deux ou trois tableaux d'histoire, pour expliquer l'échec infaillible auquel se sont heurtées toutes les autres et le long silence qui a entouré le mystère de leur existence, pour saisir enfin le sens du lourd préjugé qui pèse sur le nègre, il faut pousser plus avant l'étude de la question africaine, il faut non seulement se rappeler la structure du vieux continent comme nous l'avons fait précédemment, mais compléter nos informations en attachant à l'histoire des communautés africaines, l'histoire de leurs relations avec le monde extérieur. Ainsi, on essaiera de reconstituer — fragmentairement il est vrai — l'armature du plus émouvant drame dont une partie de la terre ait été le théâtre.

Nous avons admis plus haut que la division topographique de l'Afrique peut s'exprimer en régions naturelles. Nous avons dit que ces régions variaient au point de vue climatique de la zone tempérée à la zone tropicale et de celle-ci à la

zone équatoriale. Nous avons dessiné dans ses grandes lignes
la physionomie très spéciale de cette dernière région. De ces
diverses recherches nous pouvons maintenant tirer un premier enseignement à savoir que ce n'est certainement pas
par un hasard heureux que des formes supérieures ou potentielles de civilisation n'aient été rencontrées que dans l'Afrique tempérée et tropicale. Il nous paraît possible d'expliquer
la modalité de ces mouvements sociaux par les contingences
du milieu physique. C'est là un jugement trop sommaire pour
que nous n'en assurions pas la validité en l'étayant de quelques précisions.

On sait qu'il a été fait de généreuses tentatives pour
déterminer ce que d'aucuns ont appelé *les lois de la civilisation* (1); cependant il ne semble pas, à notre connaissance
du moins, que ces tentatives aient abouti à des résultats assez
concrets de telle sorte qu'on puisse établir les règles inéluc-
tables d'après lesquelles la vie d'un peuple doit se développer et qui marquent, selon que ce peuple réussit ou échoue
à les réaliser, son aptitude ou son incapacité à adopter des
formes supérieures ou des ébauches de civilisation. Néanmoins, il est entendu que parmi les multiples données dont
relève l'évolution des peuples, l'une des plus évidentes s'incarne dans les corrélations étroites qui existent entre l'homme
et le milieu physique où il vit, surtout si l'on considère le
type humain au stade primitif de son existence. Souvent sa
valeur s'accroît ou diminue selon que son adaptation au milieu
est conditionnée par la domination que son génie y exerce,
ou bien selon que les forces physiques le façonnent de telle
sorte que s'établisse entre l'être et la nature un parfait équilibre d'action et de réaction. C'est ce que Miss Semple exprime heureusement dans la formule (2) suivante : « Les bases
géographiques sur lesquelles repose un état embrassent un
ensemble complexe de conditions physiques qui peuvent
influencer son développement historique. Les plus importantes
d'entre elles comprennent l'étendue et la zone où cet état se
trouve situé, sa position continentale ou insulaire, méditerranéenne ou maritime, ouverte sur le vaste océan ou confinée

---

(1) Cf. T. Funck-Brentano : La civilisation et ses lois, 1876.
Bagheot : Lois scientifiques du développement des nations.
(2) Ellen Churchill : Semple-Influences of geography environnent on the
basis of Ratzel'system of anthropo-geography, N.-Y. and London, p. 59.

sur quelque mer intérieure; ses frontières, selon qu'elles sont contenues par la mer, la montagne, le désert ou les lignes sinueuses de quelque fleuve; ses forêts montagneuses, ses grasses plaines et ses basses terres arables, son climat et son système de drainage, ses richesses minérales ou l'indigence de sa flore et de sa faune indigènes ou importées. Quand un état a tiré avantage de toutes ces conditions naturelles, le sol devient une part constitutive de cet état modifiant le peuple qui l'habite ou étant modifié par lui jusqu'à ce que leur connexion soit à ce point étroite par réciproque inter-action que ce peuple ne peut être compris si on le détache de son milieu. Toute tentative de séparer l'un de l'autre théoriquement, réduit le corps social ou politique à la situation d'un cadavre encore utile à l'étude de la structure anatomique d'après la méthode d'Herbert Spencer, mais projetant peu de lumière sur le processus vital » (1). Nul groupement humain ne pourrait illustrer plus vigoureusement la justesse des remarques ci-dessus énoncées que les peuples de l'Afrique. Quelle que soit l'origine qu'on leur suppose, de quelque manière qu'on envisage leur genre de vie actuel ou passé, une différence facilement appréciable distingue l'homme des bois de l'homme des plateaux (2). Cette différence s'est accusée au cours des âges, ici par un certain sens de l'organisation sociale et politique, par l'effort créateur d'une certaine culture intellectuelle, là par la dispersion anarchique de tribus errantes et l'effort d'adaptation aux conditions déprimantes d'une nature indomptée. N'est-il pas vrai que le génie inventif de l'homme est complètement étranger à la position géographique du Soudan qui en a fait dans le passé la limite des incursions commerciales sur le continent autant que la partie la plus accessible aux migrations ethniques venues de l'Asie ou de l'Europe ? N'est-il pas vrai que la sauvage barrière de la forêt impénétrable a opposé au seuil de la zone équatoriale le mystérieux sourire du sphinx à la curiosité du dehors ?

Si telles sont les données de la géographie, nous allons voir comment l'histoire les a utilisées.

Et d'abord, il va sans dire que la réalité n'a pas toujours

(1) Cf. Camille Vallaux : Géographie sociale : « Le sol et l'état », Paris. 1911.
(2) Cf. Dr A. Cureau, op. cit.

été ce qu'elle est aujourd'hui. Les transformations de la terre depuis les âges préhistoriques jusqu'à nos jours ont profondément et graduellement changé la physionomie du globe.

Et ce n'est que grâce aux hypothèses de la géologie et des sciences connexes (1) que nous pouvons, par des inductions hardies, évoquer les mouvements de notre planète. Ainsi la paléo-géographie suppute qu'il y a quelque cinquante mille ans environ, l'Afrique du Nord et l'Europe méridionale peuvent avoir été unies par une sorte d'isthme qui aurait relié le Maroc à l'extrémité sud de l'Espagne, la Tunisie à la Sicile et à la presqu'île de Malte (2). De même vers le sud-est, l'Asie et l'Afrique n'auraient formé qu'une même terre puisque le détroit de Bab-el-Mandeb ne serait que de création ultérieure. Cependant que par opposition à ce tableau, la Méditerranée et la mer Rouge communiquaient peut-être par un canal qui, obstrué, serait devenu plus tard l'isthme de Suez. Sur la terre d'Afrique de nombreux cours d'eau, des lacs peu profonds, sorte de mers intérieures d'une étendue autrement considérable que celles qui existent maintenant, occupaient la même région centrale tout comme aujourd'hui, et alimentaient abondamment les bassins du Haut Congo, du Chari, du Zambèse, du lac Tchad et du Haoussaland. D'autre part, le Sahara était, lui aussi, probablement parsemé de marais et de lacs peu profonds alimentés par des torrents. On comprend sans peine qu'une telle abondance d'eau ait rendu, du Nord au Sud et de l'Est à l'Ouest, la physionomie de l'Afrique totalement différente de celle qu'elle est aujourd'hui. Une végétation luxuriante couvrait des régions qui ne sont plus maintenant que l'empire du sable.

Tels ont dû être les déserts du Sahara, de la Lybie et de la Nubie. Si ce riant tableau n'est pas parvenu jusqu'à nous, c'est que les transformations géologiques ont opéré sur cette partie de la planète une graduelle évolution de la terre vers l'assèchement par la décroissance et le retrait de la glace en Europe et une déficience correspondante en chutes d'eau. Ajoutez à cela que, sur le même théâtre, devait s'opérer un autre phénomène qui a accentué l'assèchement. Il s'agit du drainage des eaux courantes par l'océan. En définitive, toutes

(1) Notamment la tectonique, la stratigraphie et la paléontologie.
(2) Sir F. .ry Johnstone: « The opening up of Africa », p. 22.

ces actions conjuguées n'ont pas peu contribué à raréfier l'eau jusqu'à l'épuisement final de cet élément. Il ressort de ces mouvements divers de notre planète que, pendant une période approximative de cinquante mille années, l'homme pouvait disposer en Afrique d'une aire d'habitabilité plus étendue que celle dont il dispose maintenant. Tout cela justifie la loi mise en honneur par Jean Brunhes (1) que le peuplement humain d'une zone terrestre quelconque est en étroite relation avec sa capacité en eau comme richesse économique et forces naturelles de revêtement végétal. Il ne saurait y en avoir trop ni trop peu. Dès que l'équilibre se rompt dans un sens ou dans un autre, il résulte une répercussion sur l'œcoumène et le peuplement humain suit la même courbe de décroissance. C'est ainsi que l'habitabilité de l'Afrique, à une époque indéterminée après l'âge paléothique, offrait les conditions probables d'équilibre que requiert la géographie humaine. Mais, avec la lente transformation de la terre, les conditions, lentement, changèrent aussi. Voici que, sur cette vaste étendue, entre la Mer Rouge et l'Atlantique, « la nature poussa les choses à l'extrême en élevant une barrière entre les déserts du Sahara, de la Lybie, de l'Arabie et les pays fertiles de la Mauritanie, de la basse Egypte et de l'Arabie heureuse, abondamment arrosés par de lourdes pluies. Les marais, peu profonds, se desséchèrent et laissèrent dans leurs lits des dépôts de sel et de soude, les rivières disparurent, les forêts s'éclaircirent jusqu'à l'épuisement total, et le sol dénudé fut exposé aux ravages occasionnels des pluies d'orage qui le lavèrent, et l'absence d'arbres et de végétation rendit le climat extrême, passant de la torride chaleur diurne au froid intense de la nuit. Cette alternance de chaud et de froid rendit le sol sec et friable, et désagrégea les roches dénudées. Les mêmes causes créèrent des vents d'une extraordinaire violence qui réduisirent en poussière sablonneuse les roches désagrégées. Ainsi se formèrent les déserts dans l'Arabie et le nord de l'Afrique qui élevèrent des obstacles entre l'Afrique tropicale et les pays méditerranéens et isolèrent peu à peu les types et la faune de ce pays de ceux de l'Europe tempérée et de l'Asie. Ainsi *l'Afrique tropicale se particularisa*. La grande masse de la sous-espèce nègre fut bloquée dans

(1) Jean Brunhes : Géographie humaine, p. 67 et suiv.

la région au sud des déserts et n'eut point la miscégnation
avec les races caucasiennes de l'Europe, de l'Afrique du Nord
et de l'Asie occidentale » (1). Ce fut la tragique adversité qui,
pendant des millénaires, tint une partie de la race noire acca-
blée sous l'horreur des pires abominations. Qu'elle n'ait pas
régressé vers l'animalité pure et simple, c'est à croire — pour
nous en tenir aux hypothèses les plus vraisemblables sur l'évolution des espèces — qu'il est à jamais enseveli dans la nuit
des temps le chaînon par quoi l'homme se rattache par quelque ancêtre commun aux simiens actuels, c'est à croire qu'elles
sont à jamais abolies les conditions cosmiques dont l'action
engendra probablement l'homme de quelque humble qua-
drumane à un moment de la durée. Et si des variétés handi-
capées par d'implacables influences du milieu, ont été ou sont
encore tributaires de si lourds impedimenta, de telle sorte
qu'ils offrent à l'observateur le tableau d'une vie absolument
primitive, on serait tenté d'attribuer la possibilité et la persistance d'un tel état de choses à je ne sais quelle ironie de
la nature attachée à nous rappeler l'humilité de nos origines
malgré les dons qu'elle nous a départis ailleurs. Quoiqu'il en
soit, nous sommes les seuls êtres vivants qui, selon le rythme
de notre existence, puissent osciller de la plus vertigineuse
ascension à la plus dégradante prostration. Cependant, si bas
que nous descendions, nous gardons par devers nous la magnifique aptitude qui consacre notre ascendance sur le reste de
la création. C'est peut-être là la grande pitié de la nature
humaine mais c'est certainement aussi sa marque inaliénable
de noblesse. Et voici que le nègre d'Afrique a conservé, en
dépit de tous les titres incorruptibles, d'être le co-héritier de
l'éminente dignité de la nature humaine.

En tout cas, de tout ce que nous savons des luttes livrées
par l'homme sur cette planète, de tout ce que nous savons
de ses revers et de ses triomphes, de sa pénible évolution
biologique et sociale, nulle circonstance, nul fait, n'est plus
propre à illustrer avec plus d'acuité et de réalisme l'âpre
combat qu'il dut mener contre les obstacle naturels que la
vie du nègre relégué, confiné, bloqué dans l'aire des forêts

---

(1) Sir Harry Jonhstone : The opening up of Africa, p. 24.
    Nous avons souligné à dessein la citation. Il s'agit bien entendu de la
masse noire bloquée dans l'aire des forêts à l'extrême sud de la région des
déserts et non de l'Afrique tropicale proprement dite.

équatoriales pendant des milliers d'années. Ce fut la sombre
tragédie qui le tint en dehors de l'histoire jusqu'à l'aurore
des temps modernes et lorsque l'ère des découvertes et des
grands trafics maritimes aura amené le contact de cette frac-
tion d'humanité avec le reste du monde, ce sera pour créer
la plus odieuse forme d'exploitation de l'homme par l'homme :
l'esclavage.

Ceux qui reprochent aux nègres leur infériorité ou leur
soi-disant inaptitude à la civilisation, font abstraction trop
aisément des terribles conditions de la vie nègre dans la zone
équatoriale. Car l'opinion de ces critiques superficielles se
heurte à des faits contradictoires quand elle s'applique à d'autres communautés noires favorisées par de meilleures conditions climatiques. N'est-il pas constant que, chaque fois qu'ailleurs les modes d'habitat ont offert aux indigènes des possibilités de culture sociale, on vit s'élever sur le vieux continent
des sociétés qui se sont organisées selon leur génie propre
avec les ressources dont elles purent disposer et toujours aptes
à tirer le meilleur profit de leurs relations avec le monde extérieur. C'est ainsi que s'explique la fortune du Soudan placé
par sa · position comme un centre intermédiaire entre deux
mondes. Il est, en effet, accessible d'un côté aux peuples de
la Méditerranée par la Berbérie (1) et l'Egypte, et de l'autre
aux peuples d'Orient par Suez et le détroit de Bab-el-Mandeb.

En outre, sa situation topographique en fit de tout temps
le marché où de hardis caravaniers s'aventurèrent à la recherche de l'or, de l'ivoire et des esclaves venus des régions
impénétrables de l'Ouest. Il fut par excellence un carrefour
de migrations ethniques. Ce n'est donc pas étonnant que nous
y ayons rencontré non seulement des communautés plus ou
moins policées, mais un amalgame de types, de coutumes,
de mœurs et de croyances façonnées selon le génie propre
des races noires qui s'y sont implantées.

Avons-nous des preuves sur lesquelles nous pouvons
étayer ce point de vue ?

« En nous en rapportant aux *ora maritima* d'Avenius, dit
Desplagnes (2), nous voyons Hannon de Carthage semer
30.000 colons sur les côtes océaniques de la Mauritanie,

---

(1) Les Côtes Barbaresques : Tripolitaine, Tunisie, Algérie, Maroc.
(2) Lieutenant Louis Desplagnes : Le haut plateau central nigérien, p. 113

vers 414 av. J.-C. Nous pouvons donc déjà entrevoir que les populations nord-africaines de la Lybie étaient formées par un mélange de tribus indigènes noires et de tribus immigrées asiatiques. D'ailleurs, dès 1100 av. J.-C., se fondait Utique et déjà de nombreuses colonies phéniciennes parsemaient les côtes de la Lybie. Hérodote nous avait indiqué cette confédération de familles diverses sous le nom de : *Nasamons* ou *Nasamous* qui a précédé la fédération des *Marmides; or,* ce nom de Nasamons est égyptien et indique bien ce métissage de noirs *Nashi* et d'asiatiques *Amon*. En effet, cette définition peut se tirer facilement d'un hymne à *Amon. Ra* datant de l'époque des *Ramessides* dans lequel on lit : « Les hommes « sortent de ses deux yeux et se répandent à la surface de « la terre, troupeau de *Ra* divisé en quatre races : les Egyp-« tiens Rotou, les Nègres *Nashi,* qui sont sous le patronage « d'*Hor,* les Asiatiques *Amon* et les peuples à peau blanche « *Sokhit,* la déesse à tête de lionne étend sa protection. »

D'autre part, dans tout le Soudan, il est une tradition que des hommes au teint clair et aux longs cheveux ont les premiers acclimaté, l'usage d'un bijou, sorte de pierres précieuses, appelées *aggry beads* « pierres d'aigris » ·dont ils s'ornaient. Ces verroteries ont fait l'objet d'un commerce très actif autrefois dans les pays d'Afrique. On les retrouve encore à l'heure actuelle aussi bien sur les vivants que dans les tombeaux ou les Tumuli, nous enseigne Delafosse (1).

D'où venaient-elles ? De l'Europe ou d'Asie ? On a signalé leur présence tout à la fois dans les tombeaux assyriens et phéniciens, dans certaines régions de l'Asie orientale et de l'Europe septentrionale. Les Egyptiens en ornaient leurs momies. Cette grande diffusion en des milieux divers et lointains marque l'étendue et le rayonnement de cette coutume ancienne et rend vraisemblable l'hypothèse que le commerce des « pierres d'aigris » a été connu dans le bassin de la Méditerranée à une haute antiquité et qu'il a été peut-être introduit en Afrique par les Phéniciens dont les colonies africaines furent très prospères. Au surplus, on sait que leurs successeurs, les Carthaginois, s'avancèrent fort loin dans le sud à la recherche des plumes d'autruche, de l'or, de l'ivoire

---

(1) Maurice Delafosse : Les noirs de l'Afrique, 1 vol., p. 28.

et des esclaves. Les relations commerciales que ces peuples méditerranéens établirent avec les nègres du Soudan, ne s'arrêtèrent pas à l'échange des marchandises. Il est infiniment probable qu'ils durent établir aussi des stations dans les villages soudanais et qu'ils y laissèrent quelque chose de leur sang, de leurs mœurs, de leurs arts et de leurs industries. D'autre part, le même phénomène s'est produit en Afrique orientale.

L'Abyssinie fut un centre de civilisation en contact direct avec l'Egypte. Son influence, comme celle de l'Egypte d'ailleurs, s'étendit fort loin vers l'Ouest sur les populations du Soudan oriental. Le rayonnement des peuples sémitiques venus en grande partie de la presqu'île arabique et tôt mélangés aux indigènes en bordure des côtes de l'Afrique orientale, s'effectua en apport de civilisation dans toute cette partie du Soudan qui est comme un prolongement de la zone tempérée du Nord-Est.

De cette courte analyse, il ressort deux remarques, ce nous semble. C'est que si l'Afrique est une immense presqu'île inaccessible par la plus grande partie de ses côtes parce que celles-ci sont peu découpées en baies et en caps et se défendent, en outre, de tout abordage par le phénomène de la barre; si l'isthme étroit qui la reliait naguère à l'Asie ne joua peut-être qu'un rôle secondaire dans ses relations avec le monde, l'Afrique noire, repliée sur elle-même, ne put se développer que selon son propre génie et même ces possibilités de culture ne se concrétisèrent qu'en fonction des zones climatiques. On veut dire que là où le climat offrait à l'homme une vie moins meurtrière par la malfaisance des agents physiques, il en tira un bénéfice indiscutable pour le plus grand épanouissement de ses énergies. Mais, il se trouva aussi qu'au Nord et à l'Est, à une époque où la civilisation était un don de la Méditerranée, ses côtes moins abruptes et son climat plus doux abritaient des peuples dont les voiles en sillonnant la mer généreuse et hospitalière entre l'Europe et l'Afrique, ne rapportaient pas seulement dans leurs plis des produits de consommation ou d'ornementation européenne, mais surtout ce je ne sais quoi d'impondérable qui établit entre les hommes et à leur insu le plus souvent, un échange de spiritualité par où s'affirme et se distingue le règne humain sur le reste de la nature.

Est-ce tout ?

Nous n'avons envisagé jusqu'à présent que la vie des sociétés africaines nées sous le ciel du Soudan et posées dans les savanes herbeuses comme les témoignages d'un suprême effort de création indigène. A considérer ces tentatives de civilisation sous cet angle, on s'expose à ne voir qu'une partie du phénomène. La réalité est autre, il semble même qu'on puisse affirmer que le plus grand, si ce n'est le seul obstacle de création sociale sur le vieux continent, réside dans la grandeur tragique de la nature physique. A ce compte, le Sahara, grâce à l'immensité de ses dunes mouvantes exposées à une aridité extrême, symboliserait l'aire des régions inhabitables par la très rigoureuse siccité du sol tandis que dans la forêt équatoriale, l'extraordinaire décuplement des forces de vie par une abondance excessive d'eau et d'humidité, n'offre guère de chances de succès durable au développement graduel des sociétés humaines. Ici et là, il n'est possible d'élever que des habitations précaires dans les rares espaces où la nature paraît faire trève d'opposition. L'oasis et la clairière sont les seules formes appropriées aux conditions exceptionnelles du milieu — conditions toujours provisoires par les brusques transormations auxquelles elles sont constamment exposées. On conçoit qu'aucune société humaine, garrottée par de telles restrictions, ne puisse croitre en progrès — la base fondamentale de tout progrès étant la stabilité et la durée. Le nomadisme avec ce qu'il comporte de vie aventureuse est une conséquence de ces habitats étranges où l'homme est voué à un perpétuel déplacement tandis que l'édification d'abris provisoires sous forme de villages isolés, en perpétuelle dispute contre l'âpre accaparement de la forêt, est l'autre force du déterminisme physique (1). Mais le tableau eut été incomplet s'il fallait limiter les formes réelles ou potentielles de civilisation indigène au plateau soudanais.

Sur la zone côtière, en ne tenant compte seulement que de la vaste région baignée par l'Atlantique, ont surgi des groupements sociaux dont l'organisation ne manque pas d'intérêt.

(1) Cf. Hardy : Vue générale de l'histoire d'Afrique.

Ne faut-il pas signaler l'état théocratique des Foulas du Fouta-Diallon dans la Guinée française ? Métissés de Peuhls, de Mandingues, de toutes couleurs, ils ont constamment montré du goût pour l'étude des belles-lettres jusqu'à nos jours (1).

Ne convient-il pas d'appeler l'attention sur la tribu des Vaï disséminée sur la côte du Libéria. C'est d'elle que naquit le génial Doalu Bukere qui inventa un alphabet dont son peuple se sert encore. Il a raconté au révérend Sigismund Kœlle, le célèbre missionnaire physiologue, comment la révélation de l'écriture lui vint en songe par un messager divin (2). A son réveil, il réunit quelques-uns de ses proches et traça les signes de son alphabet; puis, après une longue étude d'adaptation et de perfectionnement, il s'entoura de disciples et conquit l'assentiment du roi qui imposa au peuple le nouvel instrument de communication. Une école fut fondée à Yondu pour la propagation du système d'écriture qui survécut à toutes les vissicitudes des guerres intertribiales et constitue à l'heure actuelle encore un témoignage non équivoque des aptitudes intellectuelles des Vaï.

Au point de vue artistique, nous ne saurions passer sous silence les pays du Bénin et de Yoruba dont les habitants se sont faits longtemps connaître par leurs œuvres de bronze et d'argile. La poterie ancienne du Bénin révèle un sens de la beauté tout à fait remarquable (3).

Mais le peuple le plus intéressant de la zone côtière, par son influence et son organisation, est le Dahomey. Sa constitution politique et sociale si étroitement hiérarchisée avec les quatre classes : la noblesse, les grands fonctionnaires, le peuple et les esclaves, tous *Danhoménou*, gens ou choses du Dahomey, propriétés du roi; son administration civile, son armée si solidement organisée avec la division des services et l'absolu esprit de discipline, l'ont placé au premier rang des peuples de l'Afrique.

Sa renommée n'est malheureusement parvenue au monde européen qu'à travers les horribles récits de meurtre collectif et annuel de centaines d'esclaves, captifs de guerre, que l'on

(1) Delafosse : Les noirs de l'Afrique, p. 89, Paris, 1922.
(2) Sir Harry Johnstone : Liberia, loc. cit., P. 1198.
(3) Cf. Frobenius : Voice of Africa.
W. E. Burghardt Dubois : The negro.

célébrait selon un rite connu sous les vocables de « grande coutume ».

Quoique l'on puisse penser de ces abominations, il n'est pas indifférent de signaler que le Dahomey, grâce à la cohésion de son organisme social (régime politique, constitution de la famille, système religieux), est resté indépendant sous la même dynastie, très redouté de ses voisins depuis le XVIᵉ siècle jusqu'à la conquête française de 1894 qui détrôna le dernier roi du pays.

Voilà en quels termes synthétiques il nous a paru possible d'évoquer la vie des peuples noirs d'Afrique. Voilà comment il nous a paru possible de schématiser leurs efforts de création sociale, l'organisation de leurs communautés politiques, leur utilisation des matières premières propres aux besoins industriels ou artistiques de leur milieu et surtout leur puissance d'assimilation de tout ce que le monde extérieur pouvait leur apporter et qui fût compatible aux qualités essentielles de leur génie. Qu'est-ce que tout cela, si ce n'est un idéal de vie collective réalisé sur un coin de la surface habitable du globe, le témoignage d'une conception sui generis de la civilisation. Et cette conception de la vie sociale ne s'est pas seulement manifestée en œuvres matérielles. Elle acquit sa plus haute valeur en fonction des forces spirituelles dont elle fut le principal étai. Etudier les croyances africaines c'est donc nous mettre en mesure de saisir l'expression la plus apparente de cet impondérable qu'est l'âme nègre, c'est, en outre, suivre les modalités de ses transformations éventuelles, les survivances inconscientes dans cette colossale transplantation ethnique que fut l'esclavage nègre dans les Amériques.

CHAPITRE V

L'Animisme Africain

Une très vieille tradition reposant sur des faits mal compris et d'une interprétation aussi superficielle qu'arbitraire enserre la plus grande partie de l'Afrique noire dans les mailles du fétichisme. Mais qu'est-ce que le fétichisme ?

Dans le mémoire (1) que le président de Brosses présenta à l'Académie des Inscriptions, en 1757, il employa, le premier, ce terme, pour caractériser la matérialisation du culte que les nègres semblaient rendre à des objets bruts. Il en fit l'origine du sentiment religieux chez tous les peuples en le définissant comme suit : « J'appelle en général de ce nom (fétichisme) toute religion qui a pour objet de culte des animaux ou des êtres terrestres inanimés. » Or, le mot vient du portugais *feitiço* dérivé lui-même du latin *factitius*, artificiel. Il fut appliqué comme on sait par les navigateurs portugais qui, dans leurs voyages de découvertes sur la côte occiden-

---

(1) Du culte des dieux fétiches ou parallèle de l'ancienne religion de l'Egypte avec la religion actuelle de Nigritie. Ce mémoire fut jugé trop audacieux et ne reçut point l'accueil des publications officielles de l'Académie. Il parut 3 ans plus tard sans nom d'auteur.
Cf. H. Pinard de la Boullaye, S. J. (L'Etude comparée des religions, Essais critiques), Paris, 1922.

tale d'Afrique, avaient cru observer que les naturels du pays
rendaient hommage aux coquilles, aux pierres ou autres objets
bruts. Ils dénommèrent « fétiches » ces emblêmes du culte

L'observation ainsi établie n'est pas seulement incomplète, elle est fausse parce qu'elle est le résultat de trompeuses
apparences. Malheureusement la doctrine à laquelle elle a
donné naissance, a accrédité une erreur maintenant indéracinable.

Non, ce n'est ni la coquille, ni la pierre, ni l'idole en
bois sculpté, ni même des animaux que l'indigène d'Afrique
adore. Le plus arriéré de ces hommes peut être convaincu
qu'un élément impondérable, une force occulte s'incarne
quelquefois en tel objet ou tel animal, de même que la Forêt,
le Tonnerre, le Fleuve, la Mer, la Terre lui paraissent doués
de volonté, de désirs, de passions et constituent également
des Forces. Au surplus, n'est-il pas constant que la mort, fait
quotidien et inéluctable, recèle un mystère dont le moins qu'on
en puisse dire c'est qu'il est synonyme d'épouvante et de terreur ? Les morts ne reviennent-ils pas ? Ne peuvent-ils pas
exercer une influence bonne ou mauvaise sur les vivants ?
Ne sont-ils pas, eux aussi, des forces dont il convient de se
méfier ?

Autant de questions que probablement se pose le primitif.
Livré sans défense à l'hostilité de ces forces, impuissant à en
juguler les manifestations souvent inamicales, n'est-il pas
prudent de leur vouer un culte de vénération et de respect
afin de capter leur amitié ? Telle est la démarche de sa raison
incertaine, et comme l'émotivité est l'aptitude maîtresse, la
qualité dominante de sa personnalité, il est toujours en instance de réaction par la peur et l'inquiétude devant le moindre
phénomène dont la cause lui échappe. L'explication la plus
immédiate n'est-elle pas de reconnaître une intelligence aux
choses et de les croire possédées par quelque Esprit ? Si la
courbe d'un tel raisonnement dénonce la faiblesse de la raison, elle n'en accuse pas moins une certaine liaison d'idées
— insuffisante, bâtarde, préologique peut-être — mais capable
tout de même de conduire l'individu ou le groupe à imaginer
une manière de cosmogonie. C'est, à mon gré, ainsi que
s'explicite le concept fondamental du primitif sur le monde
où il vit, ce qui est, en définitive, sa réponse aux énigmes

qui nous tourmentent tous. Nous la trouvons puérile, cette réponse, parce que nous avons dépassé depuis des millénaires le stade de la mentalité dont elle est l'expression, parce qu'en outre, la maturité de notre pensée nous permet d'enchaîner les effets à leur cause et ainsi de rassembler un à un les matériaux dont nous avons fait la structure des sciences. Et d'ailleurs, de quoi nous vantons-nous ?

Ne nous trouvons-nous pas — beaucoup d'entre nous, du moins — désarmés et inquiets chaque fois que certains phénomènes dépassent la limite de nos connaissances actuelles ? Quel est le but de la vie, son origine et sa fin ? Ne sont-ce pas les éternelles questions sur lesquelles s'attache douloureusement notre méditation depuis si longtemps qu'il y a des hommes et qui pensent ? Et à qui nous en remettons-nous pour trouver de ces problèmes une explication qui soit digne de notre orgueil intellectuel ?

Les uns se réfugiant dans une prudente sagesse déclarent que la plupart de ces questions aboutissent à l'extrême limite de nos investigations et de nos possibilités de savoir — à l'inconnaissable, d'autres, et c'est la grande majorité des hommes, croient à l'omni-présence d'un être supérieur ordonnateur de toutes choses en ce monde dont il dirige l'harmonie. En fait, presque les mêmes problèmes de la destinée humaine, des rapports de l'homme avec le monde où il vit, ont amené le primitif et le civilisé à envisager un système de théogonie d'après lequel l'un et l'autre, la plupart du temps, font intervenir une ou des puissances mystérieuses, redoutables, dont il faut craindre la colère et l'inimitié. L'un et l'autre choisissent les modalités les plus propres à réaliser leur objectif. Le premier, le primitif africain tout au moins, croit que la divinité tutélaire est trop haut placée pour se préoccuper des menues affaires de ses créatures. Son ouvrage achevé, elle a établi entre les hommes et elle une catégorie d'intermédiaires invisibles (les esprits, les mânes) qui seuls, sont accessibles et auxquels, par conséquent, il faut toujours s'adresser pour obtenir les faveurs et les grâces d'en haut. Le civilisé, au contraire, admet implicitement qu'une modification du plan divin, si minime soit elle, n'est virtuellement possible que par une intervention directe de Dieu. Dans tous les cas, il nous semble que cette conception des rapports de l'homme

avec le monde où il vit constitue le point de départ, l'un des
éléments fondamentaux du sentiment religieux. Il est dès lors
compréhensible que le culte de la Providence s'extériorise ici
par de multiples manifestations conformes à une intelligence
sensorielle encore inapte aux efforts d'abstraction, que là il
s'affine, au contraire, en des représentations dégagées des
gangues de la matière et s'affirme en constructions toutes
spirituelles. Quoiqu'il en soit, cependant, on conviendra que,
dans l'un et l'autre cas, de telles démarches de la raison dénotent moins une différence en nature qu'en degrés. En fin de
compte, elles marquent la lente évolution de la pensée humaine du stade de l'ébauche vers les formes supérieures de
l'idéation abstraite. L'animisme nègre n'est donc autre chose
qu'une religion de primitifs. Je ne sais si tous les primitifs de
tous les temps ont adoré l'Inconnaissable selon les mêmes
modalités. Il est probable — avec des nuances qui établissent
la richesse ou la pauvreté des inventions ou encore, et dans
une certaine mesure, selon l'habitat des peuples favorisés par
la beauté, la douceur accueillante du milieu physique ou
opprimé par son hostilité farouche. N'est-ce pas que la mythologie grecque est fille de l'atmosphère clémente de l'Attique
« où les neuf Muses sacrées de Piérie nourrissent Harmonie
aux boucles d'or » selon le magnifique symbolisme d'Eu-
ripide ? (1).

D'autre part, j'ignore si, à un moment de la durée, Dieu
s'est révélé à tous les humains sous des formes diverses « et
de bien des manières » *multifariam, multisque modis*, d'après
le texte de Saint-Paul (2).

J'ignore si de cette révélation les uns ont gardé la pureté
du sens originel tandis que d'autres l'ont altéré au point d'en
avoir conservé que les propositions fondamentales bientôt

(1) « Pour avoir le sentiment du divin, il faut être capable de démêler, à
travers la forme précise du dieu légendaire les grandes forces permanentes et
générales dont il est issu. On demeure un idolâtre sec et borné si au-delà de
la figure personnelle, on n'entrevoit pas dans une sorte de lumière la puissance
physique ou morale dont la figure est le symbole. La comparaison des mytho-
logies a montré récemment que les mythes sanscrits n'exprimaient à l'origine
que le jeu des forces naturelles, et que des éléments et des phénomènes physiques, de leur diversité, de leur fécondité, de leur beauté, le langage avait
peu à peu, fait des dieux. « Taine, Philosophie de l'Art ».
(2) Épître aux Hébreux, chap. I, (Loisy : Les livres du nouveau testament).
Cf. Mgr. Lery: La religion des primitifs, Paris.

recouvertes d'ailleurs d'une dense stratification d'erreurs. Ce ne sont là que subtilités de théologien.

Ce qui nous semble certain c'est, malgré son apparente diversité morphologique, l'unité foncière de l'animisme nègre. Qu'on l'étudie sur le plateau soudanais où il est quelquefois influencé par l'apport probable d'éléments étrangers, qu'on le considère en fonction de religion d'Etat dans certains organismes sociaux tels qu'au Mossi ou bien encore dans la forme âpre qu'il revêt sur la côte occidentale, au Dahomey, l'animisme africain peut se résumer en quelques propositions très simples : 1° Chaque homme se compose d'une double personnalité, l'une physique, tangible, matérielle : le corps ; l'autre, impalpable, immatérielle, incarnée dans la première dont il est l'animateur : l'âme. — 2° La mort est l'opération par quoi ces deux éléments se désagrègent : l'âme se sépare du corps. Que devient cette âme ou cet esprit après la mort ? Chez les Bantous du Loango, le *M-Zimu* ou *Mu-Zimu* (âme ou esprit) recherche un autre habitat aussitôt après la cessation de la vie dans l'enveloppe corporelle (1), ce qui n'est après tout qu'une réincarnation, tandis que, chez d'autres peuples, cet élément erre à l'aventure ou se tient aux approches des habitations humaines.

D'autre part, les Gabonais admettent un double principe spirituel, le *Mu-Zimu* et *l'ombwiri* (d'où nous est peut-être venu le *zombi* haïtien bien que les deux termes n'aient point la même signification). Cet ombwiri est un esprit tutélaire qui est attaché à chaque individu quoiqu'il en soit indépendant. Il s'évanouit à la mort de la personne et reste invisible quoiqu'il s'attache à protéger la tribu. C'est un esprit supérieur parmi les bons esprits. Les Mandingues, de leur côté, établissent une différence entre le *dia*, souffle vital, et le *niama*, esprit. La mort est la cessation du souffle vital tandis que le *niama* survit à la destruction du corps... (2).

Au demeurant, il semble acquis que le nègre d'Afrique fait un départ très net entre le corps et l'âme chez les humains.

C'est, du moins, l'interprétation la plus vraisemblable qu'on puisse tirer de la masse des faits recueillis par les

(1) Mgr. Leroy, op. cit., p. 153 et suiv
(2) Cf. Mgr. Leroy, op. cit.
Delafosse, op. cit.
Cureau, op. cit.

innombrables écrivains qui se sont occupés de ces questions, notamment par les missionnaires, les administrateurs coloniaux, les explorateurs, etc.

Cependant, contre cette interprétation s'est élevée l'école sociologique de Durkheim avec une force et une autorité considérables. Dans son livre célèbre sur les « Fonctions mentales dans les sociétés inférieures » (1), M. Lévy-Bruhl signale à quelle grave confusion aboutissent les observateurs qui essaient de pénétrer la psychologie des primitifs d'après la forme appliquée à analyser la mentalité « d'un adulte blanc ».

Il s'agit de deux catégories distinctes. La principale différence entre elles réside dans le mode incomparable, voire dans l'essence divergente de leur perception.

Pour « un adulte blanc » — et cela s'entend vraisemblablement de tout individu normal quelle que soit sa couleur qui, ayant atteint la maturité de l'intelligence, est capable de discernement, d'adaptation, de jugement enfin, et est apte, par conséquent, à réagir et à se comporter dans la plupart des circonstances, d'une façon conforme au bon sens et à la raison — pour cet individu-là, percevoir c'est se livrer à l'opération complexe qui consiste à prendre conscience du monde extérieur et à en réaliser la représentation dans son esprit. Or, cette opération, qui semble n'avoir qu'une signification spécifiquement individuelle, cache le plus souvent un caractère collectif. On veut dire que, si aucune représentation ne saurait exister sans le mécanisme du système nerveux propre à chacun de nous, toute représentation a besoin cependant pour s'extérioriser de l'expérience commune qui est un attribut du milieu social. Tel, par exemple, le fait d'exprimer une impression. En se servant du langage — moyen collectif — on use nécessairement d'un véhicule qui est la propriété d'un groupe déterminé. Il est dès lors compréhensible que la valeur de la représentation collective soit en étroite corrélation avec la société dont elle reflète le degré de culture intellectuelle, les croyances, les sentiments, etc...

(1) Lévy-Bruhl : Les fonctions mentales dans les sociétés inférieures, 2e édition, loc. cit., Paris, 1912.
Lévy-Bruhl : La mentalité primitive.

N'est-ce pas ainsi qu'il faut entendre la définition qu'en a donnée M. Lévy-Bruhl ?

Les représentations appelées collectives, à ne les définir qu'en gros et sans approfondir (dit-il), peuvent se reconnaître aux signes suivants : elles sont communes aux membres d'un groupe social donné ; elles s'y transmettent de génération en génération ; elles s'y imposent aux individus et elles éveillent chez eux, selon les cas, des sentiments de respect, de crainte, d'adoration, etc., pour leurs objets. Elles ne dépendent pas de l'individu pour exister. Non qu'elles impliquent un sujet collectif distinct des individus qui composent le groupe social, mais parce qu'elles se présentent avec des caractères dont on ne peut rendre raison par la seule considération des individus comme tels. C'est ainsi qu'une langue, bien qu'elle n'existe à proprement parler que dans l'esprit des individus qui la parlent, n'en n'est pas moins une réalité sociale indubitable, fondée sur un ensemble de représentations collectives. Car elle s'impose à chacun de ces individus, elle lui préexiste et elle lui survit ». (1)

Mais il faudrait se garder de croire que le mode de représentations s'effectue chez les civilisés comme chez les primitifs. Les premiers en font, la plupart du temps, une opération intellectuelle préliminaire. C'est un « phénomène intellectuel ou cognitif ». Les seconds, par une sorte de faiblesse de leur capacité d'abstraction, n'en tirent que des éléments émotionnels.

Dans leur activité mentale peu différenciée se confondent des éléments distincts ailleurs tels que les idées et les émotions — d'où leur impuissance à objectiver leurs représentations. Car chaque fois que la pensée évoque l'image de l'objet perçu, celle-ci est enveloppée, colorée par une atmosphère dense de passions ou de sentiments. Le phénomène intellectuel est complètement effacé, obscurci par l'élément émotionnel. Au surplus, les circonstances exceptionnelles dans lesquelles les primitifs acquièrent la plus grande partie des représentations collectives — danses, cérémonies d'initiation, rites de puberté, etc., — la force oppressive des traditions et des tabous constituent autant d'actes ou d'engagements sa-

(1) Lévy-Bruhl : Les fonctions mentales, p. 1, Introd.

crés qui, par leur caractère vénéré, confèrent la suprématie
de la communauté sur l'individu. Dans ces conditions, l'individu plongé dans une atmosphère trouble où flottent des
modes de penser et de croire qui sont les attributs collectifs
de son groupe, en vient à envisager la réalité sous une forme
spéciale. Sa perception confond l'image et l'objet. La recherche de causalité qui est la marque distinctive de la pensée
« du civilisé » le laisse indifférent ou, du moins, il n'en soup-
çonne même pas l'existence. Il réfère tout à une puissance
occulte toujours présente et manifeste en toute chose. Sa
mentalité est pétrie, façonnée par un complexus affectif qui
la situe dans un monde tout à la fois irréel et probant, en
tout cas, hors de la raison et de la logique communes. Sa
mentalité est *mystique*. Et cette mystique est, en même temps,
cause et effet. Pour le primitif, c'est d'elle que découle la
conception *sui generis* du monde extérieur. Rien de ce qui
existe ne saurait avoir un caractère objectif. Qu'il s'agisse
de choses et de faits physiques — une montagne, un fleuve,
une plante par exemple — ou bien, qu'il s'agisse d'interpréter des faits d'ordre biologique, la maladie, le sommeil,
la mort, la mystique intervient pour créer des liaisons dérou-
tantes dans l'entendement du phénomène. C'est ce qu'en
complément et en consécution de la mentalité mystique,
M. Lévy-Bruhl appelle très justement *la pensée prélogique*.
Une loi, la loi de participation, semble présider à cette opération intellectuelle en vertu de laquelle « les objets les êtres,
les phénomènes, peuvent être, d'une façon incompréhensible
pour nous, à la fois eux-mêmes et autre chose qu'eux-mêmes
D'une façon non moins compréhensible, ils émettent et ils
reçoivent des forces, des vertus, des qualités, des actions
mystiques qui se font sentir hors d'eux, sans cesser d'être
où elles sont ». On conçoit donc que cette forme conceptuelle
embrasse l'intégralité du monde physique et moral, que toutes
les opérations de l'esprit en soient profondément imprégnées
et qu'elles tiennent lieu de notre inquiétude à tout rattacher
à une cause, soit que la loi nous en soit déjà révélée, soit que
nous en soupçonnions la potentialité.

Voilà réduite, en ses traits principaux, mais trop étroitement comprimée dans la gangue d'un simple résumé, la
magnifique doctrine de l'école sociologique. Ce n'est pas nous

qui en contestons ni la belle ordonnance ni la solide structure. Mais, n'y a-t-il pas à se demander si cette doctrine est incompatible avec celle de l'animisme quand celle-ci ne se complaît pas dans une interprétation systématique et complaisante des faits ?

D'abord si nul ne saurait s'élever contre l'emprise des représentations collectives sur la formation de la pensée, il est certainement excessif d'enfermer l'individu dans la serre de la société comme pour lui interdire d'autre forme de pensée que celle qui émane seulement du groupe. On a fait observer (1) que « la vie commune, la réunion en société, l'état collectif exaltent les puissances individuelles, que la société, étant gardienne des traditions, transmet aux générations successives les acquisitions antérieures qui préexistent à l'individu, mais, enfin, que la société ne crée pas l'intelligence ». Dès lors, l'individu est susceptible de s'élever au-dessus de son groupe par une force de pensée personnelle qui exalte sa personnalité. Telle est notamment la genèse du génie. Est-il interdit de croire que, même chez les primitifs, il est des élites qui pensent vraiment dans la forme logique commune aux groupes différenciés *sub specie æternitatis* ? Est-il interdit de croire que, entre nous et eux, la différence de la pensée réside moins en nature qu'en degré de développement ?

Que la pensée du primitif soit pauvre en abstraction c'est ce dont nous sommes convenu dès le début de cette étude, en outre, qu'elle soit encore toute sensorielle, prédominée par l'imagination et que, par conséquent, « elle déborde le réel » (2).

C'est la maîtresse caractéristique que nous lui avons reconnue. Mais la raison du primitif, vite satisfaite des explications approximatives qu'elle recueille lorsqu'elle est sollicitée par la curiosité de l'inconnu, démontre que sa structure n'est pas spécifiquement différente de la nôtre. Elle est à une phase embryonnaire de son développement et rien ne nous fera admettre qu'elle est incapable de briser la coque des représentations collectives où l'enferme son mode particulier

---

(1) H. Delacroix : Les opérations intellectuelles dans « Traité de psychologie », par Georges Dumas, tome II, p. 145-146.
(2) J. Dricourt : Ou en est l'histoire des religions.

de perception. Au surplus, ce qui nous paraît plus évident
que l'ingénieux agencement des théories susmentionnées,
c'est que le terme d'animisme généralement adopté pour rendre compte de la propension des primitifs à doter tout dans
la nature d'une énergie spirituelle n'exprime que très incom-
plètement leur état d'esprit. A notre gré, il y a là une manifestation de dynamisme qui nous semble caractériser plus
concrètement la pensée des primitifs ou, du moins, la pensée
des nègres de l'Afrique occidentale dont nous nous sommes
occupé d'une façon particulière dans ces essais. C'est l'opinion à laquelle s'est arrêté le Dʳ Pechuel-Lœsche (1) qui a
traité la question dans son étude sur les Bafiotis de Côte occidentale de l'Afrique. Il conclut qu'il faudrait rejeter la doctrine qui attribue aux nègres la croyance aux esprits incarnés
dans les objets ou dans les vivants et que, pour expliquer
leurs sentiments, il vaudrait mieux substituer le terme de
dynamisme à l'animisme plus généralement répandu. Ainsi
on reviendrait à la formule aristotélicienne que le divin enveloppe la nature entière. Mais ce dynamisme s'exprime, s'explicite en cultes particuliers. Il a trouvé dans M. Delafosse
son analyste le plus sagace et le plus pénétrant. Déjà, dans
le livre magistral que l'éminent africologue a publié il y a
quelque quinze ans et auquel nous avons puisé le meilleur
de notre documentation, il a posé et affirmé l'essentiel de la
doctrine (2) et dans sa monographie récente sur « les noirs
de l'Afrique » (3), il a apporté sur la matière le témoignage
définitif de sa connaissance approfondie des mœurs et coutumes africaines. « L'animisme ou culte des esprits (écrit-il)
est la vraie religion indigène de l'Afrique occidentale. Il se
divise en culte des morts et en dynamisme.

Le noir estime que, dans tout phénomène de la nature
et dans tout être renfermant une vie nuisible ou latente, il
existe une puissance spirituelle ou esprit dynamique ou effi-
cient (*niâma* en mandingue), qui peut agir par elle-même,
de là le culte des génies personnifiant les forces naturelles et
celui des mânes des défunts, esprits qui ont été libérés par
la mort de leur réceptacle humain momentané. A chacun de

(1) Die Loango : Expédition, III, p. 356-357, cité par Lévy-Bruhl. « Les
fonctions mentales, p. 107.
(2) Delafosse, Loc. cit., tome III, p. 165.
(3) Les noirs de l'Afrique, Payot et Cie, p. 149-150, 1922.

ces génies ou esprits, le noir prête à la fois raison et passion :
si l'on trouve moyen de convaincre sa raison ou de satisfaire
sa passion, on associe par là même le génie ou l'esprit à ses
propres désirs ».

En outre, il croit « que tout être animé renferme en lui,
en plus de son corps deux principes immatériels. L'un, sorte
de souffle ou de fluide vital, n'a pas d'autre rôle que d'animer
la matière et de lui communiquer la vie et le mouvement,
c'est un principe sans individualité ni personnalité propres
qui est éternel en ce sens qu'il est antérieur au corps qu'il
anime présentement et lui survivra pour aller en animer un
autre et ainsi de suite jusqu'à la fin des temps. Comme la
matière, il est divisible à l'infini et peut se dissocier en divers
éléments dont chacun suffit seul ou combiné avec un
élément venu d'ailleurs à animer un corps donné. Lorsqu'un
homme vient de mourir, c'est que le souffle vital a abandonné
son enveloppe charnelle pour aller immédiatement créer une
nouvelle vie soit dans un fœtus humain ou animal en gestation, soit dans une pousse végétale en germination. Bien entendu cette sorte de fluide sans personnalité, sans intelligence,
sans volonté, que l'on pourrait comparer à un courant électrique n'est l'objet d'aucun culte. C'est un esprit si l'on veut
mais seulement au sens étymologique du mot (spiritus
« souffle) ».

Le second principe est bien différent : né avec le corps
qui l'abrite et en même temps que lui, il constitue la véritable
personnalité de l'être auquel il communique la pensée, la
volonté et la force d'agir ; le souffle vital permet aux membres
d'un homme ou d'un animal de se mouvoir, à la sève d'un
arbre de circuler dans ses vaisseaux, mais ce mouvement et
cette circulation ne sauraient s'accomplir s'ils n'étaient ordon-
nés par l'esprit.

S'il arrive qu'un jour le contrôle du souffle vital échappe
à l'esprit et que, comme conséquence ce souffle quitte son
enveloppe et que la mort s'ensuive, c'est qu'un autre esprit
plus fort a neutralisé le premier : voilà pourquoi tout décès
est attribué par les noirs non à des causes matérielles qui
n'en sont pour eux que les causes secondes et occasionnelles,
mais à l'influence psychique d'un esprit mal intentionné,
seule cause première et réelle de la mort.

Telle est, dans son ampleur et dans une clarté lumineuse, la conception de l'animisme africain exposée en fonction des croyances latentes ou formelles des peuples noirs d'un bout à l'autre de l'Afrique.

Il va sans dire que cet animalisme se concrétise çà et là en formules rituelles, en culte plus ou moins organisé et en traditions orales. Il imprègne les mœurs et les coutumes, préside à la constitution de la famille et au régime de la vie sociale et publique. Enfin, il colore le rythme de toute existence de la naissance au tombeau. Quelques exemples de culte organisé nous mettront en mesure d'illustrer notre pensée.

III

Les populations des hauts plateaux soudanais, dont le lieutenant Louis Desplagnes nous a donné une monographie détaillée (1), croient à l'existence d'une divinité suprême *Ammo* ou *Amma*, résidant dans la région immarcessible des cieux, créatrice de l'univers. Elle est l'émanation des forces mâles actives et des forces femelles qui régissent le monde. La lune, divinité mâle, et le soleil, divinité femelle, les personnifient. A ces deux astres, il faut joindre la terre pour former une triade semblable à la triade thébaine. C'est elle qu'adorent les Haffés du plateau central nigérien. C'est à elle qu'ils dressent les autels à trois pointes formées de pierres dressées où les prêtres viennent célébrer les rites cultuels. Ces pierres sont le plus souvent coniques ou de « frustes monolithes » placés dans la cour de chaque maison familiale.

Toutes les tribus soudanaises ne révèrent pas les forces astrales sous la forme de la Triade. On a remarqué que toutes celles dont le nom se termine par le suffixe *ngo* comme *Karo-ngo* ou *So-ngo*, adoptent la divinité femelle. Ainsi « les *Hougho-Ouango* du Mossi sacrifient au Soleil pour l'attacher à la terre matin et soir, à son lever et à son coucher, pendant la première semaine de l'hivernage, puis, dans la suite, seulement tous les six jours, le matin au soleil levant.

· Ils se rendent aux autels formés des trois pierres coniques pour offrir les sacrifices et les libations toujours entourés de

(1) Lieutenant Desplagnes : Le plateau central nigérien. Émile Larose, 1907.

tout le peuple, des chefs de famille, des joueurs de tam-tam
et des masques familiaux (1).

Au contraire, les tribus qui forment la confédération de
ceux qui sacrifient à la Force mâle, peuvent être désignées
en adjoignant la lettre à leur nom; ainsi on aurait la dénomination *Sara-Kolle, Sor-Kos, Mar-Kas.* Quoiqu'il en soit, elles
considèrent la lune comme l'emblème de leur divinité.

Il est dans l'attribution des prêtres « d'annoncer solennellement les phases de l'évolution lunaire et déterminer
d'après la position de l'astre au firmament, la suite des jours
heureux ou néfastes de la semaine; enfin cette planète leur
sert à diviser le temps et à désigner les saisons » (2).

A part la triade céleste, les tribus soudanaises croient à
l'existence d'autres forces spirituelles qui se trouvent en commerce quotidien avec les humains et se manifestent en toutes
circonstances et dans les moindres incidents de la vie. Enfin,
pour assurer la pérennité du culte, les Soudanais ont réalisé
une organisation mi-politique, mi-religieuse. Les trésors de
la tradition et la défense de la communauté reposent sur l'autorité d'un Conseil formé par tous les chefs de famille dont
l'âge avancé constitue une garantie de vénérabilité. Ce conseil
des anciens élit, dans certaines conditions déterminées, un
chef appelé *Boughô* ou *Hogon* (3), « nom qui signifie le feu
ou la chaleur du feu » pour présider à leurs délibérations et
prendre en mains les intérêts supérieurs de la tribu. Ce personnage acquiert, de ce fait, une puissance considérable. Ses
pouvoirs politiques et religieux sont absolus. Par son ascension à la dignité suprême, il devient *Har-Boughô* ou *Hougon-
Dale,* grand prêtre du Feu, présidant le conseil des Anciens.
Nanti de ces titres et de ces privilèges, c'est à lui que revient
le droit d'interpréter les desseins de la divinité. Sa personne
est dès lors sacrée. Il habite seul un coin du village, le plus
souvent au sommet de quelque colline. Sa maison, or;nemen-
tée de moulages, est un vrai temple où sont déposés les
signes d'alliance de la tribu. Il est désigné à l'attention de
la foule par les insignes sacerdotaux dont il est revêtu. Ceux-ci
consistent en un large boubous bleu foncé, dont il s'enve-

---

(1) Desplagnes, loc. cit., p. 270.
(2) Desplagnes, loct. cit., p. 27.
(3) **On reconnaît** aisément les deux termes altérés dont nous avons fait
les prêtres du Vaudou haïtien, Bòcor et Hougan.

loppe, au port d'une grosse opale attachée au cou, par un cordonnet « d'un large bracelet de fer à la jambe droite, d'une boucle de cuivre à l'oreille droite et d'une bague d'argent au médium de la main gauche ». Il est coiffé d'une mitre rouge ornée de vert, posée sur sa tête qui doit être toujours rasée.

« Dans l'exercice de ses fonctions, il porte une canne en fer forgé à trois renflements ou un bâton terminé par trois branches, emblèmes du serviteur de la Triade divine ».

« Ces prêtres gardent pendant toute l'année dans une petite niche très décorée, creusée dans un mur de leur maison, le feu sacré avec lequel, à la fin de la saison des pluies, ils devront allumer les grands feux de brousse purificateurs » (1).

A côté de ces hauts dignitaires, il en est un autre qui, lui, est inférieur par la qualité différente de ses occupations. C'est le *Laggam* ou *Leggué* qui est, lui, l'interprète des divinités terrestres abandonnées et malfaisantes. Très redouté à cause du mystère qui entoure l'exercice de ses fonctions, le Laggam porte, lui aussi, certains signes : une grosse agathe suspendue au cou, un bracelet à la cheville gauche, une bague en fer au petit doigt de la main droite, enfin, un anneau d'argent à l'oreille gauche (2).

Tous ces personnages sont secondés dans l'exercice de leurs fonctions par des officiers subalternes auxquels ils donnent l'investiture. Mais, eux-mêmes ne parviennent à la dignité de leurs offices que par une véritable cérémonie religieuse. Quand le Hogon-Dale meurt, cet événement doit rester caché pendant trois ans. Les privilèges de sa fonction sont remplis pendant ce laps de temps par son fils aîné. Mais, le délai périmé, le Conseil des Anciens se réunit un soir de pleine lune. Alors des officiers montent sur le toit du temple et annoncent au peuple en pleine voix : « Le Hogon-Dale est mort », et poussent des lamentations. Le Conseil des Anciens, après avoir offert aux mânes des ancêtres des chèvres et des poulets, implorent les dieux de leur révéler celui qui leur paraît le plus digne d'accéder à l'office vacant. Pendant trois jours on se livre à des cérémonies consistant en danses sacrées devant l'autel de la divinité et en consultations mystérieuses.

Enfin, au quatrième jour, le Conseil proclame l'élu qui reçoit alors les insignes sacrés et est conduit en grande procession à la demeure qui lui est réservée. La dernière phase de la cérémonie symbolise la mort de l'impétrant qui, désormais, cesse, en effet d'exister pour sa famille étant consacré au service des dieux et à la sauvegarde du peuple.

M. Desplagnes qui, avec M. Monteil, nous a donné la description de ces curieuses coutumes, suppose qu'elles sont dues à l'infiltration de mœurs et d'idées venues d'Asie. Quoiqu'il en soit, elles ne sont ni systématiquement suivies, ni systématiquement semblables dans l'immense étendue et chez tous les peuples composites du plateau soudanais. Par ci, par là, elles subissent des transformations et des déformations cependant que le fond en reste à peu près inchangé. D'autre part, trois grandes fêtes religieuses partagent le ritualisme de ces tribus : 1° la fête des ancêtres; 2° la fête des semailles et 3° celle des récoltes.

La fête des ancêtres a lieu au choix du Hogon, un jour heureux de la pleine lune de mai. A la tête du Conseil des vieillards, le grand prêtre se rend à la grotte que la tradition attribue comme avoir été la demeure des premiers ancêtres. Là, il sacrifie des poules et un bouc noir ou taché de noir sur la tête duquel a été posé le plat des sacrifices. Puis, il fait incinérer la dépouille des victimes propitiatoires dont la cendre est jetée au vent. Il ne garde qu'un morceau de foie de poulet qu'il mange en invoquant les mânes ancestraux. Pendant la cérémonie le peuple, tenu à l'écart, observe le plus religieux silence.

La fête des semailles a lieu à l'époque des grandes pluies d'été, en juillet. Elle consiste en danses rituelles, en offrandes composées des graines à ensemencer et sacrifices d'animaux.

Quant à la fête des récoltes, la plus somptueuse de toutes, elle est surtout une fête en actions de grâces pour remercier la divinité d'avoir gratifié la communauté de ses bienfaits en jours heureux et en moisson abondante.

Ainsi, le Hogon procède, vers la fin de l'année, à l'offrande des prémices en présence de la foule assemblée devant le temple. Puis, au milieu des fidèles, il préside un grand repas de communion où « se mangent, comme plats de résistance, des kouskous monstrueux » composés des prémices de la récolte. Cette fête est aussi appelée la « fête des ventres ».

Nous remarquerons sans peine que l'organisation du culte sur le plateau soudanais, telle que nous venons de la décrire sommairement, revêt un caractère dynamique assez démonstratif. Ce sont des forces qui sont spiritualisées : la lumière solaire, féconde et active, la terre maternelle et productive, la lune, régulatrice des saisons, symbole et rythme du temps. Qu'il y ait à côté de cette triade d'autres éléments auxquels l'imagination soudanaise prête des pouvoirs mystérieux et redoutables, c'est à quoi répond le rôle dévolu au Laggam, serviteur des divinités malfaisantes. C'est probablement le dualisme de ces deux cultes dissemblables, dont l'un plus spiritualiste, et l'autre plus animiste, qui a fait penser à quelque influence étrangère dans la conception religieuse des Soudanais.

Dans tous les cas, telle qu'elle est, cette organisation manifeste une intelligence et un souci des choses religieuses qu'il était nécessaire de signaler et de comparer à d'autres conceptions. Elle nous incite à chercher chez des peuples situés un peu plus vers le sud-ouest, un autre modèle d'organisation cultuelle dont nous tirerons un égal bénéfice d'information et d'expérience. Choisissons la religion dahoméenne à laquelle nous avons fait déjà de fréquentes allusions. Elle a prêté son cadre et sa morphologie à l'animisme haïtien dans les conditions historiques que nous avons mises en lumière plus haut. Son étude détaillée nous mettra en mesure d'en analyser la structure.

IV

Les Dahoméens possèdent un système de théogonie dans lequel nous distinguons d'abord leur croyance en un Etre suprême, *Mahou ou Sê, Intelligence.* Mahou est le créateur du ciel et de la terre.

S'ils l'invoquent quelquefois comme pour rendre témoignage de sa suprématie sur tout ce qui est visible, les Dahoméens, semblables en cela à la grande majorité des autres peuples noirs, ne traduisent point leur vénération du dieu suprême en un culte tangible. Mahou est trop haut pour s'occuper des humains, par contre, les humains ne se soucient pas non plus de s'élever jusqu'à lui. Ils n'en ont d'ailleurs aucun moyen. Ils croient que Mahou est inaccessible à leurs prières, à leurs sacrifices et à leurs offrandes et le tiennent pour indifférent aux choses immédiates de ce monde. Mais, au-dessous de lui, sur un autre plan, se trouve une autre catégorie d'êtres divins, dérivés de lui et auxquels il a accordé l'omniscience et la toute puissance. Ce sont les Esprits, les *Vodoun*. Rien, sur la terre et dans les cieux, ne se fait sans leur participation. Leur courroux est formidable et leur bonté se répand sur ceux qui la méritent. Il semble que ce soit par les *Vodoun* que Mahou exprime sa volonté : *Vodoun e gui Mahounou, l'Esprit est une chose (une créature) de Dieu.* Les Vodoun s'incarnent aussi bien en des êtres humains dont ils se servent pour manifester leurs désirs, qu'en des phénomènes naturels qui sont autant de manifestations de leur colère, de leur vengeance et de leur puissance.

Il y a des Vodoun de la mer, des fleuves, des montagnes, du ciel, de la terre, du tonnerre, du vent, de la variole, etc... C'est la divinisation des forces et des phénomènes de la nature en un dynamisme complet. En dehors de ces diverses incarnations, les Vodoun sont quelquefois attachés à la protection d'une cité, d'une tribu, d'une famille. Comme tels, ils peuvent résider en un lieu célèbre ou sacré, revêtir la forme matérielle ou symbolique d'un rocher ou d'un animal éponyme ; ils peuvent personnifier l'ancêtre totem d'une famille. Ainsi les *Tô-Vodoun* sont les génies protecteurs de certaines collectivités et résident particulièrement en des arbres, des buissons ou des rochers et sont vénérés aux endroits où ils ont révélé leur présence et leur puissance. Les *Ako-Vodoun* ou *Hennou-Vodoun* personnifient les ancêtres fondateurs de telles tribus et en reçoivent les pieux hommages.

Un culte venu de Savi et implanté à Ouïdah, capitale de l'ancien Dahomey, a contribué mieux que tous les autres à rendre célèbre la religion des Vodoun. Il s'agit du culte de *Dangbé* (le bon serpent). Il est honoré sous la forme d'un python de moyenne grandeur et inoffensif.

Dans la nomenclature que nous venons de faire, nous n'avons compris (Mahou excepté), que des divinités d'un caractère dynamique, des déités protectrices de collectivités : familles, cités et tribus. A ces catégories il faut joindre *Legba*

et *Fa* qui jouent un rôle particulier dans la théogonie dahoméenne. Ce sont des dieux personnels. « Legba est le compagnon caché de chaque individu. Semblable à un lutin, il
est toujours prêt à quelque malice ou même aux pires mé-
chancetés ; mais, il se laisse facilement apitoyer par des
prières et des sacrifices ». (1)

On lui donne le nombril pour habitation d'où son nom
(*Homêsingan*), chef de la colère. Est-il aussi une manière de
priape ?

D'aucuns le croient (2). Dans tous les cas, aux portes des
villages on rencontre toujours le symbole du Legba représenté sous la forme d'une statuette affligée d'un énorme
phallus. Quant à Fa, il est quelque chose comme un ange
gardien spécialement dévolu à la garde du sexe masculin.
« Messager de *Mahou*, comme tel il prévoit le destin ». Habi-
tuellement, il est honoré et consulté comme l'oracle du destin. Toutes ces divinités, à leurs symboles, à leurs incarnations multiples et variées, les Dahoméens vouent un culte
public tout à fait organisé. Pour conserver la tradition et trancher les difficultés théologiques, il existe un corps sacerdotal
hiérarchique formé de quatre catégories. Les *Vodoûn-non*,
les *Houn-so*, les *Vodoun-si* et le *Vodoun-legbanon*.

Le *Vodoun-non* (*non* en lui s'incarne, il possède *Vodoun*,
l'esprit), est le grand prêtre et le principal sacrificateur. Il
est le suprême dépositaire des volontés de la divinité. Il habite
dans l'enclos sacré où le temple est érigé. C'est lui qui instruit les disciples dans la langue sacrée et ésotérique (consti-
tué par l'ancien Dahoméen). Par tradition, il connaît la vertu
des plantes, les prières et les incantations. Lui seul sacrifie
aux autels. Pour toute cérémonie hors du temple, il revêt
d'une autorité spéciale son desservant le *Houn-so* à qui il
confère des privilèges attachés à l'exercice de sa haute dignité,
Houn-so e so Houn, il porte l'esprit (traduisez il est le dépositaire passager de l'esprit). Car dans les cérémonies cultuelles, son rôle de Houn-so consiste à danser des pas rituels
en portant sur ses épaules la victime vouée aux sacrifices.
Alors l'esprit descend en lui pour sanctifier ses gestes et son
action.

(1) A. Le Hérissé : L'ancien royaume du Dahomey (Mœurs, religion, histoire), Emile Larose, éditeur, 1911, p. 137.
(2) Dr. Dorsainvil : Une explication philologique du Vodû.

Les Vodoun-si sont les apprentis, les clercs destinés au service de la divinité. Ils sont instruits par le grand prêtre en des conditions spéciales et logent un certain temps dans l'enclos sacré jusqu'à la fin de leurs études.

Enfin, le Legba-non (non en lui s'incarne, il possède), est l'individu qui est possédé de l'esprit de Legba. Il remplit, dans les danses religieuses, un rôle de bouffon obscène.

Voilà, en peu de mots, de quoi est faite l'organisation sacerdotale. On comprendra aisément l'importance exceptionnelle dont jouissent ces personnages si l'on veut se rappeler que leur science théologique n'est consignée dans aucun livre sacré, mais se transmet d'âge en âge par tradition orale, qu'elle en revêt ipso facto un caractère ésotérique, et que l'initiation ne s'obtient que par des procédés qui soumettent leur système nerveux à des épreuves d'une extrême sévérité.

Mais en quoi consistent les cérémonies cultuelles proprement dites ? Nous ne saurions mieux faire que de transcrire la description saisissante de l'une d'entre elles à laquelle M. Le Hérissé a consacré une page de sa belle monographie. Il s'agit d'une commémoration mortuaire.

Au jour fixé, le voile des *Asen* (1) ayant été enlevé, le *Hôdeto* et la *Tansinon* (2) commencent la cérémonie (p. 176).

« En premier lieu, l'officiant appelle les morts ; à chaque nom les assistants claquent doucement des mains puis touchent la terre avec la droite qu'ils portent aussitôt après aux lèvres ou au front. En second lieu, l'officiant nomme le chef de famille ainsi que les principaux personnages présents, c'est-à-dire tous ceux qui ont participé aux dépenses de la fête commémorative. Enfin, il demande la protection des ancêtres pour le bien du pays et de la famille ».

Après ces rites, qui rappellent une récitation de litanies car chaque parole de l'officiant est répétée par les assistants, on procède aux offrandes. L'officiante prend une calebasse remplie d'eau et ornée de sujets allégoriques en métal. Elle la présente à l'officiant qui, debout, verse un peu de son contenu sur les *Asen*. De cette même façon, sont offertes aux

---

(1) Asën : Objet cultuel fait en métal et qui rappelle vaguement un parapluie. Il est consacré aux esprits.

(2) « Dèho-prier », parler aux morts, aux « esprits ». « Hodéto » Celui qui parle aux esprits. La « Tansinon » est généralement une femme vouée à la célébration d'un pareil culte.

mânes des ancêtres, quelques gouttes de liqueurs diverses,
quelques pincées de farine et des mets préparés avec tous
ces produits du sol dont l'usage n'est pas défendu à la famille;
après quoi les assistants se partagent les reliefs de ce festin
mortuaire, en tenant compte de la hiérarchie familiale.

C'est le moment choisi pour l'immolation des animaux.
Des bouchers traînent devant la case des sacrifices un bœuf
étroitement ligoté, l'égorgent et recueillent une calebasse de
son sang que l'officiant porte à l'officiant pour asperger les
Asen. En un tour de mains, des sacrificateurs improvisés tor-
dent le cou et rompent les ailes des poulets, ils leur arrachent
la langue et les plumes qu'ils jettent en l'air, tandis que d'autres déposent sur l'autel les entrailles de toutes les victimes
et dépècent leur chair pour l'offrir aux asistants de marque.
C'est fini. Les morts sont satisfaits. Les vivants ont rempli
envers eux des devoirs qui les obligent en retour à une assistance dont ils ont l'inaliénable privilège même au pays d'où
personne ne revient.

Les deux modèles d'organisation cultuelle dont nous venons de démontrer le fonctionnement détaillé à des régions
opposées du continent, justifient les propositions que nous
avons faites au début de ce chapitre, à savoir que les noirs,
dans leur pensée religieuse, obéissent à une toute autre direc-
tive qu'à l'adoration des objets bruts. Que si leur religion se
matérialise quelquefois en des manifestations fétichistes, on
peut dire qu'elle trébuche sous l'influence de telles et telles
causes déterminantes, comme toutes les autres, dans les ornières où se complait la superstition heureusement qualifiée,
la caricature de la religion. De tels incidents se rencontrent
dans la vie de toutes les religions, ils sont en marge de la
vraie doctrine et s'infiltrent comme un corps étranger pour
en troubler la pure essence. Si, d'autre part, des interpréta-
tions doctrinales ont permis de mieux comprendre, grâce aux
représentations collectives, le substratum psychologique d'où
dérive la mystique nègre, nous avons remarqué que ces inter-
prétations n'avaient rien d'incompatible avec une meilleure
intelligence de l'animisme. A ce point d'aboutissement de
notre enquête, il nous reste, en jetant un coup d'œil d'ensemble sur le chemin parcouru, à tirer tous les enseignements

susceptibles d'éclairer le but ultime de nos recherches, c'est-
à-dire l'explication des croyances des masses haïtiennes.

V

Par la promenade ethnographique que nous avons faite
à travers l'Afrique, nous avons haussé notre ambition jusqu'à
tenter de reconstituer non seulement le passé préhistorique du
vieux continent, mais le passé émouvant des races qui le peuplent au double point de vue de leur évolution biologique et
sociale. Et ce coup de sonde tenté dans l'obscurité des origines, nous a aidé à nous rendre compte des conditions
actuelles des races noires d'Afrique. Enfin, dans cet essai de
synthèse, en nous appuyant sur les meilleures références, nous
avons tâché de pénétrer l'âme nègre en coordonnant les divers
agrégats qui forment l'étai de ses croyances. Ainsi — nous
nous en flattons du moins — la mentalité africaine nous a
paru moins fuyante, moins rebelle à l'intelligence d'une observation objective.

Si tel est le bénéfice de nos efforts de reconstitution, il
nous apparaîtra plus aisé d'entamer maintenant l'explication
des croyances haïtiennes dont le côté le plus troublant nous
a toujours semblé leur rattachement à la mystique africaine.

CHAPITRE VI

Le sentiment religieux
des masses Haïtiennes

I

Tous les Haïtiens sont chrétiens, catholiques, apostoliques et romains. Dans les grandes villes et plus rarement à la campagne, il se rencontre aussi quelques adeptes de la religion réformée — baptistes, adventistes, méthodistes, wesleyens — qui forment une minorité agissante et zélée.

On pense bien, cependant, que la valeur probante de la proposition ci-dessus énoncée, est tout à fait relative. Et s'il fallait nous en convaincre, il suffirait de rappeler le mode de formation sociale et ethnique de la nationalité haïtienne qui a eu une répercussion logique sur sa formation religieuse.

Nous savons, n'est-il pas vrai, quels éléments ont engendré la communauté haïtienne. Nous savons comment le troupeau d'esclaves importés d'Afrique à Saint-Domingue sur l'immense étendue de la côte occidentale, présentait dans son ensemble un microcosme de toutes les races noires du continent (1). Nous savons comment, de la promiscuité du blanc

(1) Cf. Price Mars : La vocation de l'élite, 1 volume.
Le phénomène et le sentiment religieux chez les nègres, de Saint-Domingue, in Bulletin de la Société d'histoire, volume II.

et de sa concubine noire, comment des conditions factices d'une société régie par la loi des castes, naquit un groupe intermédiaire entre les maîtres et la masse captive. Nous savons, en outre, comment du choc des intérêts et des passions, de la confrontation des égoïsmes et des principes suscités par la mystique révolutionnaire, explosa la révolte qui amena les ci-devant esclaves à fonder une nation. Telle est, dans un bref raccourci, l'origine de notre peuple. Mais on peut dire que depuis l'époque lointaine, vers les années 1506 où les premiers nègres ont été introduits en Haïti pour substituer leur endurance légendaire à la mollesse indienne, ceux d'entre eux qui vécurent de la vie précaire des chercheurs d'or dans les gorges du Cibao ou sous l'abri des conquistadores espagnols, ensuite ceux qui, par le commerce interlope des Hollandais, des Normands, des Bretons et autres écumeurs de mer, participèrent à la fondation des premiers établissements francais à Saint-Domingue, tous ceux-là qui, en nombre restreint il est vrai, mêlèrent leur vie à celle des boucaniers ou flibustiers en attendant que le flot ininterrompu de la traite déversât pendant plus de deux siècles la masse de deux millions d'individus dont l'horrible régime faisait son effroyable consommation, tous ceux-là constituèrent la couche sédimentaire d'où sortiront les éléments primitifs du peuple haïtien. Ce sont ces millions de défricheurs qui, de l'antique forêt vierge où la sauvage grandeur des tropiques dispensait la surabondance intempérante de la vie, firent la terre hospitalière et attractive de Saint-Domingue. L'effrayante hécatombe annuelle dont ils payèrent la prospérité du régime colonial, fut la principale condition de l'enrichissement du sol. Aussi bien, pas un bourgeon, un souffle, une cellule ne peut actuellement se dérober à la solidarité biologique qui relie la matière vivante d'aujourd'hui à l'énergie première que les nègres d'Afrique déposèrent avec leurs larmes, leur sueur et leur sang dans le sol de l'antique Quisqueya pour la transformer en notre pays d'Haïti. Et s'il est vrai que l'humanité est formée de plus de morts que de vivants (1), si les morts ne nous imposent pas seulement leur constitution physique, mais aussi le moule

---

(1) Gustave Lebon : Lois psychologiques du développement des peuples, Paris, 1900.

Les opinions et les croyances, Paris, 1906.

de notre pensée, voire les agrégats de notre moi, par quel
absurde gageure essaierait-on de dégager notre société haïtienne de ses origines raciales d'il y a quatre à cinq siècles.
Au surplus n'est-il pas constant que cette société a gardé
dans son ensemble, sa physionomie séculaire ? Ne reproduit-
elle pas, à bien des égards et avec une fidélité surprenante,
l'image agrandie et enjolivée de la société de Saint-Domingue ?

Evidemment, les classes d'autrefois ont été solennellement abolies. A la lueur de l'immense incendie qui a embrasé
l'ancienne colonie, les cadres en ont été rompus, disloqués.
Mais, par nature, les phénomènes sociaux sont plutôt incom-
préhensibles. La volonté de l'homme condensée dans des
textes de loi, traduite en des mesures administratives est le
plus souvent impuissante à en altérer le libre développement.
La violence elle-même, qui en trouble l'agencement, n'en
masque que mieux l'irréductibilité. Ainsi, malgré l'âpreté des
luttes sanglantes auxquelles les factions révolutionnaires se
livrèrent sur notre sol et qui furent génératrices des transformations du statut de la société coloniale, malgré les boulever-
sements successifs qui amenèrent la ruine de l'ancien régime
et l'avènement de la nationalité nouvelle, on est étonné de
constater que le changement a été plus apparent que réel, il
s'est effectué beaucoup plus en surface qu'en profondeur, les
mutations se sont opérées dans un déplacement du pouvoir
politique qui a glissé des mains de l'aristocratie blanche dans
celles des sang-mêlés et de la plèbe noire. Mais, là encore,
il n'y eut qu'une substitution de maîtres. Pour radical que
parut être le changement de régime, il ne s'est accompli que
par l'accaparement de l'autorité publique par une minorité
audacieuse et énergique. En fait, le statut social resta inchangé. La possession des grands domaines seigneuriaux qui était
la principale marque de la puissance et de la fortune, conserva
son éternelle signification. Les grands planteurs d'autrefois
furent tout simplement dépossédés par les nouveaux chefs
politiques, qui s'installèrent dans leurs privilèges et leurs
prérogatives avec une certaine discrétion conforme aux conditions survenues dans la vie publique.

Quant à la foule au nom de laquelle on avait proclamé
l'instauration du principe d'égalité, on crut expédient de rendre témoignage à sa participation au nouvel ordre de choses

en lui attribuant l'électorat politique et la jouissance de quelques arpents de terre. Mais, confinée par nécessités économiques, à la tâche de produire sans outillage et sans connaissances techniques, réduite à l'exploitation de fermes isolées et restreintes, sa situation, en un siècle de liberté et d'indépendance politique, est celle de la servitude moins l'assistance du code noir et le fouet du commandeur. Cependant, on considéra la morale sauve puisqu'à la façade de l'édifice reconstruit fut inscrite la formule magique : liberté, égalité, fraternité. Mais, à qui ne répugne point de soulever le voile des apparences, la société haïtienne d'aujourd'hui ressemble étroitement à celle dont elle est issue. Nous savons que là-dessus la bouffissure orgueilleuse de notre élite se cantonne en une négation obstinée et farouche. L'élite ferme les yeux à l'évidence. Il lui suffirait, pourtant, de remarquer le développement démographique de notre peuple pour se rendre compte combien est vaine sa sotte prétention de figurer à elle seule toute la communauté haïtienne. Car la bourgeoisie, telle qu'elle existe maintenant, n'est plus qu'un symbole. Déchue du rôle historique de conductrice de la nation par veulerie, couardise ou inadaptation, elle illustre encore par ses penseurs, ses artistes, ses chefs d'industrie, la puissance de développement intellectuel, à laquelle une partie de la communauté s'est élevée, cependant que, par carence de se mêler au reste de la nation, elle n'exerce plus qu'une sorte de mandarinat qui s'étiole et s'atrophie chaque jour davantage. Mais, enfin, si elle a perdu sa grande vocation de commandement, elle devrait jalousement garder ce rôle représentatif de nos virtualités intellectuelles. Encore, faut-il qu'elle sache ce qu'elle représente et faut-il qu'elle hausse sa dignité à ne point fausser le sens de cette représentation. Or, pour nous en tenir à une banale remarque d'ordre géographique mais qui prend ici la signification d'un fait de géographie humaine, nos populations se répartissent dans le sens de la topographie de l'île. Nous entendons que la partie occidentale, qui seule nous intéresse, n'est qu'un réseau de montagnes du Nord au Sud, de l'Est à l'Ouest. Les plaines et les vallées de ce côté-ci sont parcimonieusement dispensées s'il faut les comparer à la part qui échoit à nos voisins de la république dominicaine.

Aux pieds des chaînes montagneuses, la mer déroule la

frange des baies et des promontoires où s'élèvent nos principales villes. Elles sont donc toutes côtières ou à très peu près.
Rares, en effet, sont les agglomérations urbaines situées dans
l'hinterland. C'est dans les unes et les autres que résident
les classes bourgeoises, expressions raffinées de la communauté.

A combien d'âmes en évalue-t-on le nombre ?

D'une publication officielle (1) nous extrayons les données
suivantes. Huit des plus grandes villes posséderaient ensemble
207.000 habitants. Toutes les autres réunies n'atteindraient
pas un chiffre au-delà de 250.000. Et la population entière
de la République étant évaluée à 1.500.000 habitants, la proportion des citadins serait d'environ 15 à 17 %. Admettons
que l'évaluation officielle soit au-dessous de la vérité — et
c'est là notre sentiment puisque le chiffre précité n'a pas été
établi par de sérieuses statistiques — il n'en est pas moins
avéré que la réelle physionomie du pays est celle d'une agglo-
mération rurale comptant peut-être un nombre vraisemblable
de 2.200.000 paysans sur une population globale de 2.500.000
habitants.

Eh ! bien, c'est du sentiment religieux de cette masse
rurale que nous allons nous occuper ici. C'est sur elle que se
porte l'enquête que nous poursuivons depuis les premières
pages de ce livre. C'est à elle que s'adressent notre curiosité
et notre sympathie, certains que nous sommes de la trouver
dans sa candeur et sa spontanéité, au-dessus des odieuses
légendes dont l'accablent l'imagination aventureuse des jour-
nalistes à courte vue et la défense inintelligente des bourgeois
apeurés.

Evidemment, il ne nous sera pas interdit d'interroger
l'âme présomptueuse de l'élite. Nous verrons si elle reste
intangible sur le roc de son catholicisme ou bien si les croyances populaires, par un choc en retour, ne l'ont pas obsédée
d'inquiétude par ce je ne sais quoi de mystérieux et d'ésotérique dont elles sont enveloppées.

---

(1) Géologie de la République d'Haïti, éditée par MM. Wendel, P. Woodring,
John S. Brown et Wurbank pour compte du Département des Travaux Publics
(Service géologique, p. 73, 1925).

II

De toute l'analyse à laquelle nous nous sommes déjà
livrés, on devine sans peine que le sentiment religieux de
nos masses populaires dérive du même substratum psychologique où s'élabore la foi des humbles et des ignorants dans
tous les pays du monde.

Il semble qu'on puisse établir comme règle que la foi,
phénomène plutôt affectif que cognitif, puise les matériaux
qui la constituent dans cette tendance de l'homme à chercher
un point d'appui extérieur contre les faiblesses et les infir-
mités inhérentes à sa propre nature.

Pour peu qu'il soit étranger à l'explication plus ou moins
plausible des causes qui régissent les phénomènes naturels
et, pourrait-on dire, en proportion de son ignorance, il adopte
sur les choses de ce monde un concept très adéquat à sa mentalité. Il est dès lors compréhensible que, entre le paysan et
l'homme instruit, il y ait une certaine discrimination au point
de vue des croyances religieuses et que même lorsque leur foi
paraît s'établir sur les mêmes données, voire sur des dogmes
définis — l'un et l'autre en fait une adaptation conforme au
degré de sa propre culture. En ce qui concerne les paysans
haïtiens, héritiers modernes des nègres de Saint-Domingue,
nous avons démontré, croyons-nous, à quelle période de la
servitude coloniale la christianisation globale et forcée leur
fut octroyée comme la suprême justification du régime. Nous
nous sommes arrêtés sur l'inefficacité des rites d'initiation dis-
pensés en de telles conditions, étant donné qu'ils ne furent
pas des actes d'adhésion spontanée des néophytes. Bien plus,
ils ne furent que l'occasion de ripailles et de bombances puisqu'ils pouvaient légitimer certaines heures de trève à la
contrainte du travail. Nous avons, enfin, marqué combien ces
âmes frustes restaient malgré tout attachées à leur foi primitive et nous les avons suivies jusqu'au moment où, à la faveur
de la crise révolutionnaire, leurs croyances ancestrales furent
le levain de la révolte contre l'odieuse oppression. C'est bien
à l'approche de ces époques troubles, aux réunions nocturnes
à travers bois, que s'organisa le culte haïtien dénommé le
vaudou. Mais, de quoi était-il fait ce culte ?

On ne peut que difficilement apporter une réponse inat-

taquable à cette question. Nous n'avons, en ce moment, aucun document décisif qui puisse nous permettre d'analyser
les divers éléments cultuels du vaudou colonial. Par ailleurs,
il serait inintelligent d'attendre de l'époque dont il s'agit, une
étude sérieuse et approfondie de la matière. L'histoire et la
science des religions n'étaient pas nées. Nul ne se serait
avisé de s'égarer en des comparaisons qui seraient considé-
rées comme autant d'effrontés sacrilèges contre les vérités de
l'Eglise.

D'autre part, l'exploration sérieuse de l'Afrique ne devait
être entreprise que deux siècles plus tard. Les observations
scientifiques, les recherches ethnographiques sur le vieux
continent étaient rares au XVIIIᵉ siècle. Et, même maintenant,
l'accord est loin d'être établi sur les origines, la signification,
l'interdépendance de certaines croyances. Les hypothèses, là-
dessus, sont encore précaires. Un lourd préjugé empêchait de
voir autre chose que la superstition dans tout sentiment religieux qui, chez le nègre, n'était pas un acte de dévotion chrétienne. Et c'est pourquoi tous les chroniqueurs qui ont laissé
des relations de voyage, des notes, des ouvrages sur Saint-
Domingue, n'ont rien signalé qui vaille la peine d'être retenu.

Cependant, deux textes nous sont parvenus où nous pouvons glaner quelques informations intéressantes. Le premier
est tiré de l'*Essai sur l'Esclavage* et *Observations sur l'état
présent des colonies* (1).

Il s'agit de l'inquiétude que provoquaient dans la caste
blanche les multiples réunions nocturnes des esclaves où se
fomentaient les complots contre le régime colonial. A ce propos, l'auteur fait la remarque suivante : « Leurs desseins seraient impénétrables s'ils n'étaient découverts par des femmes
maîtresses de blancs auxquels elles sont fort ordinairement
attachées.

« La danse appelée à Surinam *Water Mama* et dans nos
colonies la *Mère de l'eau,* leur est sévèrement interdite. Ils
en font un grand mystère et tout ce qu'on en sait, c'est qu'elle
échauffe beaucoup leur imagination. Ils s'exaltent à l'excès

(1) Arch. col. F. 129, cités par L. Peytrand : « L'esclavage aux Antilles
françaises avant 1789 ». L' « Essai » est un ouvrage anonyme. On l'attribue
à Lafond de Ladébat, à Barbe de Marbois ou à Billaud Varennes.
    Moreau de Saint-Mery, loc. cit., p. 46 et suiv.

lorsqu'ils méditent un mauvais dessein. Le chef du complot entre en extase jusqu'à perdre connaissance; revenu à lui, il prétend que son dieu lui a parlé et lui a commandé l'entreprise, *mais, comme ils n'adorent point le même dieu*, ils se haïssent et s'épient réciproquement et ces projets sont presque toujours dénoncés ».

De ce très curieux document nous tirerons une indication capitale. C'est qu'à la période à laquelle 'on fait allusion, probablement vers 1860, la religion des esclaves n'avait encore reçu aucune dénomination particulière et, sans s'en douter, l'auteur de l'*Essai* nous en explique la raison lorsqu'il nous apprend que les nègres n'adorent point le même dieu.

Il est évident que jusqu'à cette époque, malgré l'intensité du marronage — l'aiguillon de la nécessité et la pression des événements extérieurs n'ont pas encore amené les concessions propres à engendrer l'unité d'action politique. « Ils se haïssent et s'épient », relate le texte, — encore moins est-il possible de concevoir l'uniformité du cérémonial religieux. Cependant, le travail inconscient de syncrétisme s'opère en silence et moins de trente ans plus tard, nous trouverons sous la désignation de « Vodou » une manifestation religieuse dont Moreau de St-Méry, le premier, donna une analyse détaillée. Elle resta célèbre et devint le thème amplifié, démarqué, de la plupart des relations qui ont été faites des cérémonies cultuelles du « Vodou » par des écrivains qui n'ont même pas eu l'occasion de les observer.

L'auteur de « la Description de la partie française de Saint-Domingue » nous indique d'abord les conditions extérieures du culte, le décor. La cérémonie réclame la complicité de la nuit et ne se déroule que dans un endroit fermé à l'abri de toute indiscrétion. « Là, chaque initié met une paire de sandales, et place autour de son corps un nombre plus ou moins considérable de mouchoirs rouges ou de mouchoirs où cette nuance est très dominante. Le Roi Vaudoux a des mouchoirs plus beaux et en plus grande quantité et celui qui est tout rouge et qui ceint son front est son diadème. Un cordon communément bleu achève de marquer son éclatante dignité ». Car il y a un Roi et une Reine du Vaudoux et qui exercent l'ascendant le plus effectif sur les fidèles du culte. Ils président les cérémonies dont ils ordonnent le rituel. Ce sont eux

les interprètes de la divinité et cette divinité n'est autre que
la couleuvre. « Connaissance du passé, science du présent,
prescience de l'avenir, tout appartient à cette couleuvre qui
ne consent néanmoins à communiquer son pouvoir et à prescrire ses volontés que par l'organe d'un grand prêtre que les
sectateurs choisissent et plus encore par celui de la négresse
que l'amour de ce dernier a élevé au rang de grande prêtresse ».

Mais par quel truchement cette communication s'obtient-
elle ? Serait-ce que la couleuvre aurait recouvré le privilège
de se servir du langage humain comme autrefois, au jardin
de l'Eden, « étant le plus fin de tous les animaux des champs
que l'Eternel Dieu avait faits », selon l'expression de la
Genèse ?

Non, les temps sont changés. Il s'agit d'une opération
infiniment plus subtile, il ne s'agit de rien d'autre que d'une
incarnation spirituelle ainsi qu'on va voir.

« Le Roi et la Reine se placent dans un des bouts de
la pièce et près d'une espèce d'autel sur lequel est une caisse
où le serpent est conservé et où chaque affilié peut le voir à
travers des barreaux.

Lorsqu'on a vérifié que nul curieux n'a pénétré dans
l'enceinte, on commence la cérémonie par l'adoration de la
couleuvre, par des protestations d'être fidèles à son culte et
soumis à tout ce qu'elle prescrira. L'on renouvelle entre les
mains du Roi et de la Reine le serment du secret qui est la
base de l'association, et il est accompagné de tout ce que le
délire a pu imaginer de plus horrible pour le rendre plus
imposant ». Tout cela n'est que le côté extérieur de la cérémonie — nous voulons dire la partie où se démontre l'emprise profonde de la foi — confiance qui relie le fidèle à son
dieu.

Reste l'autre pendant, celui du rite qui nous montre le
dieu s'incarnant dans son représentant, s'identifiant à lui.
Voici donc que les sectateurs du culte ont rendu hommage
à la divinité, chacun a déposé aux pieds de l'autel ses offrandes et ses prières, chacun a murmuré le vœu à la réalisation
duquel il soupire en invoquant la toute puissance du dieu.
C'est le moment propice de l'intervention merveilleuse.

« A chacune de ces invocations, le Roi Vaudoux se recueille, l'Esprit agit en lui. Tout à coup, il prend la boîte où est la couleuvre, la place à terre et fait monter sur elle la Reine Vaudoux. Dès que l'asile sacré est sous ses pieds, nouvelle pythonisse, elle est pénétrée du dieu, elle s'agite, tout son corps est dans un état convulsif, et l'oracle parle par sa bouche.

« Tantôt elle flatte et promet la félicité, tantôt elle tonne et éclate en reproches et au gré de ses désirs, de son propre intérêt ou de ses caprices, elle dicte comme des lois sans appel tout ce qu'il lui plaît de prescrire, au nom de la couleuvre, à la troupe imbécile qui n'oppose jamais le plus petit doute à la monstrueuse absurdité et qui ne fait qu'obéir à ce qui lui est despotiquement prescrit.

« Après que toutes les questions ont amené une réponse quelconque de l'Oracle, qui a aussi son ambiguïté, on se forme en cercle, la couleuvre est remise sur l'autel ».

Tel est le premier acte de la pièce.

Le second, qui la corse et en augmente la valeur, suit tout aussitôt. C'est la danse.

« S'il y a un récipiendaire, c'est par son admission qu'elle s'ouvre. Le Roi Vaudoux trace un grand cercle avec une substance qui noircit et y place celui qui veut être initié et dans la main duquel il met un paquet composé d'herbes, de crins, de morceaux de corne et d'autres objets aussi dégoûtants.

« Le frappant ensuite légèrement à la tête avec une petite palette de bois, il entonne une chanson africaine.

> *Eh! Eh! Bomba, Hen! hen!*
> *Canga Cafio té*
> *Canga moune délé*
> *Canga doki la*
> *Canga li (1)*

que répètent en chœur ceux qui environnent le cercle, alors le récipiendaire se met à trembler et à danser, ce qui s'ap-

_____

(1) A comparer avec le chant dont Drouin de Bercy donne la musique, les mots et leur traduction :
     A ia bombaia, bombé,
     Lamma ramana quana,
     E van vanta,
     Vana docki

Allegretto agitato

A ia bombaia bom-bé a ia bombaia bom-bé lam
ma sama naquana lam ma sama naquana E van van-ta va
na docki A ia bombaia bom-bé a ia bombaia bombé lam
ma sama naquana lam ma sama naqua-na

TRADUCTION. — « Nous jurons de détruire les blancs et tout ce qu'ils possè-dent, mourrons plutôt que d'y renoncer ». Je tiens cette traduction pour quelque peu suspecte. D'abord, on ne nous a pas dit à quel idiome africain il appartient. Ensuite plusieurs mots tels que « Aia bombé » semblent plutôt provenir de la langue des Aborigènes de l'île. En tout cas, une traduction locale les leur attribue comme un cri de guerre qui signifierait :
« Plutôt mourir que d'être asservis ». C'est ainsi que les lettrés de la cour du Roi Henry Christophe le rythmèrent et le firent adopter dans l'entou-rage du fier monarque.

pelle *monter vaudoux*. Si par malheur l'excès de son trans-port le fait sortir hors du cercle, le chant cesse aussitôt, le Roi et la Reine *Vaudoux* tournent le dos pour écarter le pré-sage. Le danseur revient à lui, rentre dans le rond, s'agite de nouveau, boit et arrive enfin à des convulsions auxquelles le Roi Vaudoux ordonne de cesser en le frappant légèrement sur la tête de sa palette ou mouvette, ou même d'un coup de nerf de bœuf s'il le juge à propos. Il est conduit à l'autel pour jurer et de ce moment il appartient à la secte.

« Le cérémonial est fini. Le Roi met la main ou le pied sur la boîte où est la couleuvre et bientôt il est ému. Cette impression il la communique à la Reine et, par elle, la com-motion gagne circulairement et chacun éprouve des mouve-ments dans lesquels la partie supérieure du corps, la tête et les épaules, semblent se disloquer. La Reine surtout est en proie aux plus violentes agitations, elle va de temps et temps chercher un nouveau charme auprès du serpent vaudoux; elle agite sa boîte et les grelots dont celle-ci est garnie, faisant l'effet de ceux de la marotte de la folie, le délire va croissant. Il est encore augmenté par l'usage des liqueurs spiritueuses que, dans l'ivresse de leur imagination, les adeptes n'épar-

gnent pas, et qui l'entretient à son tour. Les défaillances, les
pâmoisons succèdent chez les uns et une espèce de fureur
chez les autres, mais, chez tous, il y a un tremblement nerveux qu'ils ne semblent pas pouvoir maîtriser. Ils tournent
sans cesse sur eux-mêmes. Et tandis qu'il en est qui, dans
cette espèce de bacchanale, déchirent leurs vêtements et mordent même leur chair, d'autres, qui ne sont que privés de
l'usage de leur sens et qui sont tombés sur la place, sont
transportés, toujours en dansant, dans une pièce voisine...

Enfin, la lassitude termine ces scènes affligeantes pour
la raison ».

<h2 style="text-align:center">III</h2>

Cette page de Moreau de St-Méry revêt, à nos yeux, une
importance de tout premier ordre non seulement parce qu'elle
est le seul document authentique qui contienne des données
sérieuses sur les manifestations religieuses des nègres de Saint-
Domingue, mais parce qu'à l'abondance des détails, à la précision des traits, au caractère de l'ensemble, on reconnaît
tout de suite une attestation avérée. Bien que l'auteur nous
dise que la secte était secrète — et elle l'est encore de nos
jours — sa relation nous laisse l'impression d'une déposition
de témoin oculaire. Au reste, si, à notre gré et selon que nous
le prouverons plus loin, le rituel du culte s'est sensiblement
modifié depuis l'époque coloniale, telles particularités signa-
lées dans la célèbre description sont restées intangibles aujour-
d'hui encore. Elles nous paraissent constituer les éléments
primordiaux du Vaudou.

De ces traits, le plus caractéristique est l'état de *transe*
dans lequel se trouve plongé l'individu possédé par le dieu.
Nous aurons l'occasion de revenir là-dessus plus longuement.

Le second trait qui donne sa tonalité à la cérémonie est
la danse, danse rythmée au son d'un trio de longs tambours
à la cadence des *assons*, exécutée sur des airs syncopés qu'improvise un coryphée dont la voix est rendue en écho multi-
plié par l'assistance enthousiasmée.

Quant au reste, qui semblait être l'essentiel de la croyance
— nous parlons de l'adoration de la couleuvre — cette partie
du rite a été éliminée du Vodou ou reléguée tout à fait à l'ar-
rière-plan du cérémonial. Nous la croyons à peu près abolie.

Sur ce point, on nous permettra d'apporter notre témoignage
personnel. Au cours de nos investigations, nous avons eu
l'occasion d'assister à de nombreuses cérémonies de Vodou
— une centaine au moins — dont quelques-unes furent célé-
brées en des régions lointaines, nous n'avons jamais vu rendre
hommage à la couleuvre, même une fois. Et, coïncidence
notable, les écrivains haïtiens ou étrangers qui se sont occupés
de la question d'une façon sérieuse, sont unanimes à faire la
même remarque, soit qu'ils le disent formellement, soit qu'ils
ne fassent même pas mention d'une telle cérémonie. Nous
citerons avec plaisir la réflexion que M. D. Trouillot a consignée à ce sujet dans son intéressant opuscule : « le Vaudoun ».
« Il y a longtemps — écrit-il — que le reptile s'est dérobé à
son canari, petit vase d'argile qui figure le sobagui (c'est-à-
dire l'autel) » (1).

D'autres écrivains tels que Hannibal Price (2), le Dr J.-C.
Dorsainvil (3), Antoine Innocent (4), Eugène Aubin (5), les
Drs Léon Audain (6), Elie Lhérisson qui ont décrit des cérémonies du Vodou ou analysé les données qui en conditionnent
la croyance n'ont, en aucun cas, dans leurs œuvres, relaté
une adoration de la couleuvre. Est-ce à dire que le culte ophi-
dien ait entièrement disparu dans les traditions religieuses de
nos masses ? Ce serait mal connaître le processus des croyances
que de hasarder une pareille opinion. Ainsi que nous l'avons
démontré plus haut, au Dahomey, parmi le culte des génies
matérialisés, l'ophiliâtrie fut, à une certaine époque et est
encore maintenant probablement, une coutume vénérée. Nous
avons également marqué combien, sous une forme latente
ou formelle, elle est répandue à travers le continent noir. En
outre, il n'est pas inutile de rappeler qu'on la retrouve presque toujours dans la formation des vieilles théogonies asiatiques et qu'on relève son infiltration dans les croyances de
maints peuples occidentaux. Peut-on oublier que « le serpent

(1) D. Trouillot : Esquisse ethnographique « Le Vaudoun », P. au P., 1885.
(2) Hannibal Price : La réhabilitation de la race noire, ouvrage posthume,
P.-au-P., 1900.
(3) Dr Dorsainvil : Diverses études, notamment celles publiées dans Haïti
Médicale, sous le titre suggestif « Vaudoun et névroses », 1912, 1913.
(4) Antoine Innocent : Mimola, Port-au-Prince.
(5) Eugène Aubin : En Haïti, 1 volume, Paris, 1900 (Armand Collin).
(6) Dr Léon Audain : Le mal d'Haïti, 1 vol., Port-au-Prince.

d'Epidaure que les Romains adoraient aussi bien que le feu,
était considéré comme une divine représentation d'Esculape,
l'enfant du Soleil » (1).

Moïse ne transforma-t-il pas sa baguette magique en un
serpent d'airain dénommé le Néhustan, qui fut adoré dans
le temple de Jérusalem jusqu'à l'avènement d'Ezéchias, 700
av. J.-C. ? (2). Il reste donc entendu que l'humanité, à une certaine période de son évolution a trouvé dans l'ophiliâtrie une
forme concrète de déification. On ne s'étonnera pas qu'aujourd'hui encore bien des peuples, notamment dans l'Inde,
chez les Mirassans du Penjab, au dire de Sir James Frazer (3),
le culte du serpent soit en honneur. Encore moins serait-il
concevable que la tradition dahoméenne eut disparu sans
laisser de traces dans les croyances haïtiennes. Elle existe à
l'état de survivances un peu floues.

Nous entendons que la crainte observée chez nos paysans
de tuer des couleuvres (variété de boa aquatique, *water boa
ungalia*) (4), est l'expression la plus accusée de cette survivance.

Et alors, si nous écartons le culte de la couleuvre sur
lequel reposait toute l'économie du vaudou colonial parce que
probablement plus proche de sa filiation dahoméenne, que
reste-t-il donc de la croyance originelle ? Rien que la danse
et l'extase, l'une et l'autre corroborées par le sacrifice.

Nous sera-t-il permis de faire remarquer que ces trois
éléments : la *danse*, *l'extase* et le *sacrifice* ont formé ou forment les parties les plus constantes des rites religieux et qu'on
les rencontre liés ou séparés dans les religions les plus élevées ? Faut-il rappeler que, dans l'antiquité gréco-romaine, la
danse avait très souvent un caractère sacré ? Les Nabis, les
Nazirs d'Israël n'avaient-ils point recours à la musique pour
provoquer la possession de l'Esprit afin que l'Eternel parlât
par leur bouche ? Chez les Hébreux, fête et danse s'expri-
mant par le même mot « chag » (5), la Bible ne nous a-t-elle
pas appris que David dansa et sauta devant l'arche de l'Eter-

(1) Dr. Elie Lhérisson: Etudes publiées dans la « Lanterne médicale ».
(2) Ovide: Metam, livre XV, 736, cité par A. Hislop. « Les deux Baby-
lones ». Paul Monnerat, éd., Paris.
(3) Sir James Frazer: Le Rameau d'or, édition nouvelle abrégée, traduction
de Lady Frazer. Libr. orientaliste Paul Guthner, Paris, 1923.
(4) Sir Harry Johstone: The Negro in the new world, p. 194.
(5) Alfred Loisy. La religion d'Israël. Paris 1908.

nel venue d'Obed-Edom, et que la cérémonie s'acheva en offrande d'holocauste et sacrifices de prospérités (1).

En ce qui concerne l'homme noir, il y a lieu, ce me semble, d'établir l'office que la musique et la danse remplissent dans sa vie spirituelle. Si chez tous les primitifs, ces deux arts sont intimement associés, chez le nègre leur pouvoir sur l'organisme revêt un caractère nettement biologique. On veut dire que même sous la forme de la ligne mélodique très simple et le pas rythmé qui sont leur expression la plus ordinaire, la Musique et la Danse deviennent un besoin organique chez le noir, elles se muent en apports substantiels quoique impondérables pour alimenter son système nerveux courbé sous le poids de la plus extrême émotivité. Elles colorent toutes les modalités de la vie nègre soit que dans le deuil, les fossoyeurs en cadence psalmodient des lamentations dans les convois funèbres afin de conjurer le sort, soit que dans les foules, l'exaltation de la joie fasse emboucher des hymnes d'allégresse et exploser la surabondance des émotions par le rythme affolé des pas. Au demeurant, danse et musique sont les deux muses tutélaires qui tiennent la primauté du sceptre dans le développement de la vie nègre en son mode primitif. On conçoit aisément de quelle forme particulière, de quelle nuance spécifique se revêt une pensée religieuse qui se déroule dans un tel moule psychologique. Au surplus si l'on ajoute aux conditions déjà énoncées, la qualité même de la perception qui loin d'être l'opération préliminaire de la connaissance telle qu'on l'observe chez l'adulte civilisé n'est ici, le plus souvent, qu'un stade d'émotivité, il n'est pas difficile de comprendre combien la religion nègre se sert du double cadre de la Musique et de la Danse pour exprimer un moment de la sensibilité de la race.

Mais la Musique et la Danse conditionnent également une autre manifestation du sentiment religieux dont l'étude offre un intérêt scientifique de premier ordre.

Il s'agit de l'extase, de la transe ou de la possession.

Qu'est-ce donc que tout cela ?

IV

Nous confondons sous ces différents vocables un phéno-

(1) II Samuel Chap. VI 12-16. II Rois, Chap. III, 15-16.

mène extrêmement commun à la diversité des religions et dans lequel l'individu, sous l'influence de causes mal déterminées, est plongé dans une crise qui se manifeste quelquefois par des mouvements désordonnés d'agitation clonique, accompagnés de cris ou d'un flot de paroles inintelligibles.

D'autres fois, l'individu est l'objet d'une transformation soudaine : son corps tremble, sa face est altérée, ses yeux désorbités, et sa bouche écumante profère des sons rauques, inarticulés, ou encore des prédictions, des prophéties. Enfin, bien des fois, le sujet sans offrir aucun signe apparent de troubles physiques ne révèle un état anormal que par la bizarrerie de ses propos, l'air mystérieux qu'il adopte, la façon qu'il désigne sa propre personnalité la considérant étrangère à son propre moi. Dans tous les cas, l'état de transe, d'extase ou de possession apparaît comme un délire dans lequel l'idée délirante se caractérise par une forme hallucinatoire.

En ce qui concerne le culte du Vaudou, ce délire a reçu une dénomination passablement diversifiée.

Dans l'Ouest et dans le Sud de la République on dit d'un individu jugulé par la crise, qu'il a sa *loi* ou son *mystère*, dans le Nord, qu'il est *monté par les Anges ou les Saints*. Il est bien entendu que ces dénominations n'ont rien d'absolu ou d'exclusif, que dans l'une ou dans l'autre partie du pays, elles sont interchangeables. Car en fin de compte avoir *sa loi ou son mystère, être monté par les Anges ou les Saints*, signifie tout simplement être possédé par un esprit (1) qui vous domine et qui vous dicte sa volonté. Nous remarquerons en passant que ces dénominations empruntent une terminologie non seulement française mais quelque peu catholique. N'est-ce pas qu'obéir *aux lois* de l'Eglise, se courber devant les *Mystères* de la Religion, faire sa dévotion *aux anges et aux saints* du Paradis, forme partie de l'enseignement de l'Eglise ? Le fait que le culte vaudouesque emploie à sa manière de tels termes pour rendre une des modalités essentielles de la foi, n'est pas aussi banal qu'on serait tenté de le croire. Il dénote une des formes de l'influence exercée par le catholicisme sur l'évolution du Vaudou et qui nous fournira plus loin l'occasion de recueillir une ample moisson d'observations. Pour l'instant, il convient de nous arrêter sur

---

(1) Le terme « posséder par l'esprit » est également employé.

la position qu'occupe dans la phénoménologie religieuse l'attitude de l'initié chez qui se révèlent les aptitudes que nous venons de définir.

La « loi » ou le « mystère » du Vaudou préoccupe le peuple haïtien à un degré inexprimable.

Les croyants y voient une preuve du caractère surnaturel du culte et là-dessus, ils sont imperturbables.

Les autres — et c'est le très grand nombre — accordent volontiers que quoique ces phénomènes ne révèlent pas des explications rationnelles, ils n'en sont pas moins contenus dans l'ensemble des faits démoniaques réprouvés et condamnés par l'Eglise.

En définitive, chez les uns et les autres, la négation comme l'adhésion repose sur le même procédé de raisonnement qui rejette dans le domaine du mystère ce qui n'est qu'un des multiples problèmes de la psychiâtrie.

C'est à ce dernier point de vue exclusivement scientifique que quelques rares chercheurs ont examiné la question et ont projeté sur elle un peu de lumière.

V

Dans un magistrale étude publiée dans « Haïti médicale » en 1912 et 1913, M. le Docteur J. C. Dorsainvil a abordé la matière avec une sagacité de clinicien et une clairvoyance de sociologue à laquelle nous sommes heureux de rendre hommage. Le premier, il définit la crise de l'initié connue sous le nom de *loi* ou de *mystère* comme une psycho-névrose qu'il a ainsi décrite. « Le vaudou est une psycho-névrose religieuse, raciale, caractérisée par un dédoublement du moi avec altérations fonctionnelles de la sensibilité, de la motilité et prédominance des phénomènes pithiatiques. »

Cette définition embrasse-t-elle toute la complexité du problème ? Est-elle indicative de la solution à laquelle nous amènera une révision de ses données ?

Malgré la haute estime en laquelle nous tenons la culture scientifique de M. Dorsainvil, nous lui demandons pardon de n'accepter sa définition qu'avec certaines réserves.

Il est vrai qu'il a essayé longuement de la justifier parce que à lui tout le premier elle a paru un peu équivoque. Et d'ailleurs, si nous nous en rapportons à la dernière monographie qu'il a consacrée à la matière sous la forme « d'Une explication philologique du Vodû » (1), où il a rappelé peut-être par un excès de coquetterie, la solution à laquelle il s'était arrêté en 1913, il nous semble que tout le développement de sa pensée récente est en contradiction avec sa conception d'il y a quinze ans. Dans sa dernière publication, M. Dorsainvil a démontré comme nous que le mot « vodoun » est un terme dahoméen qui signifie *esprit*. Toute la religion des Fons, écrit-il, découle du culte des Vodoun (c'est-à-dire des esprits) dont est sorti notre culte populaire.

Avec un luxe de détails, le sociologue à la suite de Delafosse nous a révélé que ce culte est aussi élevé que les plus spiritualistes.

« Serait-ce trop dire, s'écrie-t-il à la fin de sa monographie, d'affirmer que cette conception religieuse représente quelques idées métaphysiques qui font honneur à l'intelligence nègre ? Ce n'est pas à coup sûr un phénomène banal de voir une peuplade primitive arriver à une conception monothéiste si claire et si précise ? »

Mais alors comment accepter, d'autre part, que le même culte ne soit qu'une psycho-névrose raciale, religieuse, etc. ? La contradiction n'est pas seulement dans le choc des termes, elle semble être dans la conception même que l'auteur se fait du vaudou.

Cependant, si l'on s'arrête au sens général des deux exposés, on remarquera qu'il y a quelque chose de fondé dans l'une et l'autre phase de la pensée de M. Dorsainvil. A notre gré, il n'a envisagé d'abord qu'un seul aspect du problème, en s'abstenant d'établir la différence capitale qui existe dans le culte du vaudou entre la masse générale des croyants et le tout petit groupe d'initiés qui participent aux Mystères des divinités et sont jugulés par des « lois ». Ces derniers se désignent eux-mêmes sous le terme générique de « servants » ou de « serviteurs » des dieux. C'est à ce petit groupe, et à lui seulement que s'appliquerait au besoin, le qualificatif de psycho-névrosés inacceptable pour l'ensemble des croyants et des adhérents dont se compose le culte du vaudou. Cepen-

(1) Dr. J. C. Dorsainvil. Une explication philologique du Vodû (Port-au-Prince 1924, chez l'auteur).

dant beaucoup de ceux-ci observent les commandements du
culte avec autant de ferveur religieuse que les « servants »
mais la grâce ne les a pas touchés et ils n'ont rien dans
leur démarche qui puisse dénoter une psycho-névrose (1).

Ce postulat posé, il nous reste à classer la psycho-névrose
qu'est le phénomène de la possession dans la catégorie des
psychopathies (2) à laquelle elle appartient. Là encore, nous
regrettons de ne pouvoir admettre la théorie de M. Dorsainvil
sans une sérieuse mise au point. Que le criseur du vaudou
présente à l'examen le spectacle du dédoublement de la personnalité, des altérations profondes de la sensibilité et de la
motilité, que sa transe rappelle par bien des côtés le syn-
drome de l'épilepsie et s'en différencie aussi par une symptomatologie qui marque le caractère neurologique de cette dernière maladie tandis que l'autre se rattacherait à quelque
psychose non-lésionnelle, c'est l'évidence même. Mais alors
en analysant les signes par quoi se distingue la crise des
« servants » du Vaudou, on en arrive, tout doucement par
voie de diagnostic différentiel à en faire une simple manifestation d'hystérie. Sans que le Docteur Dorsainvil ait écrit le
mot, c'est la conclusion à laquelle se ramène sa théorie telle
qu'il l'explique dans la définition ci-dessus énoncée. Eh !
bien, la solution du problème ainsi présentée est loin d'être
satisfaisante.

D'abord la vieille conception de l'hystérie selon la doctrine de Charcot a été à peu près ruinée par la doctrine de
Babinsky.

On se rappelle, sans doute, que le Maître de la Salpê-
trière décrit l'hystérie comme une maladie mentale qui se
révèle par deux ordres de manifestation : les *stigmates* déce-
lables même en dehors des accès auxquels sont assujettis les
malades et qui consistaient surtout en hémi-anesthésie sensitivo-sensorielle (3) plus fréquente à gauche qu'à droite, l'anesthésie pharyngée, l'hyperesthésie ovarienne (4), les zones
hystérogènes, etc. ; — les *accidents* constitués par la petite

(1) Psycho-névrose : Terme générique qui sert à désigner un certain nombre
d'affections nerveuses, dont le point de départ est surtout psychique : neurasthénie,
psychasténie, hystérie, hypocondrie et mélancolie à forme légère (Dubois de Berne).
(2) Psychopathie : Maladie mentale.
(3) Anesthésie d'une moitié du corps avec abolition partielle de la sensibilité
générale et de la sensibilité spéciale, gustative, olfactive, visuelle, etc.
(4) Hyperesthésie ovarienne : Exagération de la sensibilité des ovaires.

et la grande attaque, celle-ci de caractère épileptiforme avec ses diverses phases tonique, clonique, résolutive, puis enfin, venaient les *attitudes passionnelles*, les *contractures*, les *paralysies*, voire les *délires*, etc.

C'est contre cette conception de l'hystérie que s'est élevé Babinsky avec l'autorité croissante d'une méthode thérapeutique étayée sur l'expérience et couronnée par le succès. Babinsky s'est aperçu que l'hystérie selon la doctrine de Charcot, avait envahi sans discrimination la plupart des cadres nosopographiques des maladies mentales. Il en était résulté une telle confusion que selon la boutade de Lasègue, elle était devenue « la corbeille à papiers dans laquelle on jetait les maladies dont on voulait se débarrasser ».

Et alors le grand neurologiste se mit à éliminer de la symptomatologie de l'hystérie, tous les signes qu'on y avait indûment rattachés et arriva graduellement à la considérer sous l'angle d'une entité morbide provoquée par la suggestion — auto ou hétérosuggestion — et susceptible de guérir par la persuasion d'où le nom de pithiatisme (du grec *peithô* je persuade, *athos* guérissable, *pitiatos* guérissable par persuasion) par lequel il a proposé de remplacer le terme *Hystérie* inadéquat à rendre la vraie physionomie du mal (1).

Le fait est que depuis que cette nouvelle conception a été mise en honneur, non seulement elle a conquis l'adhésion de la grande majorité des neurologistes et des psychiâtres par sa clarté et sa simplicité, mais on en a éprouvé l'efficacité pratique par l'application thérapeutique qui en a été faite.

Au reste, la guerre mondiale par le nombre incalculable d'observations qu'elle a permis d'enregistrer en a confirmé la justesse en très grande partie.

Cependant à l'autre pôle de la neurologie, Pierre Janet dont les travaux et l'enseignement au Collège de France ont un retentissement considérable, oppose à la doctrine de Babinsky une théorie qui démontre l'insuffisance de celle-ci à expliquer toute la complexité du problème de l'hystérie. Pour l'éminent professeur, cette maladie ne se rencontre que chez des sujets dont la déficience psychologique est évidente. Il

(1) Etat mental des hystériques, par M. B. J. Logre, IN Psychiâtrie vol. I, du traité de pathologie médicale. Sergent, Ribadeau-Dumas, Banonnei. Paris, Maloine, 1921.

prouve leur impuissance à réaliser la synthèse mentale qui
est en définitive la formule des éléments impondérables dont
l'ensemble constitue la conscience ou l'unité du moi, d'où
chez ces sujets la possibilité latente d'une désagrégation partielle ou totale de la personnalité, le rétrécissement du champ
de leur conscience, la faiblesse de leur pouvoir réactionnel,
leur incapacité de vouloir, d'où enfin leurs tendances à n'agir
que sur le plan de l'automatisme (1). La dépression si souvent constatée chez de tels sujets dénote avant tout leur
hypotension psychologique. Donc, qu'ils soient éminemment
suggestibles, cela va de soi, mais encore, faudrait-il marquer
la qualité spécifique de cette suggestibilité que Pierre Janet
dénomme une *suggestivité.* Par ce terme, il désigne l'aptitude
spéciale du patient à reproduire des idées qui vivent d'une vie
indépendante sans la participation de sa volonté, hors du contrôle de sa conscience, étrangère en quelque sorte à sa propre
personnalité. Une telle démarche n'est possible que par la
distractivité qui n'est elle-même qu'une autre manifestation du
rétrécissement du champ de la conscience. Suggestible, l'hystérique l'est à sa manière, totalement, absolument. Tel débile
d'esprit, un phobique (2), un nosomane (3) peut être impressionné par une lecture, une conversation et reproduire en
gestes, en attitudes, les idées qui lui ont été suggérées de ce
chef, mais ici la suggestion revêt un caractère d'achèvement
et de perfection qu'on ne rencontre que dans l'état mental
de ces individus. On a donc justement dénommé l'hystérie
non pas seulement une suggestibilité pathologique, mais la
suggestibilité du pathologique. Ainsi s'expliquent les troubles
sensitivo-moteurs avec leurs corollaires de contractures, de
paralysies, d'anesthésies, etc., en reproduction de pareils
troubles provoqués par la réceptivité spéciale des sujets. En
résumé, et autant qu'on peut schématiser une doctrine développée en tant de livres célèbres avec une grande rigueur dialectique, appuyée sur de nombreuses observations médicales,
Pierre Janet définit l'hystérie une maladie « caractérisée par
le rétrécissement du champ de la conscience personnelle et
par la tendance à la dissociation et à l'émancipation des

(1) Cf. Pierre Janet: L'automatisme psychologique, 9e édition 1925.
  G. Dumas: La pathologie mentale, Traité de psychologie, 2e vol. 1923.
(2) Qui a la peur irraisonnée.
(3) Qui a la préoccupation obsédante de sa santé.

systèmes d'idées et des fonctions qui, par leur synthèse, constituent la personnalité. »

Telles sont les deux doctrines qui occupent l'attention des psychiâtres, et des neurologistes sur le problème de l'hystérie et sur lesquelles nous sommes peu qualifié pour nous prononcer.

Quoiqu'il en soit, si le phénomène de la possession — la transe ou l'extase — chez les criseurs du Vaudou est une psycho-névrose, peut-on la classer dans la catégorie de l'hystérie selon l'une ou l'autre doctrine ci-dessus exposée ?

Nous ne le croyons pas. Les possédés de la loi ne sont pas des criseurs dont on peut provoquer l'attaque par suggestion et qu'on peut guérir par persuasion. En quoi la définition du docteur Dorsainvil nous paraît inexacte lorsque, conciliant les deux doctrines de l'hystérie, il range la possession vaudouesque sur le plan « d'un dédoublement du moi... avec prédominance des symptômes pythiatiques ».

D'autre part, ce que la dissociation des éléments constitutionnels de la personnalité avec des troubles concomitants de la sensibilité et de la motilité forment la trilogie symptomatique de la crise des « serviteurs » du vaudou, s'ensuit-il qu'elle soit une manifestation d'hystérie selon la doctrine de Janet ?

Nous ne le croyons pas non plus. Sans doute, ici aussi, ici surtout, la réalisation de la crise ne s'opère que sur le plan du subconscient, par conséquent en dehors de toute participation de la volonté du croyant. Ici aussi, une telle démarche n'est possible que dans une mentalité où l'hypotension psychologique joue le principal rôle. Le mécanisme pathogénique est donc le même dans l'un et l'autre cas. Mais arrivé à un certain degré de la courbe, le parallélisme cesse. Si les troubles hystériques de grand style avec leur caractère théâtral ont à peu près disparu des cadres nosologiques parce qu'ils étaient la résultante d'un processus de suggestion déterminé par les médecins eux-mêmes, il n'en est pas moins acquis que la maladie se révèle encore par des signes à peu près identiques partout. C'est d'abord l'attaque. Elle survient à propos d'une contrariété fort souvent. Le sujet porte la main à la poitrine, s'affaisse comme une masse, reste immobile, roide sur le sol, les dents serrées, les yeux fermés, ou encore il s'agite en des mouvements musculaires désordonnés. D'autres fois, le corps s'arcboute en arc de cercle, le talon et la tête seuls reposant sur le sol. Suivant la galerie, la crise peut finir aussi brusquement qu'elle était venue. En quelques minutes, en quelques heures avec ou sans intervention du médecin ou de l'entourage, tout rentre dans l'ordre à moins, cependant, qu'il n'y ait une série de crises subséquentes ou que la maladie ne soit associée à quelque autre phénomène morbide franchement organique. On y peut rencontrer une série de troubles sensitivo-moteurs : Contracture, hémi-anesthésie, dyschromatopsie (1) tous susceptibles d'être guéris par la persuasion...

Telle est la démarche ordinaire d'une crise d'hystérie exempte de toute simulation — ce qui d'ailleurs est extrêmement difficile à établir.

Oyez plutôt :

Ici, le sujet a besoin, — le plus souvent, mais pas toujours — d'une atmosphère spéciale, celle de la cérémonie cultuelle qui ne se déroule que dans un cadre où planent les mystères de la foi. C'est aux abords du temple ou chez quelque dévot que la scène se passe. En plein air ou sous une tonnelle, un espace est réservé à l'accomplissement de la cérémonie dont la danse est le plus joyeux épisode. Le grand prêtre inaugure le culte par la consécration des lieux. Il offre des libations aux dieux, répand sur le sol la farine de froment, verse les liqueurs en prononçant les paroles liturgiques. La voix grave et sourde des tambours prolonge la vibration des chants et des incantations. Le *Hougan* revêtu de ses insignes entonne la mélopée liturgique que toute l'assistance reprend en chœur. Des danseurs agiles comme des génies s'élancent dans l'arène et multiplient le rythme des pas à la cadence des sons nostalgiques et évocateurs d'ivresses orgiastiques. Brusquement le criseur jaillit de la foule où son attention était intensément concentrée sur la marche de la cérémonie et se mêle aux danseurs, ou bien, simple danseur lui-même, il est de plus en plus intoxiqué de sons et de mouvements **et danse, danse éperdument. Mais voici qu'il s'arrête,**

(1) Nom générique servant à désigner les troubles dans la perception des couleurs, particulièrement la difficulté de reconnaître les nuances.

étourdi. Il titube, hurle, s'affaisse sur le sol, prostré ou agité de violentes contorsions. Il se relève seul ou aidé d'un assistant. Sa face emprunte un masque tourmenté. Souvent, les tambours se taisent, à ce moment-là. L'assistance se recueille et le criseur d'une voix altérée où tremble le tumulte de son âme, improvise un air en l'honneur du dieu dont il est possédé et qui donne son identité par la bouche du sujet. Et le possédé imprime une impulsion nouvelle à la danse avec une puissance accrue, endiablée, inexprimable.

Mais en dehors de l'atmosphère cérémonielle, la crise peut surgir de la façon la plus discrète du monde, quelquefois provoquée par une grave question où se trouvent engagés l'honneur, les intérêts, la vie même du sujet ou de son entourage. Dans ce cas, le criseur sans passer par des phrases convulsives, et selon les attributs du dieu qui l'habite, vaticine, prophétise, ordonne, prescrit impérativement.

Enfin, que ce soit parmi les rites cultuels, que ce soit dans le calme et la sérénité de l'atmosphère familiale qu'elle se manifeste, la crise vaudouesque présente à l'observation son signe *pathognomonique* (1) *qui est le délire de la possession*. Le délire y est constant. Il peut constituer à lui seul toute la crise. S'il n'existe pas, tout le reste s'évanouit. Chose intéressante, très souvent, il n'est pas incompatible avec l'accomplissement des actes ordinaires de la vie courante. Nous voulons dire que le délirant peut se livrer à ses occupations usuelles, se consacrer à l'exercice de son métier sans rien changer dans l'ordre de ses habitudes, avec une régularité qui révèle la puissance des automatismes de coordination et de direction. La crise passée, le sujet ne garde aucun souvenir ni de ce qu'il a dit ni de ce qu'il a fait pendant le temps qu'a duré sa personnalité seconde. Voilà comment se réalise le phénomène de la possession chez les « servants » du Vaudou (2). D'après les données schématiques des deux psychoses telles que nous avons essayé de les exposer, il nous semble que s'il y a parallélisme dans leur marche symptomatique, il y a des divergences essentielles qui marquent leur

(1) Le signe pathognomonique ne se rencontre que dans un état morbide déterminé et suffit à lui seul à caractériser cet état morbide et à poser le diagnostic.

(2) Il reste bien entendu qu'un hystérique peut être aussi un « servant ». Alors il réunit en lui les deux psychoses.

discrimination. Que l'une et l'autre participent du même processus dont la racine se prolonge dans les profondeurs du subconcient, c'est ce que nous avons tâché de démontrer par notre analyse, mais que leurs manifestations soient à un moment donné dissemblables au point de constituer à chacune d'elles une manière d'être propre, une physionomie spéciale, c'est aussi à quoi aboutissent nos conclusions. A notre gré, la différence entre elles est encore plus profonde parce qu'elle repose sur des tendances spécifiques. La morbidité hystérique nous semble plus particulièrement un trouble imaginatif. L'hystérie n'est pas une maladie imaginaire, elle est la maladie de l'imagination, la suggestibilité du pathologique (1).

Or *l'état possessif* est tout autre, il se développe sur le plan de la mysticité. S'il offre le spectacle de phénomènes neurologiques comme la convulsion, il n'en présente pas moins des syndromes non réductibles par la persuasion tels que l'anesthésie sensitivo-sensorielle qui permet au criseur vaudouesque de plonger sans sourciller ses mains dans des marmites remplies d'aliments en pleine cuisson ou de mâcher des verres, des tessons de bouteilles avec ou sans blessures, de lécher des tiges d'acier rougies au feu sans paraître en souffrir. Eh! sans doute, on peut rencontrer des hystériques et d'autres vésaniques promoteurs d'actes d'auto-mutilation. Mais ils ne les accomplissent qu'involontairement, dans l'égarement ou l'excitation, tandis que notre « servant » y va de sa propre volonté ou plus exactement obéissant à la volonté de son dieu de gaieté de cœur. En définitive, selon nous, la crise vaudouesque est un état mystique caractérisé par le délire de la possession théomaniaque et le dédoublement de la personnalité. Elle détermine des actes automatiques et s'accompagne de troubles de la Cénesthésie (2).

Et le mécanisme de ce délire s'explicite par une exagération pathologique du langage intérieur, ce que M. Delacroix appelle une hyperendophasie (3). Dans son instabilité mentale, l'individu en proie à une hallucination auditrice croit

(1) B. J. Logre. Etat mental des hystériques. Loc. cit.

(2) Cénesthésie: Koinos, commun, esthesis, sensibilité. « Sentiment que nous avons de notre existence, grâce à la sensibilité organique vague et faiblement consciente à l'état normal, qui dérive de tous nos organes et tissus, y compris les organes des sens. (D'après Dény et Camus.) »

(3) Hyper, ce qui est en excès, endon en dedans, phasis, parole. Hyperendophasie, Delacroix, Le langage et la pensée (Paris 1924).

entendre une voix interne qui se substitue à ses propres facultés verbo-motrices. « C'est l'automatisme qui le frappe et qui dirige son attention sur le contenu du discours et qui l'éloigne de sa forme. Le malade se sent formuler souvent mot à mot et phrase par phrase une pensée étrangère. On parle au dedans de lui. » Et cette parole intérieure, exaspérée qui n'est qu'une hallucination auditive, verbale, devient si impérative, « incoercible et contraignante » qu'elle imprime au sujet l'attitude de la personnalité étrangère qui paraît avoir envahi le champ de sa conscience. Cependant le discours que débite l'individu est le plus souvent cahotique, inintelligible à lui-même. Il est persuadé que c'est l'Esprit qui parle par sa bouche. Quelquefois dans ce désordre de paroles s'ébauche un sens qui devient d'autant plus mystérieux qu'il est obscur. D'autres fois le langage s'anime, se colore et l'hyperendophasie du sujet s'explicite en termes d'éloquence, en périodes balancées, voire en dialectes étrangers et tout cela contraste étrangement avec l'ignorance habituelle de l'individu. C'est proprement le phénomène de glossolalie (1). Il est commun à toutes les religions, tout au moins à leurs origines et se perpétue chez les mystiques de tous les cultes (2). Et c'est parce que les « servants » vaudouesques sont des mystiques que nous retrouvons chez eux l'identité du phénomène tel qu'il se révèle ailleurs.

Nous savons combien cette conclusion est choquante pour un très grand nombre de braves gens. On ne considère le mysticisme en Haïti qu'en fonction de la piété chrétienne et pour rendre hommage à ceux qui ont été touchés par cette manifestation de la béatitude divine. D'autre part, le vaudou traqué par le bras séculier, condamné par l'Eglise, redouté par tous comme la pire des superstitions, peut-il engendrer des actes et des phénomènes de mysticisme, se demandera-t-on, scandalisé ?

Non, sera la réponse de la plupart.

Or, nous qui ne nous préoccupons ni de plaire, ni de déplaire à qui que ce soit, nous qui poursuivons notre enquête scientifique avec la sérénité d'une expérience de laboratoire,

(1) Cf. St-Paul, 1re Epitre aux Corinthiens. Chap. XIV.
(2) Henry Delacroix, La religion et la foi (Paris 1922).

nous ne pouvons proposer ni accepter des solutions de complaisance.

Peu importe que les conclusions auxquelles nous aboutissons heurtent de respectables convictions, renversent des constructions bâties sur l'ignorance et le préjugé, se jettent à la traverse des traditions de l'Eglise et de l'Etat. Sans doute, toutes ces considérations sont formidables, mais qu'est-ce que tout cela à côté de la petite lueur de la vérité dans la nuit du Temps?

Si le mysticisme chrétien, dans ses manifestations les plus authentiques et les plus élevées, est pour le fidèle un affranchissement de ses attaches charnelles qui l'amène graduellement par la prière et l'extase à un état où il se sent confondu avec l'être divin, embrasé par la présence de Dieu en son cœur, faut-il oublier que le sujet puise les matériaux de cette transformation non seulement dans son agrégat affectif, enrichi par l'apport du milieu social et peut-être par la qualité relevée du neurone, mais surtout dans l'atmosphère religieuse chargée d'idéalisme et de spiritualité où il vit? Si malgré toutes ces conditions favorables à l'éclosion des plus hautes manifestations religieuses, plus d'un mystique chrétien offre à l'observation des phénomènes d'obsession, de catalepsie, de possession, de troubles sensitivo-moteurs (1), comment refuserait-on aux formes élémentaires de la vie religieuse la possibilité de produire des cas de mysticisme? Oserait-on dire que le phénomène religieux est impuissant à réaliser ici les mêmes prodiges de transfiguration qu'ailleurs? Or, ici comme ailleurs, la première sensation du sujet en état de transe, c'est de se croire subjugué par des forces extérieures à sa conscience selon le mot de William James. Ici, comme ailleurs, « le croyant n'est pas seulement un homme qui voit, qui sait des choses que l'incroyant ignore, c'est un homme qui *peut davantage* ». Ici, comme ailleurs, ses pouvoirs de réalisation sont surélevés par la « vertu dynamo-génique » de l'incarnation spirituelle dont il a été favorisé. Non seulement le possédé de Vaudou, l'humble tâcheron d'hier devenu soudain l'habitat temporaire de l'Esprit gourmande, morigène,

(1) Cf. James H. Leuba, Psychologie du mysticisme religieux, pp. 92, 103, 111 et suiv., traduction franç. par Lucien Herr. Alcan 1920.
Durkheim, 1. Les formes élémentaires de la vie religieuse.
Dwelshauvers, « L'inconscient ». Paris.

prophétise, mais avec quel respect et quelle vénération il est écouté, obéi, redouté de son entourage ?

C'est que ce n'est pas à sa personne que s'adressent de tels hommages, c'est que notre analyse a trouvé une forme analogique de mysticisme, forme inférieure peut-être parce qu'elle puise les matières de son élaboration dans des agrégats affectifs étriqués dans leurs possibilités, bornés dans leurs horizons, nourris au surplus par une perception et une représentation du monde extérieur d'une contexture infiniment indigente. Mais mysticisme tout de même, et du même type que celui qui a été décrit dans la secte musulmane des Derviches.

On sait que depuis le 12e siècle cette étrange fleur de piété a crû dans le mahométisme avec une prodigieuse exubérance. Derviches hurleurs, derviches tourneurs, derviches danseurs — tous sont des fidèles qui, anxieux d'intensifier leur foi, offrent à Allah l'hommage de leur vie consacrée à la prière et à des exercices rituels de pénitence, de tortures, d'auto-mutilation, extrêmement impressionnants par leur singularité et leur bizarrerie.

Voici, rapporté par James-H. Leuba dans la « Psychologie du mysticisme religieux » un épisode émouvant d'ascétisme chez les Soûfis !

« La cérémonie entière se compose de cinq scènes successives : nous pouvons omettre la description des trois premières. Après une pause, commence la quatrième scène. Maintenant, tous les derviches ôtent leurs turbans, se disposent en un cercle, tiennent les bras et les épaules en un contact serré, et ainsi groupés, font le tour de la salle à une allure rythmée frappant par intervalles du pied le sol, et bondissant tous d'un bloc. Cette danse se poursuit tandis que les « ilah » sont chantés alternativement par les deux anciens placés à à la gauche du Cheik. Au milieu de ce chant, les cris de « Ya Allah ! » redoublent, ainsi que ceux de « Ya Hou ! » alternant avec d'effroyables hurlements vociférés par les derviches, tout en dansant...

« La quatrième scène conduit à la cinquième qui est de toute la plus effroyable; la prostration totale des auteurs s'y transforme en une sorte d'extase qu'ils appellent *Halet*. C'est lorsqu'ils sont en proie à cet abandon d'eux-mêmes ou, pour mieux dire, à ce délire religieux, qu'ils font usage des fers

chauffés au rouge. Un certain nombre de coutelas et autres
instruments de fer qui se terminent en pointe aiguë sont accro-
chés dans les niches de la salle et à une partie du mur, à la
droite du cheikh. Lorsqu'on approche de la fin de la quatrième scène, deux des derviches décrochent huit ou neuf de
ces instruments, les chauffent jusqu'à les porter au rouge, et
les remettent au cheik.

« Celui-ci, après avoir récité sur eux quelques prières
et invoqué le fondateur de l'ordre Ahmed ou Roufai, souffle
sur ces outils en les approchant délicatement de ses lèvres,
puis les distribue aux derviches, qui les réclament avec une
extrême avidité de désir. C'est à ce moment que ces fana-
tiques, transportés par leur frénésie, saisissent ces fers à
pleines mains, les couvent tendrement du regard, les lèchent,
les mordent, les tiennent entre leurs dents et finissent par les
refroidir dans leur bouche. Ceux qui ne parviennent pas à
s'en procurer quelqu'un s'emparent furieusement des coutelas suspendus au mur, et en transpercent leurs propres
flancs, leurs bras et leurs jambes.

« Grâce au paroxysme de leur frénésie et au courage stu-
péfiant dans lequel ils voient un mérite aux yeux de la divinité, ils supportent tous stoïquement, avec toutes les apparences de la joie, la douleur qu'ils ressentent. Si néanmoins il
arrive que quelques-uns faiblissent sous les souffrances, ils
se jettent dans les bras de leurs confrères mais sans se plain-
dre et sans laisser paraître en quoi que ce soit leur douleur.

« Quelques minutes après, le cheik parcourt la salle en
long et en large, examine tour à tour chacun des exécutants,
souffle sur leurs blessures, les frotte de salive, récite des
prières sur elles et leur promet une guérison rapide. On prétend que vingt-quatre heures après il ne reste plus trace de
ces plaies » (1).

A cette description, vieille de quelque 30 ans, on peut
ajouter le témoignage récent d'un observateur particulièrement intéressé à l'étude des phénomènes du mysticisme. Dans
les Nos de Janvier et de Février 1927 du Magazine américain
« Asia », M. W. E. Seabrook apporte la contribution de son

(1) James H. Leuba a emprunté cette relation à Brown : Derviches, p. 218-222,
cité par J. W. Powell, dans Fourteenth Annual Report of the Bureau of Etnology
2e partie, 1896, pp. 9481952.

enquête chez les Derviches tourneurs et hurleurs de la Syrie.
Il visita un monastère de Soufis érigé dans les montagnes
entre Alep et Hamah et fut le spectateur troublé des mêmes
scènes plus haut décrites. Son impression et celle ci-dessus
rapportée ne varient guère que sur l'interprétation de quelques-
uns des actes d'extase dont il a été témoin. Il s'est arrêté
notamment sur les conséquences ultérieures des scènes d'au-
tomutilation auxquelles s'étaient livrés ses hôtes.

M. Selbrook ayant eu l'autorisation d'examiner les sujets
— une vingtaine environ — qui avaient été la proie du délire
extatique dans la nuit précédente, constata que les blessures
ne leur avaient pas laissé de traces apparentes, probablement
parce que les fers rougis au feu avaient eu le temps de se
refroidir dans les rondes frénétiques auxquels les sujets
s'étaient livrés avant d'appliquer sur leur peau ces instruments
de torture. Il eut l'occasion d'observer cependant d'anciennes
brûlures parfaitement cicatrisées.

Il serait superflu, croyons-nous, d'insister sur certaines
analogie du mysticisme musulman dans la secte des Soufis et
les manifestations vaudouesques dont nous avons fait précédemment l'analyse. Il nous paraît incontestable que l'un et
l'autre phénomène sont des produits élaborés dans le subconscient et qui, à la faveur du dynamisme de la foi, émergent
en floraisons d'actes impressionnants, déconcertants. Au surplus, les religions supérieures même les plus évoluées ont
toutes été marquées à leurs origines par ce processus élémentaire de la possession du divin, par ces rapports étrangement
étroits entre le dieu et ses adorateurs, et quoiqu'elles s'enorgueillissent d'avoir atteint maintenant un stade élevé de spiritualité, elles traînent encore ces lourds impedimenta qui, de
temps à autre, les font rétrograder vers des formes frustes
d'adoration cultuelle. Ainsi le Christianisme nous offre dans le
développement innombrable des sectes nées du mouvement
de la Réforme, maints exemples de culte bizarre et excentri-
que où l'extase et la mystique, provoquée ou non par des
moyens artificiels — la danse et la musique notamment —
jouent le rôle prépondérant. On sait combien le méthodisme
dont l'essence doctrinale est créatrice des faits d'inspiration,
favorise l'impétuosité de ces grands courants de mysticisme.

Mais il serait plus correct de dire que la liberté d'inter-

prétation des textes bibliques est la source vive d'où jaillissent
ces mouvements. C'est pourquoi la remarque de Bovet est
frappante de justesse lorsqu'il expose que « dans le christianisme, plus une secte est biblique, plus volontiers elle cultive
de tels phénomènes, si fréquents aux origines du Christianisme » (1).

Et peut-on encore évoquer le souvenir des inspirés de
l'Eglise primitive, lorsqu'il faut analyser certaines manifestations cultuelles provoquées par ces fameuses exaltations religieuses dénommées des *Revival* « des Réveils ».

En voici une, par exemple, d'un caractère si suggestif
que nous ne pouvons résister au désir de la révéler au lecteur
après Halévy (2). Il s'agit d'une forme très curieuse de piété
néo-chrétienne. « Les Membres de la secte des sauteurs, dit-
il, née des réveils méthodistes, se jettent à plat ventre quand
le prédicateur commence à parler, puis lorsqu'ils se sentent
en proie à l'inspiration d'en haut se relèvent pour sauter en
cadence et cela dure des heures entières ». Mais cette secte,
qui n'est pas isolée dans les Iles Britanniques, s'est recruté
des adeptes aux Etats-Unis d'Amérique. James H. Leuba,
dans une note marginale de sa *Psychologie du Mysticisme
religieux* a dénoncé son invasion à New-York. « Au moment
où j'écris, remarque-t-il, les « Sauteurs Sacrés » se préparent
à quitter leur idyllique lieu d'origine du New-Jersey occidental pour venir s'installer dans les pires quartiers de New-
York. Ils profiteront des intervalles qui séparent leurs danses,
lesquelles embrassent toute la gamme possible des pas,
depuis le tourbillon derviche jusqu'à la bourrée des marins —
pour avertir les New-Yorkais de la catastrophe qui les menace
et qui se présentera sous la forme d'une colonne de feu. Les
sauteurs comptent déployer un zèle extraordinaire pour donner à la ville le goût des évolutions magiques auxquelles ils
doivent leur nom, s'ils y réussissent, ils se proposent de fonder
ici une colonie et une école de Missionnaires analogues à
celles qu'ils possèdent à Denver, leur ville d'origine.

A un moment quelconque des réunions des sauteurs
sacrés, il y a toujours chance que quelques-uns des partici-

(1) Cité par H. Delacroix in « La Religion et la Foi ».
(2) Halévy, Le Peuple anglais, I, p. 396 (cité par H. Delacroix) in « La Religion
et la Foi ».

pants se sentent envahis par l'inspiration qui les met irrésis-
tiblement en danse. Un cri de joie et l'un commence. Il peut
arriver que d'abord il valse tout seul autour de l'enceinte.
Puis un second se joint à lui. Ils se saisissent par les épaules,
et la valse s'anime pour prendre l'allure d'un très rapide *two
step*. Puis ils s'arrêtent face à face, et tourbillonnent sur eux-
mêmes à la manière de derviches, pour finir par sauter très
haut, en l'air et faire parfois tout un demi-tour avant de
retomber sur le sol. La danse, les chants et les cris en provoquent d'autres à faire de même, des femmes bondissent
comme des écolières, s'empoignent et se tirent l'une l'autre
dans le cercle. Petit à petit, l'assemblée tout entière en vient
à tourbillonner, à sauter et à crier, mais jamais les hommes ne
dansent avec les femmes ».

Nous surchargerions notre démonstration outre mesure,
s'il nous fallait corroborer ces observations par d'autres exemples puisés dans les bas-fonds où s'allient le zèle du renouveau chrétien et les pratiques orgiastiques. Quoiqu'il en soit,
il n'est pas superflu d'ajouter aux faits déjà signalés un phénomène de même catégorie dont nous fûmes témoin, en 1910,
à Washington, capitale de l'Union américaine.

C'était un dimanche matin, notre insatiable curiosité
nous amena dans une chapelle de gens de couleur, du culte
baptiste, située dans le nord-ouest. Au moment où nous péné-
trâmes sur la pointe, le pasteur prédisait les pires catastrophes
à ceux de son troupeau qui, par leur conduite répréhensible,
attiraient sur leur tête la colère de Dieu. Puis, brusquement,
il posa la question suivante : « Mes frères, si le Christ parais-
« sait devant vous, ne l'auriez-vous pas crucifié vous aussi,
« vous les pharisiens de nos jours? Ne l'auriez-vous pas,
« vous aussi, jeté à la haine de la foule impie, vous les nou-
« veaux Ponce-Pilate ? Répondez, âmes aveulies par le pé-
« ché ? »

— Oh ! non, s'empressa de dire une voix de l'assistance.
Grâce ! Pitié !

L'orateur se tut. Une minute d'angoisse prolongea ce
silence plein de terreur de l'assistance.

Tout à coup, le pasteur, les yeux hagards, la bouche
ardente, la dextre pointant droit devant lui, s'écria : « Voici
le Christ ».

Et toute l'assistance se tourna d'instinct vers l'endroit imaginaire d'où l'apparition semblait venir...

Puis une bonne femme se leva, poussa des plaintes, des lamentations, et dansa en chantant. Une autre la suivit, une autre, une autre encore... Bientôt plus des deux tiers de l'assistance sautant en rond, dans un état d'exaltation extraordinaire vociféraient à tue-tête : O Lord merci ! (O Dieu pitié !) Mais le pasteur, qui s'était tu pendant toute cette scène étrange, fit signe qu'il avait encore quelque chose à dire, et peu à peu le calme revint parmi ses ouailles. Alors, il étendit la main, implora le pardon du Christ pour son troupeau repentant et la scène s'acheva par une prière particulièrement expressive. Elle avait duré une bonne demi-heure.

Nous fûmes tout à la fois scandalisé et remué par cette scène de pitrerie que nous stigmatisâmes durement devant quelques-uns de nos amis américains. L'un d'entre eux nous dit en souriant : « They were happy ». Nous ne comprîmes que longtemps plus tard que nos baptistes avaient été en délire mystique.

Que de telles manifestations religieuses relèvent comme les précédentes des plus vieilles traditions et pratiques chrétiennes, c'est ce que l'historien des religions aura de la peine à désavouer malgré l'ahurissement que pareille remarque ne saurait ne point provoquer chez la plupart des chrétiens qui connaissent mal l'histoire du christianisme.

Mais alors l'analyste qui veut catégoriser ces phénomènes est bien obligé de les classer parmi les produits bruts du mysticisme. D'ailleurs il en trouvera l'explication dans cette impuissance de la volonté à maîtriser les états émotionnels en certaines conditions déterminées, dans la contagion mentale que provoquent certains gestes, certaines paroles lorsque toute une foule est au paroxysme de l'attente d'un je ne sais quoi d'indéfinissable et d'imminent, enfin dans la confusion de la pensée primitive impropre à établir la discrimination entre le subjectif et l'objectif, incapable, fort souvent, par la qualité inférieure de la perception de distinguer la cause de l'effet. Cette pensée alourdie se réduit, en fin de compte, à n'être plus qu'une forme de l'affectivité et envisage tous les problèmes de la vie sous l'angle du mystère. *Elle est mystique.* Comment donc nous serait-il possible de comprendre le pro-

cessus des faits de cette catégorie, de saisir le développement
ultime d'un tel état d'esprit, d'une mentalité aussi lourdement
handicapée, sans faire appel à la plus plausible, la plus claire
explication étayée d'ailleurs sur les meilleures références et
sur de patientes observations?

C'est là que se trouve à notre gré la clef « des mystères »
du Vaudou et c'est pourquoi de toutes les explications qui en
ont été proposées, aucune ne nous paraît en rendre la vraie
physionomie, que celle qui les considère, et les classe comme
des états mystiques, caractérisés par le délire de la possession
théomaniaque et le dédoublement de la personnalité.

VI

Cependant notre tâche eut été trop incomplète si, ayant
assigné sa place à la crise vaudouesque, dans la Hiérarchie
des psychoses, ayant étudié les causes multiples et diverses
qui en ont conditionné l'existence dans le passé et en expliquent la survivance dans le présent, nous ne nous arrêtons
pas à en rechercher la pathogénie. Autrement dit, il nous
reste à rechercher pourquoi, parmi la masse des fidèles, des
adhérents et des simples croyants le phénomène n'atteint
qu'un petit nombre d'élus — les servants, — « les serviteurs »
des « lois ».

Par le fait même que nous avons trouvé dans la crise les
éléments caractéristiques d'une psychose, nous avons d'emblée
choisi l'une des deux grandes divisions dans lesquelles la
psychiatrie moderne classe les psychopathies. On sait que les
maladies mentales se ditinguent en maladies lésionnelles et
en maladies non-lésionnelles. Des premières on peut déceler,
soit à l'œil nu, soit au microscope, des altérations qui attei-
gnent la vie des cellules et modifient la structure des tissus.
Ces diverses altérations du système nerveux s'extériorisent
par des désordres passagers ou permanents. Que si elles conduisent à la mort du sujet, l'autopsie relève dans l'organisme
toutes les atteintes dont le système nerveux a été frappé. Tels
sont par exemple les effets de l'imbécillité, de l'idiotie, de
l'épilepsie, des démences précoces, séniles, des intoxications
alcooliques, etc. Ce sont toutes des psychopathies organiques

ou toxi-infectieuses. On a remarqué qu'elles sont toutes acquises soit pendant la vie foetale, soit plus tard.

A cette grande division pathologique s'ajoute une autre et qui la complète — la catégorie des maladies non lésionnelles. Elles s'entendent des maladies dont aucune trace n'est décelable à l'analyse, au moins avec nos moyens d'investigation actuels (1).

Si « l'individu avec ses organes, ses tissus, sa savante organisation, n'est que le serviteur anonyme et éphémère des cellules reproductrices dont la descendance est infinie » (2) il faut avouer que l'extrême délicatesse morphologique de ces microcosmes, réclame un état d'équilibre si fragile que des altérations subtiles peuvent en rompre l'harmonie sans que nous possédions les moyens d'en faire la révélation sur les tissus de quelque façon que ce soit. Dans tous les cas, la caractéristique des psychopathies non-lésionnelles c'est qu'elles sont transmises par hérédité, et durent autant que la vie même de l'individu. Elles sont proprement constitutionnelles. Loin de provoquer comme les premières des manifestations psychiques « contradictoires, chaotiques, tumultueuses », elles ne sont que l'exagération, le grossissement, l'hypertrophie de tendances normales. La notion de psychopathies non lésionnelles a conduit les psychiâtres en ces vingt dernières années à établir l'heureuse distinction des maladies dont la destruction partielle et anatomique du système nerveux donne l'énigme de celles dans lesquelles il est toujours facile de retrouver une prédisposition, une tendance innée de l'individu. De cette distinction est sortie une nouvelle classification de la pathologie mentale et récemment dans leur livre, magistral, « la Personnalité humaine », MM. Achille Delmas et Marcel Boll en ont tiré « une nomenclature des facultés de l'âme d'une éblouissante justesse » (3).

Donc, il existe toute une catégorie de maladies mentales qui dérivent des constitutions psychiques dans lesquelles se développe toute la personnalité humaine. Grâce à cette « acquisition définitive », on réunit les constitutions psychopathiques en cinq groupements :

(1) Cf. Achille Delmas et Marcel Boll, La personnalité humaine (Paris, 1922).
(2) Guilleminot, Les nouveaux horizons de la Science (La vie, ses fonctions, ses origines, sa fin). Paris.
(3) Les termes sont de Maurice de Fleury, « L'Angoisse humaine ».

1° La Constitution paranoïaque (1).

2° La Constitution perverse.

3° La Constitution mythomaniaque.

4° La Constitution cyclothymique (2).

5° La Constitution hyperémotive.

Sans nous arrêter à la définition de chacune d'elles — ce qui nous entraînerait loin de notre sujet — nous pouvons dire qu'au point de vue de la formation du caractère et du tempérament, ces diverses dispositions qui peuvent d'ailleurs se combiner en laissant la note dominante à la tendance principale, donnent chacune sa marque spéciale à la mentalité de l'individu qui en est tributaire. Nous retiendrons pour l'illustration de notre thèse la constitution mythomaniaque dans laquelle nous classons les « serviteurs » du vaudou. On sait que Dupré en a donné la définition initiale en attribuant aux individus qui en sont affligés cette propension involontaire à la fabulation, du mensonge.

Mais elle contient aussi « un ensemble de manifestations physiologiques et psychiques qu'on trouve associées chez les mêmes malades et qui se présentent, les premières, comme des réalisations d'attitudes anormales, de paralysie, de contractures et de crises nerveuses ». A notre gré, si la note dominante chez les serviteurs du Vaudou est cette tendance innée à réaliser des crises nerveuses, celle-ci a pour action sous-jacente une émotivité extrême et une faiblesse inhibitrice de la volonté. Dans ces conditions, la mentalité constitutionnelle des serviteurs du Vaudou serait une composante dont la mythomanie tiendrait la première place et l'hyperémotivité le rôle adjuvant.

La nature essentiellement héréditaire de cette constitution nous explique comment et pourquoi la crise vaudouesque se transmet de famille en famille. Elle nous indique également pourquoi à l'âge de la puberté, un enfant jusque-là dérobé aux influences d'excitation collective — danse cérémonielle et réunion cultuelle — mis en face de telles contingences se voit

(1) PARA à côté, ANOIA sottise. Psychose caractérisée par des systèmes délirants de persécution et de grandeur (vulgairement: manie de la persécution, folie des grandeurs), Achille Delmas et Marcel Boll.

(2) Cyclothymie, CUCLOS cercle, TUMOS état d'esprit. Psychose caractérisée par un défaut d'équilibre dans l'activité. Le cyclothymique est tantôt hyperactif et tantôt déprimé jusqu'à la mélancolie.

brusquement envahi par la crise dont il porte en lui l'empreinte héréditaire. Aussi bien, il nous sera permis à la lumière de cette classification de rejeter l'opinon qui fait de ce phénomène un attribut de race. Tout individu, quelle qu'en soit la race, qui aurait en partage la composante constitutionnelle dont nous venons de parler, serait susceptible de faire une crise vaudouesque, surtout si, spectateur de cérémonies cultuelles, impressionné par « l'ivresse motrice » des possédés, il était placé en état d'obnubilation et de réceptivité propre à faire de lui la proie des suggestions collectives. D'ailleurs nous avons là-dessus tous les témoignages des phénomènes de contagion mentale. Et l'historiographe de la colonie, Moreau de Saint-Rémy nous rapporte que le magnétisme exercé par la danse du Vaudou est tel que des blancs trouvés épiant les mystères de cette secte et touchés par l'un de ses membres qui les avait découverts se sont mis à danser...

VII

LE SACRIFICE...

Cependant la plus grande, la plus vivante des modalités de l'économie vaudouesque n'est pas l'extase. Encore moins, la chercherait-on dans quelqu'auguste hommage rendu aux Forces naturelles divinisées. Elle réside presque tout entière dans l'accomplissement impératif du sacrifice. Le culte peut se passer de réunions chorégraphiques, des festivités orgiastiques, du déploiement des fastes nocturnes et processionnels, mais quelle que soit la contention sociale et légale dont il est l'objet, il s'avère irréductible par l'obligation rituelle du sacrifice. Pourquoi donc le sacrifice forme-t-il l'ossature du culte? A quoi correspond-il? Quelle est sa signification propre?

Il est difficile de condenser en une formule le complexe rituel que renferme le terme de sacrifice. Il faudrait y comprendre tout à la fois l'idée d'oblation, de communion mystique, d'hommages révérentiels, de participation du fidèle à la vie du dieu ou d'intercommunication entre le monde profane et le monde sacré. Chacune des considérations précitées envisage un aspect du rite et il existe tel sacrifice assez riche de contenu pour exprimer le sens général et le symbole parfait de la cérémonie. C'est pourquoi s'agissant ici d'un rite en fonction d'une religion primitive, nous choisirons la définition qui soit la plus adéquate, non seulement au sentiment que le croyant du vaudou insère dans son geste, mais au symbolisme inconscient dont ce geste est l'expression fidèle. Partant de ce point de vue, aucune conception ne nous paraît plus apte à traduire notre pensée que celle dont Loisy donne la formule ainsi énoncée : « Le Sacrifice, écrit-il, est une action rituelle — la destruction d'un objet sensible doué de vie ou qui est censé contenir de la vie, — moyennant laquelle on a pensé influencer les forces invisibles, soit pour se dérober à leur atteinte lorsqu'on les a supposées nuisibles ou dangereuses, soit afin de promouvoir leur œuvre, de leur procurer satisfaction et hommage, d'entrer en communication et même en communion avec elles » (1).

Dans le culte du Vaudou, le sacrifice revêt plusieurs formes. Il s'accomplit en action de grâces pour remercier les dieux de leur attention, de leur bienveillance envers le sacrifiant, individu ou groupe. Il est un acte d'expiation pour apaiser le courroux de la divinité irritée par quelque offense volontaire ou inconsciente dont les effets se sont traduits en calamités de toutes sortes : maladies, deuils, insuccès des entreprises, etc. Il se manifeste en hommage annuel pour obéir à une tradition de famille dont l'inobservance pourrait engendrer des méfaits contre l'individu ou la famille. Il est repas communiel dans les cérémonies d'initiation où se font les consérations au Sacerdoce et où l'on confère au sacrifiant la participation aux forces mystérieuses dont l'acquisition donne des pouvoirs surnaturels d'invisibilité, d'invulnérabilité, de succès dans les affaires, etc. Il est un gage ou un pacte avec les Invisibles dans l'accomplissement duquel les uns et les autres trouvent bénéfice et satisfactions. Il est un devoir envers les morts dont l'existence dans le monde supraterrestre se trouverait troublée si on négligeait de le leur rendre, et qui, pour se venger, retourneraient aux vivants les peines et les tourments qu'on aurait pu leur épargner...

Nous n'avons pas la prétention d'énumérer toutes les modalités du sacrifice vaudouesque. Et d'ailleurs si inachevée que soit notre esquisse et quelque gauche qu'en soit le dessin,

(1) A. Loisy, Essai historique sur le sacrifice. Paris, 1920.

elle n'aspire à être vraie et à être vivante que par la variété
de ses nuances et la gradation de ses tons. Mais, ne doit-on
pas regretter que les traditions cultuelles du sacrifice vaudouesque s'enchevêtrent en une telle confusion qu'il est parfois
impossible d'établir des discriminations entre la diversité des
types ?

Historiquement, il semble qu'à l'époque coloniale ce rite
ait été rare, à moins que son caractère ésotérique en ait dérobé
l'observation aux non-initiés. Nous signalerons que Moreau
de Saint-Méry, généralement si bien informé, n'en fait aucune
mention dans ses diverses publications, sauf la remarque qu'il
note sur les repas de volailles auxquels se livraient les
esclaves à l'occasion des danses de Vaudou, repas si corrects
qu'ils les croyaient destinés à dépister la surveillance de la
maréchaussée. Cependant aussitôt que les conjurations des
nègres eussent abouti à l'explosion révolutionnaire du
14 août 1791, ce fut par un véritable sacrifice sanglant que la
lutte s'inaugura dans leur camp et revêtit le caractère mystique dont ses chefs l'ont constamment entouré jusqu'à la
victoire de leurs armes. Il est donc probable que la notion et
la pratique du rite remontent par delà la vie coloniale, au pays
d'Afrique. Mais si fondée que soit cette observation, elle ne
simplifie en rien les données du problème. Car il resterait à
savoir quelle est la région africaine dont l'animisme offre au
point de vue sacrificiel le plus d'analogie avec notre vaudou.

Il nous paraît que sur ce thème fondamental s'est opéré
un syncrétisme dont il est facile de déceler les principaux
facteurs.

Si le Dahomey nous a fourni jusqu'à présent les éléments
morphologiques les plus notoires du Vaudou, nous n'avons pas
moins observé les emprunts que le culte a faits ailleurs.

Nous nous trouvons en face d'une situation analogue en
ce qui concerne l'économie du sacrifice vaudouesque. Disons
tout de suite, qu'il est une forme de ce rite qui nous vient en
droite ligne de la région guinéenne et qui porte plus spécifiquement la griffe dahoméenne. C'est le sacrifice agraire *du
manger yame* dont la tradition s'altère et s'efface peu à peu.
Il n'existe plus qu'à l'état de symbole dont le sens se traduit
par l'obligation annuelle faite aux adhérents du Vaudou de
procéder à une oblation rituelle quelconque sous peine de

sanction sévère, immédiate ou lointaine, directe ou indirecte contre les transgresseurs responsables du pacte. A quoi doit-on attribuer cette modification de l'essence même du rite? Probablement au paradoxe dont il est l'expression dans notre renouveau saisonnier, de récolte d'un produit qui a une importance capitale dans la vie agricole. Il faut considérer, en effet, que l'igname est placée à un très bon rang parmi les plantes dont les populations tirent ou ont tiré leurs moyens d'existence au Dahomey et dans la plupart des pays du Golfe de Guinée, et en général, de toute la région équatoriale et sub-équatoriale. Elle y forme la base de l'alimentation et concourt aux échanges pour une part notable. Aussi, il est compréhensible comme nous l'explique le colonel Toutée (1) explorateur sagace, qu'au Dahomey cette plante soit l'objet d'une culture qui ferait l'admiration des agronomes les plus exigeants. « Ni la betterave dans le Nord, ni la vigne aux environs de Béziers, dit-il, ni l'asperge à Argenteuil, ne reçoivent autant de travail que l'igname à Ritchi et à Cayoman ».

C'est pour cela que dans ces régons, la récolte des ignames donne lieu à une fête solennelle.

« Voici, par exemple, comment les choses se passent au sanctuaire d'Angyba, l'Esprit de la Terre (chez les Erve du Togo). Avant la fête, les chefs apportent au prêtre, chacun, deux morceaux d'igname. Le prêtre y adjoint le sien et présente le tout dans la demeure de l'esprit, il fait l'offrande en disant : « Aujourd'hui l'igname de vie est venue à la ville. Voici ta part, prends et mange. Qu'aucun de ceux qui mangeront de l'igname aujourd'hui n'en éprouve douleur ! » Le prêtre laisse l'offrande sur place, et retourné chez lui, il fait cuire de l'igname nouvelle, y mêle de l'huile, et en dépose des morceaux dans sa cour et dans sa maison, nouvelle offrande qui s'adresse évidemment à tous les dieux ou esprits de la demeure. Ces rites accomplis, chacun peut manger l'igname récoltée » (2).

Le symbolisme de ce rite est si apparent qu'il est à peine besoin de l'expliquer. Il relève de cette croyance universelle mystique des choses auxquelles l'homme doit révérence et

(1) Colonel Toutée, Du Dahomey au Sahara. (La nature et l'homme). Paris, 1907.
(2) Spieth, Die Religion des Ewer in Sud. Togo (Leipzig), cité par Loisy in Essais historiques sur le Sacrifice.

hommage en gage de piété envers la Divinité dispensatrice et créatrice de ces mouvements.

Chez le primitif, l'hommage se concrétise en offrande de prémices — prémices de récoltes et de chasse, de premiers-nés de l'homme et du bétail dont la consommation indue pourrait être préjudiciable au bien-être de l'individu ou de la communauté. Qu'on se rappelle les prescriptions liturgiques ordonnées par Iahvé au peuple d'Israël en accomplissement de ce genre de sacrifices et on verra l'ancienneté du rite. « Tu apporteras sans retard le premier-né de tes fils, dit l'Eternel (1), tu en feras de même de ton bœuf, de tes brebis; leur premier-né sera sept jours avec sa mère; au huitième jour tu me le donneras... »

Il ne semble pas, cependant, en ce qui concerne notre rite agraire tel que nous l'avons retrouvé dans les traditions populaires, qu'il faille retenir pour son lieu d'origine les régions sub-équatoriales seulement où il prenait d'ailleurs un caractère d'oblation sanglante quelquefois — notamment chez les Ashantis qui égorgeaient des esclaves dont le sang devait être répandu dans les trous des premières ignames récoltées. Un peu plus au Nord-Est, sur les rives du Niger, le même rite revêt une forme franchement communielle et se différencie de ce que nous venons de voir.

Là, en effet, le prêtre, dans une fête solennelle, râpe l'igname nouvelle, en fait une pâte que l'on cuit avec du poisson et de la noix de kola. L'aliment ainsi préparé est rompu en deux petites parties dont l'une est gardée par l'officiant et l'autre placée par lui sur les lèvres de celui qui va manger le nouveau tubercule (2). Cette variante du rite nous rapproche un peu plus de ce qui fut la pratique haïtienne, à un moment donné.

Ici, le sacrifiant ordonne très discrètement un repas composé de deux mets dont l'un est fait notamment de farine de maïs, de haricots rouges et de gombo — c'est le *calalou* — l'autre de bananes, de patates, voire d'ignames broyées et

---

(1) Exode XXII, 28, 29. Les textes abondent qui relatent non seulement la coutume des prémices agricoles offertes à Iahvé mais celles du premier-né de l'homme. Cf. Loisy, Essais hist. loc. cit., p. 233.
Cf. Loisy, La religion d'Israël, pp. 99 et 100.

(2) Frazer, Le rameau d'or. Nouvelle traduction de Lady Frazer. Edition abrégée. Paris, 1924.

cduites en pâte. C'est le *moussa*. A ces deux mets principaux, on ajoute du poisson sec.

Faut-il voir dans ce repas composé en grande partie de
produits végétaux, à récolte annuelle, le souvenir du rite
agraire africain. Il est difficile de se prononcer. Le seul indice
que nous ayons là-dessus, c'est le nom symbolique de
« Manger yame » qu'il porte et dont l'origine indique des
préoccupations inconnues à notre production agricole.

VII

Nous avons dit que l'économie du sacrifice vaudouesque
est syncrétiste comme le culte lui-même. Rien ne paraît le
prouver davantage que l'objet même du sacrifice, les animaux
qui y sont propres et le rituel qui y est en honneur.

Par exemple au Dahomey, d'où le Vaudou a tiré tant
d'éléments cultuels, les plus grandes cérémonies sacrificielles
se font à la mémoire des rois morts et de leurs ancêtres. Pour
solenniser ce jour et le sanctifier, après le retour processionnel
du temple, on dresse dans la cour du Palais une estrade où
prennent place les principaux dignitaires de la noblesse. De
cette place un crieur appelle nominativement les bourreaux de
tous les rois de la dynastie. Ceux qui les représentent
répondent à l'appel et reçoivent les bêtes destinées au sacrifice : volailles, moutons, cabris, bœufs. Les bourreaux d'un
seul coup tranchent la tête des victimes, tandis que les
femmes recueillent le sang qu'elles portent sur les autels (1).

Or, même dans les cérémonies commémoratives du
Vaudou communément appelées « services mortuaires », les
sacrifices empruntent un tout autre cérémonial.

En voici une bonne relation rapportée par Antoine Innocent particulièrement bien informé (2).

Il s'agit d'un « service » célébré par un fidèle qui tenait
à apaiser l'esprit courroucé de son ancêtre.

Auprès du tombeau peint en blanc de l'ancien, le hougan
rassembla tous les objets propres à la cérémonie : trois
assiettes blanches, un pot de café, de la farine de maïs, du
riz au lait, des tranches de melon, du chocolat, des bonbons,

(1) Le Hérissé, op. loc. cit.
(2) Antoine Innocent, Minola ou l'histoire d'une cassette (Port-au-Prince, 1906).

des dragées, de *l'acassan* (1), de l'acra (2), une poignée de maïs et de pistaches grillées, des fioles de liqueur. Le tout fut déposé sur une serviette blanche étalée devant la sépulture. Trois trous d'égale largeur furent creusés où l'on plaça allumées trois bougies blanches.

Une congrégation de la secte des Ibos avec ses hounsis vêtues de blanc sous les arbres sacrés où se célèbre un service liturgique.

Collection du Dʳ Arthur Holly.

Le sacrificateur entouré des hounsis (3) vêtues de blanc, secoua son açon (4) et sa clochette. Puis, par-dessus les têtes inclinées vers le sol il entama en langage inintelligible une invocation au mort. Et alors, son assistance, la *houguenicon* entonna d'une voix dolente et triste le *bohoun* ou chant funèbre qu'entrecoupaient les cris rauques des initiés, les *hounsis*, qui se frappaient les lèvres.

Le *hougan*, poursuivant sa tâche, fit des croix sur chaque trou avec de la farine de maïs en y déposant un peu de tous

(1) Préparation spéciale de maïs destiné à la consommation immédiate. On notera que le mot d'origine dahoméenne signifie tunique sans manches dont les Princes et les Cabécères de la Cour d'Abomey se revêtaient quand ils accompagnaient le Roi en quelque grande cérémonie.
(2) Galette de pois.
(3) Jeunes femmes initiées et consacrées au service des dieux.
(4) Calebasse emmanchée dans laquelle résonnent comme des grelots des grains de corail et des osselets de couleuvre.

¹⁻ ⁻aliments du repas funèbre accompagnés de liqueur, d'alcool et d'eau. Sur son ordre, les sacrifiants imitèrent le même geste. Ensuite, il s'empara de deux poules blanches auxquelles on avait fait becqueter des morceaux de melon haché, de la pistache et du maïs grillés et, les tenant chacune dans une main, il les passa sur la tête, les épaules et la poitrine de quelques-uns des assistants et les fit virevolter avec une telle violence que leurs têtes se détachèrent du reste du corps. Alors il les dépouilla de quelques plumes qu'il colla avec le sang coagulé au bord de chaque trou et les livra enfin à ceux qui devaient les apprêter à la cuisson du mets piaculaire dénommé *le calalou des morts*. Quand le repas fut prêt, on le servit dans les trois assiettes blanches qui furent enfouies dans les trois trous.

Ainsi s'accomplit le sacrifice propitiatoire aux esprits des ancêtres.

Comme on le voit, il se distingue du rite dahoméen par sa plus grande complexité, par la plus grande richesse du thème cérémonial, par la qualité et la nature des offrandes, par l'utilisation un peu gauche, sans doute, d'éléments plus spiritualisés — tels que les signes de la croix tracés sur les trous des plats d'offrande, tel que le chant psalmodié par les hounsis comme une litanie.

D'autre part, encore qu'il soit établi que dans toutes les sociétés primitives, les nombres aient une valeur mystique indépendante de leur valeur mathématique, encore que de tout temps, dans tout pays et dans toute religion presque, le nombre trois revête une puissance singulière quant à sa vertu mystique et que même dans les sociétés civilisées, des systèmes de métaphysique s'imprègnent de cette survivance mystique, il est curieux tout de même de constater dans la description du rite piaculaire sur lequel nous nous sommes arrêté, combien le nombre trois joue un rôle de premier plan : *Trois assiettes blanches, trois parts d'offrande enfouies dans trois trous.* Non moins curieuse l'utilisation de la couleur : *assiettes blanches, nappe blanche, bougies blanches, vêtement blanc des hounsis, plumage blanc des victimes.*

Ya-t-il des symboles cachés dans l'emploi du nombre comme dans celui de la couleur? Et si tant est qu'il en existe, quelle en serait leur signification?

Il semble qu'il faille remonter bien haut, jusque dans préhistoire, et interroger l'origine des mouvements démographiques qui ont peuplé l'Afrique et particulièrement le plateau soudanais pour trouver l'origine et la signification de ces coutumes religieuses dont la tradition est parvenue jusqu'à nous.

On sait que pendant très longtemps il fut possible — et peut-être de nos jours encore la chose est-elle réalisable — de reconnaître à quelle tribu, à quel groupe démographique appartiennent et se rattachent telles et telles populatons africaines disséminées à travers l'immensité du continent, rien que par leur observance commune de certains usages, par leur fidélité à certains traits de mœurs, à certaines prescriptions de piété religieuse comme par exemple l'adoption du même animal totem, de la même couleur — emblème, le respect dû au même tabou. On sait aussi combien ces indices permettent de remonter à leurs plus anciennes origines comme de précieux fils conducteurs en établissant des analogies avec d'autres peuples vivant sur d'autres points du globe. Or, chez les Habbès du plateau soudanais, le Hogon, le grand prêtre, ne sacrifie qu'à la triade divine et la matière officielle ne peut être qu'un animal blanc, mouton ou poulet. D'autre part, le rite ne s'accomplit que pour implorer la protection des ancêtres. Au surplus, il marque l'influence asiatique de la *triade thébaine* dont nous possédons maints vestiges dans les costumes et traditions des peuples soudanais — tels que le culte des astres, la division des Forces cosmiques en éléments mâle et femelle, l'usage des autels à trois pointes dont la persistance dénote l'empreinte de la tradition assyro-chaldéenne sur la pensée religieuse de certains nègres d'Afrique (1). N'est-ce pas là qu'il faut chercher la solution du problème qui nous intéresse?

Que la filiation soit établie entre cette conception religieuse et celle dont nous retrouvons les vestiges dans la cérémonie plus haut signalée, nous la croyons incontestable dans la mesure où nous avons également établi la filiation ethnique de notre communauté avec les communautés soudanaises parmi la diversité des types nègres importés à Saint-Domingue dont l'amalgame nous a donné le peuple haïtien. Ces coutumes se sont certainement altérées parce qu'elles ne se con-

(1) Lieutenant Desplagnes, op. loc. cit.

... que par des traditions orales, et qu'en outre, influen-
cées dans le nouveau milieu par l'apport de multiples contingences, elles ont été pétries, façonnées en une forme si
disparate qu'elles se présentent maintenant sous une physionomie nouvelle à bien des égards. C'est à ce travail de transformation que nous avons appliqué le terme de syncrétisme
rituel. Au reste, nous allons le retrouver à l'œuvre en d'autres
thèmes sacrificiels.

VIII

Nous avons énoncé tout à l'heure que le don rituel du
sacrifice s'opère en des intentions variées. Mais quelle que
soit la cause qui détermine la démarche du sacrifiant, à quelque pensée qu'il obéisse — action de grâce ou d'expiation,
hommage révérentiel ou gage conditionnel de piété, service
solennel d'initiation ou de renoncement — le rite se pratique
presqu'uniformément par l'oblation sanglante d'une victime
principale qui est le plus souvent un bouc, quelquefois un
taureau ou les deux ensemble, et, dans la secte de *Pétro*
l'égorgement d'un porc. Il suffira de décrire la cérémonie la
plus usuelle pour en faire le type des sacrifices vaudouesques.

Antoine Innocent nous prêtera, encore une fois, l'autorité
de son témoignage (1). Il s'agit d'un service en l'honneur de
Legba, le plus obligeant des dieux, le bon papa dont le rôle
bienfaisant consiste à veiller sur le bien-être de ses fidèles en
se tenant par tous les temps invisible et puissant au seuil des
habitations, à la « barrière » des propriétés, à la croisée des
chemins, pour défendre ses sujets contre la malfaisance des
mauvais esprits.

C'est ce qu'exprime la chanson dans son symbolisme :

> « Legba nan hounfort moin !
> (« ou même qui mettez chapeau »)
> « Nan Guinée, parez soleil pou moin. »
> (« Legba que je vénère en mon autel
> « Vous, qui portez chapeau, en Guinée,
> « Préservez-moi du soleil. »)

(1) Antoine Innocent, Mimola loc. cit.

Donc le Hougan ayant agité l'asson et la clochette, annonça que la cérémonie allait commencer. Il invoqua la protection des dieux par le marmottement d'une prière et traça des signes cabalistiques devant l'autel avec de la farine de maïs.

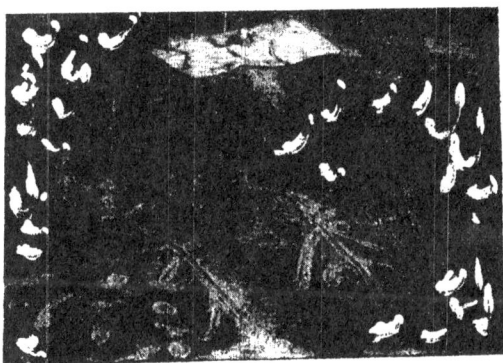

I ~ Hougan traça des signes cabalistiques devant l'autel
avec de la farine de maïs...

Collection du Dr Arthur Holly.

Il implora spécialement *Legba*, en *langage*, de manifester sa présence en honorant de son incarnation quelque fidèle de l'assistance.

Brusquement le dieu exauçant la prière entra en possession d'une croyante. Scène usuelle de crise vaudouesque. Alors le hougan prenant une à une les poules — menu frétin du service — leur tordit le cou et les empila devant l'autel. Sur le monceau, il traça le signe de la croix avec de la farine de maïs. Après quoi les femmes les enlevèrent pour la cuisson.

A ce moment-là, on quitta l'enceinte du Temple pour prendre place sous le péristyle où devait se faire le sacrifice

du bouc, principale victime de la cérémonie. L'animal était
enrubanné et drapé de rouge. Le possédé de Legba le che-
vaucha et fit le tour de l'enclos, puis le rendit au sacrificateur. Alors celui-ci présenta au bouc un rameau vert qu'en
trois fois il lui arracha de la gueule dès que la bête commença
d'en manger. L'heure avait sonné de la dépouiller de son
ornement vestimentaire. On lui lia les pattes qui, deux à
deux furent confiées à des aides. Ceux-ci balancèrent en
cadence le bouc au son d'une mélopée. Enfin, la victime fut
déposée sur le sol, la tête reposant sur un billot. D'un coup
sec le sacrificateur la lui trancha. Le sang fut recueilli dans un
récipient et placé sur l'autel où il servira à la préparation
d'un breuvage spécial destiné aux adeptes et composé de
maïs, de liqueur et d'alcool. Pour achever la cérémonie, l'as-
sistante du hougan servit aux fidèles le repas communiel fait
de menus morceaux de viandes cuites et de bananes grillées
enduits d'huile d'olive.

Tel est dans son ensemble le pur sacrifice vaudouesque.

Il est évident que le rite change, se complique ou se simplifie en des variantes indéfinies, d'abord selon le type du
sacrifice et surtout selon la secte qui officie : congo, pétro,
vaudou, arada, nago. Mais les rites réagissent les uns sur les
autres, et grâce à l'infiltration chrétienne, aboutissent à une
synthèse sacrificielle telle qu'elle se révèle dans le type que
nous avons décrit.

Nous supposons qu'il n'est pas nécessaire d'établir longuement la généalogie de l'économie du sacrifice vaudouesque. Est-elle née d'une conception spécifiquement nègre ?
Fait-elle partie de cette tendance très humaine et vérifiable
dans toutes les régions qui amène le croyant à se considérer
redevable envers la divinité des biens de ce monde, de la vie
même, en conséquence de quoi il doit lui rendre témoignage
par des offrandes et des dons ? Comment le saura-t-on jamais ?
Est-ce coïncidence fortuite, simple analogie ou filiation étroite
qui nous amène à trouver des phénomènes presqu'identiques
dans un très grand nombre de cérémonies cultuelles d'autres
religions de l'antiquité israëlite et gréco-romaine ? S'agit-il, au
contraire, d'un fond commun exploité par chaque communauté selon ses inclinations propres ? Y a-t-il eu « au com-
mencement » une révélation faite à tous les peuples qui se

perdit dans la nuit des temps ? Vaines questions. Insolubles problèmes. Constatons modestement l'universalité du phéno- mène religieux, la spécificité humaine du sentiment mystique et sa conséquence inévitable, le sacrifice. Ajoutons, en outre, que la matière artificielle, elle-même, sous la forme de la victime n'a guère changé de peuple à peuple, de religion à religion.

Et d'abord, l'oblation sanglante.

Le sang ne possède-t-il pas une vertu mystique, intrin- sèque? Voyons un peu. Si, dans la pratique vaudouesque, le sang sert de breuvage aux fidèles, dans le Lévitique (1), Iahvé n'ordonne-t-il pas que le « sacrificateur répande le sang des victimes sur l'autel... Et fasse fumer la graisse en agréable odeur à l'Eternel ?...

« Je vous ai donné le sang (dit-il à Moïse)

« Comme moyen d'expiation sur mon autel pour vos âmes ?... (2).

Quant à la victime, elle est partout choisie dans le règne animal parmi les bêtes domestiques : cheval, taureau, bouc, mouton, poule, pigeon, etc... Et pour nous en tenir à la reli- gion d'Israël sur laquelle la Bible est une source inépuisable d'informations, n'est-ce pas qu'au temps des Rois, il fut obli- gatoire d'offrir à l'Eternel l'holocauste quotidien de deux agneaux, agrémenté, au jour du sabbat, de fine farine pétrie d'huile d'olives?

Tous les mois, n'était-il pas prescrit un holocauste de deux jeunes taureaux, d'un bélier, de sept agneaux d'un an et d'un bouc?

Que nous retrouvions le goût de pareils sacrifices avec un nombre plus restreint de victimes dans le culte dont nous nous occupons maintenant, que dans le paganisme gréco- romain, en Egypte, en Perse, en Chine, au Japon, dans l'Inde, en Afrique, avec des variantes innombrables, nous nous trouvions en présence de phénomènes semblables — de telles remarques ne peuvent que nous induire à confirmer ce que nous avons préalablement avancé, à savoir que partout, l'homme semblable à lui-même emploie les mêmes procédés pour attirer sur lui des grâces surnaturelles et qu'en changeant

(1) Lévitique, XVIII, 6, 7 et suiv.
(2) Nombres XXVIII.

a peine la qualité de ses offrandes, il obéit à la même injonc-
tion psychologique d'employer partout la matière sacrificielle
qui est le plus à sa portée, pour sceller son pacte avec la divinité, sauf à insérer en chaque don rituel des vertus mystiques
qui en rehaussent le prix aux yeux des dieux.

Et c'est en suivant les mêmes règles et la même méthode
comparative que nous aborderons maintenant à propos du
sacrifice, la question qui affecte le plus profondément la sensibilité haïtienne et qui fait de chacun de nous un écorché
aussitôt qu'on l'agite. Nous voulons parler de l'immolation de
victimes humaines dans les cérémonies vaudouesques dont est
accusé le peuple haïtien.

En vérité, nous ne connaissons rien de plus platement
stupide que la légende qui fait du vaudou un culte d'anthropophagie, si ce n'est la croyance haïtienne presque générale
aux maladies surnaturelles. De telles dispositions d'esprit
inclinent fatalement à considérer la mort comme le produit
d'un maléfice dont certains individus peuvent disposer contre
autrui. C'est la puissance redoutable que la pauvre cervelle
des gens de ce pays dispense généreusement aux vaudouisants.

Etant donné une telle mentalité, est-il surprenant que des
reporters de la presse étrangère fraîchement débarqués chez
nous lancent dans leurs journaux des chroniques sensation-
nelles sur... la barbarie haïtienne à propos de sacrifices
humains dont ils n'ont vu nulle trace nulle part, puisqu'en fin
de compte ils n'auront recueilli que dans la crédulité du milieu
la matière de leurs histoires aussi sottes qu'invraisemblables.
Et quoi d'étonnant que se répandent des fables extravagantes
et absurdes dans un milieu où le sens critique paraît inexis-
tant? Il ne se passe pas d'années, voire de mois, qu'on n'entende raconter avec force détails les propos les plus bizarres
sur des personnes mortes depuis un certain temps et qui
auraient été retrouvées vivantes en tels et tels endroits. Il y
a eu même, à Port-au-Prince, en ces quinze dernières années,
la sensationnelle affaire d'une jeune fille morte et enterrée
au su et au vu de centaines de gens et qui aurait été déterrée
et rendue à la vie. En effet, bien longtemps après les funé-
railles, un bon matin la rumeur éclata que la jeune personne
avait été découverte quelque part, par un prêtre, selon les

indications d'une pénitente. L'autorité ecclésiastique l'aurait enfermée dans un couvent. Le scandale fut énorme. On enquêta. Le caveau de la morte fut ouvert. Un squelette fut retrouvé dans lequel le père de la défunte ne reconnut point celui de sa fille, disaient les journaux. En quoi, par quels signes? C'est ce dont personne ne s'inquiéta. Et la légende s'enfonça irréductible dans les pauvres cervelles que Mlle M. existe encore vivante et idiote, non plus en Haïti, mais dans un couvent de France.

Notez que ces légendes ne sont pas nouvelles. A une époque très lointaine, le Père Labas n'a-t-il pas raconté bravement qu'une esclave subtilisa par des moyens mystérieux la vie à cinq officiers du navire qui la transportait et qu'elle offrit même le spectacle de sucer à distance la pulpe d'un melon? L'imagination du bon père ne s'embarrasse d'aucune difficulté.

D'ailleurs, elle rejoint aisément celle des théologiens, des inquisiteurs, des magistrats du Moyen Age et de la Renaissance qui ont donné une authentique réalité au mythe du Sabbat.

Hélas! par combien de procès-verbaux se chiffrent les milliers d'aveux des sorcières qui, s'étant déplacées sur des balais, la nuit, ont été dans les airs, festoyer avec Satan en fantastiques banquets, et se sont accouplées ensuite avec le Prince des Ténèbres? Rien ne manquait à ces manifestations monstrueuses de la Justice, ni les aveux des coupables, ni l'explication théologique des crimes, ni l'expiation du bûcher. Et maintenant que sont devenus les incubes et les succubes dont tant de gens affirmaient l'existence? Que reste-t-il de tout cet énorme fatras? L'unique témoignage de la mentalité mystique et théologique de l'époque!

Il en est de même de la puissance redoutée des vaudouisants et de leur capacité d'octroyer la mort par envoûtement.

Eh bien, l'enquête dont nous donnons ici les résultats et qui s'appuie sur une expérience vieille de plus de vingt ans de recherches nous permet d'affirmer en toute conscience que le vaudou n'est pas une secte d'anthropophagie.

Qu'il y ait une grande part de magie dans les altérations du culte vaudouesque, c'est ce que nous avons établi au début de cette étude. Que le hougan, le papa-loi exploite la crea..lité populaire en se servant du prestige dont il est investi par ses connaissances traditionnelles des plantes et qu'il soit le distributeur parcimonieux de la chance et de la bonne fortune dont il est incapable de profiter lui-même d'ailleurs, c'est la moindre aventure qui puisse échoir à une société où l'élément mystique tient le rôle prédominant de dynamique sociale.

Mais tout cela est l'envers du vaudou. C'en est le côté superstitieux. Nous avouons tout de suite qu'il est extrêmement difficile de marquer la ligne frontière entre l'élément franchement religieux et l'élément superstitieux. On en fait une intrication tout à fait délicate à démêler. Mais ce reproche s'adresse-t-il seulement au Vaudou? Nous voudrions savoir quelle est la religion, même parmi les économies de salut, qui soit indemne d'infiltration magique (1).

Or, même en remontant à son origine la plus lointaine, nous trouvons, en Afrique, la distinction entre le magicien et le serviteur des dieux, le premier étant très redouté de ces petites communautés grâce à sa malfaisance sociale. De fait, on est effrayé de penser aux crimes légaux qui se commettent journellement dans ces pays lorsqu'un individu est accusé de magie. Pour la sauvegarde de la collectivité, au nom de la loi qui est l'expression de la coutume et de la préservation sociale, l'accusé est soumis à l'ordalie, qui n'est le plus souvent qu'une prompte condamnation à la pendaison, à la lapidation sans sépulture pour le cadavre du coupable (2). Il n'y a peut-être rien de plus tragique que le sort de l'individu soupçonné de sorcellerie dans les collections africaines et il faut ajouter que le soupçon naît aisément par suite de la mentalité mystique incapable de trouver une cause naturelle à la maladie et à la mort.

Si donc, même là-bas, sorcellerie et religion sont distinctes, ce n'est pas en notre clair pays dont le village est transformé par un effort plus que séculaire de civilisation occidentale qu'on trouvera confondus des éléments que nous avons toujours dressés l'un contre l'autre.

Que à un moment donné, le culte dahoméen ait été imprégné par l'obligation du meurtre rituel sous la forme des sacrifices humains, c'est là une donnée historique propre à la

(1) Loisy: Le sacrifice, p. 29.
(2) Delafosse: Haut Sénégal, Niger, IIIe vol. p. 183.
     L. Tauxier: Le Soudan, p. 182.

période où les rois du Dahomey offraient annuellement et le plus souvent pour célébrer la victoire de leurs armes, des vingtaines de prisonniers aux âmes de leurs ancêtres.

D'ailleurs, le sacrifice des prisonniers n'est pas une coutume exclusivement africaine, elle est aussi vieille que la guerre elle-même.

En cela le rite obéit à la norme de la grande majorité des religions dont le meurtre rituel a été le fondement originel. Il suffira de citer, à ce propos, les sacrifices de fondation de villes, de constructions d'édifices qui, dans l'antiquité israëlite, réclamaient l'inhumation de victimes humaines dans les lieux où devaient s'élever villes et maisons (1). Il suffira de citer les innombrables holocaustes de premiers-nés réclamés par Iahvé en récompense de la protection qu'il octroie à Israël, et, plus près de nous, il suffira de citer la coutume des Celtes de la Gaule qui égorgeaient leurs prisonniers de guerre dont ils emportaient les têtes, l'exemple des Bretons qui, au temps de Néron, d'après Dion Cassius, sacrifiaient des Romains dans le bois sacré de leurs dieux, pour dénoter le caractère universel du fait (2).

Il ne serait donc pas étonnant que le culte africain eût participé aux mêmes conditions morphologiques à un moment de son existence. Mais semblable en cela aux autres religions qui se sont détachées de leur gangue originelle, il a jeté du lest au cours de son évolution au point qu'à la période historique où nous le trouvons, les sacrifices humains sont de graves obligations d'Etat dont le roi avait seul la responsabilité éthique. Son apport dans la formation du vaudou haïtien n'a pas pu déterminer une inclination vers cette forme du sacrifice qui n'a plus de sens rituel. En fait, personne ne l'a observé ici. Personne n'en peut porter un témoignage digne de foi. Il serait contraire à tout esprit scientifique de tabler sur le procès de sorcellerie intenté en 1864, contre Jeanne et Congo Pellé et leurs douze complices convaincus de meurtre et condamnés à mort, pour conclure que telle est la norme dans l'économie du sacrifice vaudouesque (3).

(1) 1 Rois, XVI, 34.
(2) Loisy, loc. cit.
(3) Encore faudrait-il savoir quelle a été la part de la justice dans cette affaire criminelle où la torture la plus atroce a été employée pour amener les inculpés à faire des aveux. Quelle est la valeur d'un aveu lorsque l'accusé devant la cour

De tels crimes sont communs dans les bas-fonds de tous les pays, entachent toutes les religions et donnent naissance aux légendes calomnieuses qui s'attaquent à la probité confessionnelle des communautés les plus civilisées et les plus recommandables. N'est-il pas constant que dans les centres antisémites, les Juifs voient se renouveler quelquefois de telles accusations avec une si grande recrudescence et une si grande violence que périodiquement elles donnent lieu à des scènes de vengeance et de meurtre collectifs à l'accomplissement desquelles la Russie des Czars avait acquis une triste célébrité?

La preuve que la superstition grossière et les basses croyances sont susceptibles d'engendrer les pires agressions et de provoquer même des crimes, nous la trouvons en deux faits récents que nous allons puiser dans les annales judiciaires de la France et de l'Espagne en plein XXe siècle.

Le premier est relatif au procès plaidé devant la Cour de Bordeaux en 1920 et connu sous le nom de la « Vierge qui pleure ».

Mme Mesmein, femme de ménage et concierge à Bordeaux, avait acquis, à Lourdes, au cours d'un voyage en 1908, une statue en plâtre de la vierge. Elle la plaça dans la cuisine de sa loge et chaque jour, fit ses dévotions devant elle. A sa grande stupéfaction, elle remarqua, un jour, de grosses larmes qui tombaient des yeux de la vierge. Elle s'empressa d'en faire part à un prêtre qui lui conseilla de ne point ébruiter le mystère. Pendant deux ans elle se tut. Le miracle se renouvelait par intervalle. Enfin n'y tenant plus, elle en informa ses amis et la nouvelle se répandit comme une traînée de poudre. Beaucoup de gens s'inquiétèrent du phénomène et on en tira procès-verbal. Mais le miracle se révéla plus étonnant lorsque la Vierge en sa forme immatérielle se substituant à sa statue apparut à Mme Mesmein et réclama qu'une chapelle lui soit dédiée au lieu même où pleurait

---

fait la déclaration suivante : « Je confesse tout ce que vous affirmez, mais n'oubliez pas combien j'ai été cruellement battue avant d'avoir dit un mot ». Spencer St-John (Black Haïti). Est-ce la traduction exacte de la déclaration de l'accusé? On nous permettra d'en douter.
    Quant au témoignage de Sir Spencer St-John, Ministre, Résident de S. M. Britannique et celui de son collègue le Ministre de S. M. Catholique à Port-au-Prince à propos de la sorcellerie en Haïti vers les années 1864, ils dénotent une telle carence de l'esprit critique qu'on pouvait faire accroire les pires sottises à ces deux diplomates sans que le doute effleurât leur pauvre cervelle.

son effigie. Alors l'autorité ecclésiastique intervint, enleva la
statue et la fit placer dans un couvent. Mme Mesmein ne put
se consoler d'en être séparée. Il fallut lui trouver une autre
statue qui, placée dans les mêmes conditions, recommença à
pleurer.

Cependant les propriétaires de l'immeuble, émus de voir
leur maison assaillie par un flot croissant de curieux et de
pèlerins, congédièrent la concierge qui fut obligée de démé-
nager. Mme Mesmein transporta ailleurs la Vierge et sa dévotion. La foule la suivit. Dans le nouvel immeuble où elle était
installée un autre phénomène corsa le premier. En juillet 1913,
à la veille de la Fête-Dieu, une pluie de parfums se répandit
dans son oratoire. Décidément le prodige devenait de plus en
plus extraordinaire.

L'année suivante, la France étant en guerre, la dévotion
à la Vierge de Mme Mesmein s'accrut en proportion de l'émotivité générale. C'est à ce moment-là qu'intervint dans l'affaire
la personnalité d'un prêtre syrien, Mgr l'Archimandrite Saboungi, de l'ordre de saint Bazile, docteur en philosophie et
en théologie à Rome, vicaire général du diocèse de Sidon.
Mgr Saboungi était venu assister à un congrès eucharistique à
Lourdes.

Ayant entendu parler de Mme Mesmein, il alla la voir
et s'intéressa aux manifestations miraculeuses dont il s'agissait.

Il ne tarda pas à s'installer à demeure chez elle, et devint
son directeur de conscience. Il recueillit tous les renseignements nécessaires à l'étude de la question au point de vue
théologique.

Mgr Saboungi resta l'hôte de Mme Mesmein jusqu'en
1917, date à laquelle leurs relations se refroidirent pour des
raisons obscures. Alors le prélat abandonna son hôtesse et
s'installa à Nantes puisque son diocèse venait d'être englobé
dans l'horrible mêlée. Or, à cette même époque, Mme Mesmein se crut l'objet de persécutions occultes dont elle attribua
la provenance à son ancien directeur spirituel. Désormais
Mgr Saboungi était devenu l'incarnation du diable et envoû-
tait la malheureuse. Les amis de celle-ci prirent fait et cause
pour elle. Ils résolurent de la venger en saisissant chez le
prélat les appareils d'envoûtement grâce auxquels il agissait à

nce contre la pauvre Mme Mesmein, tourmentée par les pires maladies. Certain jour, on organisa une véritable expédition composée d'un agent de change, d'un inspecteur de la sûreté générale, d'un employé d'assurances et d'un violoniste. Partis de Bordeaux, ces Messieurs débarquèrent à Nantes, se rendirent chez Mgr Saboungi, se livrèrent sur lui à des voies de fait, fouillèrent son appartement et s'emparèrent de tout ce qui pouvait asseoir leur conviction sur ses pouvoirs de malfaiteur. O déception! ils n'y trouvèrent point la figure classique de cire qui est la principale pièce d'envoûtement.

C'est à la suite de cette agression préméditée que l'Archimandrite leur intenta un procès au cours duquel des révélations singulières furent faites sur la mentalité d'un grand nombre de témoins — prêtres, avocats, hommes d'affaires — qui croient encore en ce XXᵉ siècle, en France, à la possibilité de l'envoûtement (1)...

Et que dire maintenant de l'horrible crime accompli en 1910, au bourg de Gador, dans la province d'Almeira, en Espagne?

Là, habitait un sorcier, Francisco Léona. Dans une ferme voisine demeurait un tuberculeux, Francisco Ortega. Il consulta Léona sur son mal et le rebouteux lui ordonna de boire du sang chaud d'un enfant et de s'enduire la poitrine avec la graisse de la victime. A ce prix seulement, il sera guéri. En paiement de ses honoraires, Léona exigea 2.000 pesetas, dont 750 payables d'avance. Le sorcier, aidé d'un nommé Fernandez, se mit en demeure de trouver un enfant pour consommer le sacrifice. Ils attirèrent dans un piège un gamin, Bernardo Gonzalès, qui se baignait dans une rivière du voisinage avec des camarades. Ils l'invitèrent à venir cueillir des abricots dans un bois voisin, en leur compagnie. Dès qu'ils furent certains de n'être pas dérangés dans leur criminelle besogne, ils s'emparèrent du gamin et après l'avoir ligoté et baillonné, ils l'enfermèrent dans un sac et le transportèrent chez eux. Alors s'accomplit la scène monstrueuse. Léona enfonça un long couteau à l'aisselle de la victime. Le sang afflua et fut recueilli dans un saladier en porcelaine par Ortega qui le

---

(1) Tous les détails ci-dessus ont été tirés d'une article publié dans le « Mercure de France » du 1ᵉʳ août 1920, nᵒ 531 sous la signature de M. Jules Mauris.

sucra et en but par grandes lappées, puis, le corps fut o' ,ειι
du sternum au pubis. On en extrait les intestins dont la ₃raisse
servit à l'onction ordonnée.

Tel fut le drame de sorcellerie jugé par la Cour d'Assises
de Almeira, les 29 et 30 novembre 1910. Les criminels Ortega,
Hernandez furent condamnés à mort. Quant à Léona, déjà
âgé, il mourut en prison, avant que le procès vint par-devant
la Cour.

IX

Mais le délire extatique, le sacrifice rituel, la danse liturgique n'expriment qu'une partie du complexe du Vaudou ou
du moins l'expression cultuelle dont ils sont les éléments
coordonnés n'a rendu jusqu'à présent qu'une très modeste
figuration de la totalité du problème d'après l'exposé que
nous en avons fait au cours de cette étude.

Son contenu est plus riche de synthèse psychologique. Il
s'est assimilé d'autres notions, il s'est chargé de principes disparates, il a subi des transformations, s'est soumis à de
féconds compromis dans son évolution historique. C'est à quoi
nous allons assister en envisageant de plus près le rôle joué
par les idées, le cérémonial de l'Eglise catholique dans l'emprise des âmes déjà travaillées ou simplement touchées par le
dynamisme vaudouesque.

Car l'un des aspects les plus saisissants et à coup sûr le
plus curieux du Vaudou, c'est son association avec le Catholicisme dans la foi des masses haïtiennes à l'heure actuelle.

La confrontation des deux croyances remonte très haut
dans le cours des âges depuis l'époque reculée où les Portugais plantèrent la croix sur les côtes occidentales d'Afrique et
catéchisèrent bon nombre de païens sur les rives du Congo
jusqu'à la période active de la traite entreprise au nom du
prosélytisme religieux, par Sa Majesté Très Chrétienne.
N'est-ce pas ce que Moreau de Saint-Méry entend dénoncer
lorsqu'il parle du catholicisme des congolais panaché d'idolâ-
trie et d'islamisme? En tout cas, à Saint-Domingue, la justification de l'entreprise coloniale impliquait la conversion globale et obligatoire dans les termes que nous avons déjà
précisés. Certes, beaucoup d'âmes d'élite furent transfigurées

ₚₐᵣ ₗₑ miracle chrétien et demeurèrent d'actifs prosélytes dans
le recrutement du nouveau culte. Il n'y aurait qu'à citer un
Toussaint Louverture dont la dévotion agressive ne le cédait
en rien à la piété conquérante des grands capitaines qui
furent à la fois d'inflexibles hommes d'Etat et de scrupuleux
gens d'Eglise pour démontrer ce qu'a pu être chez les natures
privilégiées la foi aux mystères chrétiens.

Mais sans qu'il fut besoin d'édifier aucune dogmatique,
par simple phénomène d'endosmose et par le pragmatisme
de l'action sociale, les croyances lentement réagirent les unes
sur les autres, s'amalgamèrent en inextricables écheveaux et
maximèrent la conduite des hommes de telle façon que leur
catholicisme ne fut plus la doctrine de l'Eglise et leur vau-
douisme le simple animisme primitif. Ce fut et c'est encore
maintenant quelque chose de nouveau, assez insolite, assez
embarrassant, assez disparate pour qu'on éprouve de l'hési-
tation à l'exprimer en une formule aux arêtes vives — puisque
le phénomène n'est pas cristallisé et qu'il se manifeste quelquefois, par un individualisme anarchique. Quoiqu'il en soit
— et paradoxe à part — les deux croyances ont des points
de contact assez nombreux pour que de leur simple juxtaposition résultât une confusion de principes.

Le catholique et le vaudouisant ne croient-ils point à
l'existence d'un Dieu suprême ? Ne croient-ils point à son
intervention incessante dans le cours de la vie humaine et
dans l'ordre des phénomènes universels ? Ne le croient-ils
pas sensible à l'offense, terrible dans la vengeance et pourtant
miséricordieux, exorable à la prière, accessible aux offrandes
de ses pauvres créatures perdues de misères et de péchés ?
Ne croient-ils point l'un et l'autre qu'entre l'homme et son
créateur existent des êtres surnaturels, des saints, des anges,
des démons très enclins à s'occuper des affaires de ce monde ?
Ne croient-ils pas à l'efficacité de l'intercession des saints
auprès de la divinité suprême en faveur de la pitoyable humanité ? Ne se heurtent-ils point l'un et l'autre à l'impuissance
de la raison pour expliquer les choses les plus essentielles
de la vie, ses origines et sa fin ? L'un et l'autre n'ont-ils point
trouvé presque le même terme — mystère — pour envelopper
leur ignorance de tout phénomène qui se dérobe à leur explication ? Au surplus, ne sont-ils pas aplatis par la peur et

l'obsession du démon, de Satan ? Que si malgré tout, ces différences marquent les traits saillants qui distinguer.c l'une et l'autre croyance, ces différences se manifestent surtout par le mode d'expression cultuelle du sentiment catholique et de celui du vaudouisant. Elles vont s'accentuant à mesure que la croyance catholique s'intellectualise et justifie sa raison d'être par des doctrines dogmatiques codifiées dont la pureté et l'intégrité sont placées à la garde d'une autorité spirituelle jalouse d'en conserver la tradition et le caractère surnaturels. Là où le rite vaudouesque étale la nudité affective de ses symboles inintelligibles d'ailleurs à ceux-là mêmes qui en marquent l'ordonnance, le fidèle catholique peut établir la filiation du moindre rite de son culte à je ne sais quelle révélation venue en droite ligne du ciel. Il s'ensuit que l'origine de sa foi lui confère un crédit et une autorité considérables sur la plupart des manifestations religieuses. Il s'ensuit également qu'elle exerce une attraction souveraine sur des cultes inorganisés dont l'ambition secrète est de s'assimiler quelques-uns des éléments qui assurent le prestige de l'église. De là l'imitation maladroite par les vaudouisants de ce qu'il y a de plus extérieur dans le catholicisme — la pompe, la magnificence du cérémonial, le mystère des signes, la somptuosité des habits sacerdotaux.

D'autre part, si les luttes sauvages qui inaugurèrent la réclamation des droits de l'homme à Saint-Domingue, s'exprimèrent dans l'explosion de 1791 en une cérémonie toute vaudouesque — le serment du sang — si, pendant les treize années de violences, de privations, de tortures, les nègres puisèrent dans leur foi aux dieux d'Afrique l'héroïsme qui leur fit affronter la mort et réalisa le miracle de 1804 — la création d'une nationalité nègre dans le bassin des Antilles — il est curieux de constater avec quel soin jaloux les chefs, à l'aurore de la victoire, ont déclaré la guerre aux vieilles croyances ancestrales.

Dès 1801, Dessalines, inspecteur général de culture dans le département de l'Ouest, informé qu'il y avait une cérémonie vaudouesque quelque part dans la plaine du Cul de Sac, s'y rendit à la tête d'un bataillon de la 8e demi-brigade et passa cinquante des affiliés au fil de l'épée. Opération de police un peu rude. Ce fut la première répression officielle du délit

᠆ ᠆ oyance. Plus tard, la Charte ayant déclaré le catholicisme eligion officielle, lui assura la protection officielle de
l'Etat. Le Code pénal précisa le délit de superstition. Dès
lors, le bras séculier s'attribua l'investiture nécessaire pour
châtier tout acte qui s'attaque à l'orthodoxie du culte officiel.
Et c'est ainsi que la vieille religion primitive du nègre mise
hors la loi, poursuivie comme le legs indésirable d'un passé
honteux et inadéquat au nouveau statut politique du citoyen
haïtien, chercha dans l'ombre des consciences et dans les
ténèbres des *hounforts*, à s'adapter au nouvel état de choses.
Les traditions du culte africain devinrent difficiles à se conserver dans cet effort conscient ou inconscient d'assimilation.

On commença par chercher non point seulement des
analogies rituelles entre les deux religions, mais à identifier
les déités du Vaudou avec les principaux saints de l'Eglise.
On alla jusqu'à prescrire l'obligation d'une même pratique
des sacrements des deux cultes pour avoir droit à la faveur
des dieux du Vaudou.

Quant aux menues dévotions telles que ports de scapulaires, vœux, neuvaines, usages de bougies, messes de requiem,
etc., elles trouvèrent l'emploi le plus fécond dans les ordonnances rituelles du *Hougan* prescrites à ses fidèles parce
qu'elles s'harmonisèrent promptement avec les plus intimes
tendances du Vaudou. Et une transformation insidieuse, lente
entama les fondements mêmes de l'antique croyance. Et
maintenant, elle ne repose plus seulement sur la puissance
spirituelle, latente ou formelle que contient tout être et tout
phénomène de notre univers, elle n'implore plus les Forces
Naturelles douées de conscience et de volonté, *elle enseigne
que le monde est régi par un Etre Suprême qui délègue sa
puissance à des esprits intermédiaires auxquelles il faut payer
hommages et révérences. Elle dit que les hommes ne sont
pas seulement faits de chair et d'os, ils sont aussi composés
d'une partie immatérielle, d'une âme, qui, par delà la mort
et malgré son impondérabilité, a besoin de l'assistance des
vivants pour remplir l'autre condition inconnue, insoupçonnée
de son existence supra-terrestre. Que si les vivants faillaient
à cette tâche, les âmes non seulement seraient tourmentées
là-haut, mais descendraient ici-bas tourmenter les vivants.*

Tels sont les deux pôles de la nouvelle croyance. Aussi

bien, comme ils sont conformes à l'orthodoxie catholiqu', sui
bien des points, il n'est pas étonnant que les fêtes dv calendrier romain aient été adoptées et pratiquées comme leurs
propres fêtes par les adeptes du Vaudou qui agrémentent le
rituel de l'église de cérémonies observées selon les traditions
et au temple des dieux du Vaudou. Au surplut, par une opération paradoxale, à l'envi, on a confondu tout bonnement la
dénomination des saints et des fonctions dans les deux cultes
— simple traduction d'un langage liturgique à un autre.

Jusque-là, il ne semble pas que le travail d'assimilation
ait rencontré de difficultés insurmontables tout au moins quant
au choix des époques propres à la célébration des fêtes.

Nous avons dit précédemment que dans le culte du Vaudou, les fêtes perpétuent le souvenir et constituent des symboles de cérémonies agraires et propitiatoires. Et c'est pourquoi elles marquent le rythme des saisons : fêtes de semailles
au printemps, fêtes de la moisson en automne.

Mais n'est-ce pas une des acquisitions définitives de
l'exégèse moderne de démontrer que « la Pâque est la fête du
printemps et du renouveau ; la Pentecôte, la fête de la moisson ; la fête des Tabernacles est la fête de la récolte des fruits
et de la vendange. L'interprétation spirituelle est venue
après ». (1).

Mais alors, comment empêcher que par une démarche
involontaire peut-être de ces liaisons préétablies soit sorti le
choix des vaudouisants qui placèrent leurs deux principales
époques de fêtes aux deux époques caractéristiques de l'année :
au printemps, avant ou après la Pâque chrétienne, fête du
renouveau, fête de semailles, à l'automne, avant ou après
la Toussaint, fête de la moisson, époque principale du « manger yame », époque des services propitiatoires aux âmes des
ancêtres.

Or, il n'est pas téméraire d'affirmer qu'aucune cérémonie
religieuse de l'Eglise n'est plus fidèlement et plus scrupuleu-
sement observée d'un bout à l'autre du pays que celle de la
fête des Morts.

(1) A. Loisy: La religion d'Israël, p. 106.
Cf. A. Loisy: Le sacrifice, p. 96.
James Georges Frazer: Adonis (Etude de religions orientales comparées,
p. 174).
Salomon Reinach: Orphéus, p. 271. Nathan Söderblom: Manuel d'histoire
des religions, p. 19.

Du plus humble individu au plus opulent personnage, du plu, pauvre paysan au bourgeois le plus cossu, du plus modeste hameau aux plus somptueuses villes, chacun, au jour des morts, obéit à la commune pensée d'honorer les disparus d'un souvenï. plus ému, de rendre plus effective, au moins pendant quelques heures la solidarité mystérieuse et sacrée qui relie ceux qui ne sont plus à ceux qui sont encore — solidarité que rien ne saurait détruire, ni la volonté des hommes et le panache de leur vanité, ni l'indéfini de l'espace qui disperse et divise, ni les ruines émouvantes qu'engendre la durée et qui estompent le souvenir et le volatilisent. Mais selon que la pensée obéit au rythme supérieur des abstractions ou s'alourdit en perceptions rudimentaires, chacun solennise le jour des morts à sa façon.

Le catholique peut ne garder que la forme spirituelle du souvenir — simple évocation des heures ternes ou vermeilles passées ensemble dans la joie ou la souffrance, tandis que le vaudouisant presque toujours le concrétise en offrandes rituelles. Au demeurant, l'un et l'autre se rejoignent dans la communauté de sentiments sur lesquels reposent leurs gestes apparemment dissemblables.

Cependant, malgré la place unique que tient la fête des morts, dans la nouvelle économie vaudouesque, rien ne marque davantage l'empreinte catholique sur l'évolution du vieux culte que la solennisation de quelque fête paroissiale où s'associent en égale ferveur les fidèles indistincts des deux croyances.

A notre gré, deux paroisses se disputent la faveur populaire : Limonade et Ville-Bonheur.

Limonade, placée à proximité du Cap dans la basse plaine, est consacrée à sainte Anne et draîne le pèlerinage des populations du nord et du nord-ouest.

Quant à Ville-Bonheur, elle est haut perchée sur la ligne montagneuse qui étire la sierra occidentale du Cibao vers le Golfe de la Gonave, jusqu'à la pointe de Saint-Marc. Ville-Bonheur est un don de Saut-d'Eau et Saut-d'Eau, jailli de la pente dénudée de Doscale est, à son tour, un présent de la Tombe. La rivière, dans sa hâte fébrile de rejoindre la vallée de l'Artibonite, bondit en multiples cascades, resserrée, étranglée dans les fentes étroites de la montagne et s'impatiente en rauques mugissements contre les pitons qui renvoient à d autres la vague déferlante de ses eaux. Nombreux sont es rocs qui se dressent devant elle. Elle fond dessus en masses haletantes jusqu'à ce qu'enfin un plateau de faible amplitude lui fouille des canaux de terre grasse où elle étale la glace limpide de ses courants. Mais le plateau n'est qu'un mince ruban de terrain taillé dans les flancs de la montagne et qui se détache sur des centaines de mètres en vives cassures, flanquées de précipices. La *Tombe* prise au filet des canaux, s'engage sur la route des précipices et face au sud, déverse sur les pentes de la vallée la nappe scintillante et translucide de ses eaux.

C'est cet incident de la course qui constitue le « Saut d'Eau », la plus belle, la plus haute, la plus somptueuse chute dont nous ayons été dotés par la prodigue nature. Elle a donné son nom à la région qui l'environne et qu'elle domine soit qu'on entende à distance la plainte âcre des éléments cinétiques lancés en furieuse sarabande par delà la coupe des pitons dans le creux des vallons, soit que, de loin, on découvre la chute merveilleuse dans l'ensoleillement des gouttelettes irrisées, féérique dans l'éblouissement métallique de ses ruissellements. Alors elle paraît immobile, figée, très semblable à une image en cristal de roche sertie dans la sombre verdure de la montagne.

Cependant le plateau s'étage et descend en lentes gradations vers l'est où se confondent les replis du terrain avec la courbe molle des collines de *Trianon*. Mais avant que d'atteindre la plus grande boucle de la *Tombe*, reformée au delà de la chute, le plateau offre la généreuse hospitalité de son sol humide à un groupement de maisonnettes assez capricieusement alignées où vit une population rurale de quelques centaines d'habitants. C'est là qu'apparut, un jour, la bienheureuse du Mont-Carmel. Et c'est là qu'en souvenir du miracle s'élève Ville-Bonheur.

Une modeste chapelle est dédicacée à la Vierge — très modeste, en vérité, dans sa fruste architecture de bois mal équarris, de nefs palissadées en planches mal dégrossies, de toits en tôles ondulées où se condense la chaleur des étés brûlants qu'aucun plafond n'épargne à la troupe compacte des fidèles.

, u transept, la statue de la Vierge est parée d'un grand sautoir en or, son autel entouré d'ex-voto divers...

Ville-Bonheur attire une foule invraisemblable de pèlerins. Elle est devenue célèbre depuis le jour où la République dominicaine ayant fermé ses frontières au peuple de croyants qui venait tous les ans, en adoration de l'Alta Gracia dans la fameuse grotte de Higuey, la dévotion haïtienne se déversa vers l'humble bourgade où se fit l'apparition de la bienheureuse du Mont-Carmel. Le pittoresque du lieu, l'étrangeté impressionnante du décor, la magnificence de la chute — tout contribua à rendre le pèlerinage de plus en plus dense chaque année. Mais alors, son caractère catholique s'en trouva profondément altéré grâce au voisinage de la chute parce que les dieux du Vaudou habitent aussi bien l'espace inaccessible que la profondeur insondable des eaux, parce que l'esprit, Maître de l'eau, choisit sa résidence en tout lieu où jaillit une source et où se magnifie quelque phénomène hydraulique. Saut-d'Eau ne pouvait être que le palais éblouissant de quelque entité divine. Depuis, un double courant mystique conduit la foule vers Ville-Bonheur où les miracles se multiplient dans tous les ordres. Ils sont particulièrement fréquents à certaines places désignées par la piété des fidèles. C'est ainsi que non loin de l'humble chapelle, dans une palmeraie qui couvre quelques petites sources fraîches de son ombre ajourée, et pendant de longues années, vers le 16 juillet, la production des miracles marque cet endroit d'une auréole sacrée.

Ce fut là, en effet, parmi les hautes branches, à la cîme panachée du palmier royal, qu'apparut Notre-Dame du Mont Carmel, Reine du Ciel, désormais Vierge de Saut-d'Eau. Ce premier miracle fut la condition d'autres miracles mineurs. Les sourds entendirent, les aveugles virent, les paralytiques marchèrent. Mais voici qu'aux pieds des arbres, parmi les bougies de la pénitence chrétienne, s'allumèrent d'autres bougies en illumination d'autres ordonnances, et parmi la rosée scintillante de l'herbe grasse se multiplièrent les offrandes alimentaires aux dieux du Vaudou. Et, sans doute, la voix des pèlerins catholiques, en nappes sonores, invoquait les grâces de la Vierge, mais aussi parmi les chants liturgiques s'exhalèrent des hoquets, des gémissements, des nasillements volubiles d'écholalie qui marquèrent également les crises de

possession théomaniaque, les extases du mysticisme vaudouesque. Et toute cete foule dense, les yeux levés ·u ciel,
était chaque fois, dans une angoisse si oppressante qu'il
suffisait qu'une poitrine plus oppressée laissât échapper le
cri de « Miracle » anxieusement attendu de t /us pour que
tous les yeux, à la même seconde, vissent, ' .-haut, l'image
de la Vierge, parmi les branches ajourées des palmes sacrées,
dans la clarté lumineuse du ciel bleu. Et le miracle se réper-
cutait en vagues déferlantes sur la foule qui s'en allait hur-
lant, bêlant le miracle. Et les sourds entendaient et les aveugles
voyaient et les paralytiques marchaient.

Et chaque fois, le lent écoulement de la foule se canali-
sait vers la chapelle, en première station, se confondant avec
le flot humain qui montait par la même route vers la chute
en instance de l'autre phase de la dévotion. Car, là aussi
s'accomplit un pèlerinage obligatoire de piété et de curiosité.
Là aussi des centaines de fidèles, nus dans le décharnement
des anatomies flasques, travaillées par la ruine impitoyable
des ans ou dans le modèle des chairs jeunes dont la riche
carnation révèle la beauté des lignes, là sous le fouet électrique
du jet d'eau, essayant de résister à la trombe massive préci-
pitée des hauteurs, des centaines de pèlerins sont saisis, tous
les ans, au 16 juillet, par les dieux du Vaudou qui en font
temporairement leur proie. De cascades en cascades, les
possédés titubent, tombent, roulent et leurs clameurs se
confondent à la clameur des eaux et leur voix n'a plus rien
d'humain tandis que dans leur chair transie frissonne la puissance du dieu :

Nec mortale sonans...

...Jam propriore dei.

D'autres allument des bougies aux pieds des arbres,
accrochent des cordelettes et des mouchoirs aux branches
flexibles. Cependant que des offrandes alimentaires gisent en
d'innombrables ustensiles à l'ombre humide des grands arbres.
Saut d'Eau et Ville-Bonheur associent dans la même dévotion
des milliers de pèlerins dont quelques-uns sont de purs catholiques, dont quelques-uns sont des âmes inquiètes où un
catholicisme d'apparat s'étaie sur la foi du vaudou, dont
enfin beaucoup sont de purs vaudouisants L'association des
deux croyances est quelquefois si choquante aux yeux des purs

catholiques que ceux-ci manifestent leur colère avec violence, quelquefois contre tous les païens qui profanent impudemment le nouveau sanctuaire de la foi chrétienne.

Et d'ailleurs, l'autorité religieuse d'abord prudente en ce qui concerne l'authenticité des apparitions miraculeuses dans les palmes sacrées, prit enfin le parti de les nier formellement et puisque la foule s'obstinait malgré tout à forger des miracles tous les ans, au même endroit, elle résolut de couper court à toute équivoque en mettant le feu au tronc de quelques palmiers. M. l'abbé L... prit l'initiative de cette opération et s'attira les malédictions de la foule. Etrange coïncidence, on raconte qu'il perdit la raison à la suite de l'aventure.

Et les pèlerins attribuèrent sa folie à une vengeance des dieux... ou de la Vierge. Mais d'autres palmiers aussi majestueux, aussi hautains que les premiers tinrent la gageure. Evidemment la foule persista à y constater de nouvelles apparitions, peut-être plus évidentes, peut-être plus belles que les précédentes à cause même de l'hostilité de l'Eglise. M. l'abbé C... successeur du père L... gendarma le loyalisme de ses fidèles, requit l'assistance du bras séculier et fit abattre tous les palmiers imposteurs. Quelle imprudence, Seigneur ! Quelle provocation contre toutes les forces inconnues que le commun des hommes redoute et dans lesquelles il place l'immanence des malheurs qui l'accablent !

Contre qui maintenant va se tourner la colère divine, se demandait-on apeurés ?

Et c'est pourquoi la foule, affolée par le sacrilège de l'abbé C..., implora le pardon des divinités offensées en sourds gémissements et ce fut au rythme des oraisons liturgiques qu'elle se rendit processionnellement à la chapelle. Avec ferveur elle sollicita la miséricorde de la vierge. Pourquoi ? Elle ne le savait plus. Peut-être était-ce pour effacer l'outrage du bon pasteur qui avait cependant agi dans la plénitude de son autorité sacerdotale. Peut-être avait-on l'obscure intuition que l'abbé C... avait tout de même outrepassé la limite de ses droits ? En tout cas, l'action immédiate commandait un aveu public et collectif de culpabilité. Et c'était tout cela que la foule exhalait en sourds gémissements, agenouillée sur la terre battue de l'humble sanctuaire...

Nouvelle coïncidence. M. l'abbé C... fut frappé, peu
après, d'ankylose des membres inférieurs. N'était-ce pas
encore un miracle ?

En vérité, il ne fallait pas demander à la crédulité des
hommes de s'enquérir sur l'état de santé antérieur des deux
prêtres. N'étaient-ils pas déjà souffrants avant l'opération
radicale qu'ils entreprirent pour élaguer la religion dont ils
sont le ministre des scories d'un culte qu'ils abominent ? Nul
ne se montra soucieux d'un contrôle scientifique pour expliquer ce qui parut un choc impertinent contre le bon sens et
la raison. La mentalité mystique s'empara du fait brut et lui
donna l'interprétation de la logique affective. Et la notion du
miracle s'incrusta davantage dans la crédulité de la foule
avide de merveilleux. Cependant il ne faudrait pas conclure
de cette réflexion que nous nions, « le miracle » ou du moins
que nous repoussons la répercussion d'un choc moral sur
l'organisme. Ce serait réduire la question à un schéma trop
simple. Il ne semble pas, au contraire, qu'il y ait un phénomène d'un complexe psychologique plus riche que celui du
miracle. Que les apparitions mystérieuses soient un produit
de l'imagination collective déterminé par cette psychose des
foules dont les psychologues nous donnent l'analyse, nous
en sommes très certain. Mais que, dans ce milieu mystique
de Ville-Bonheur, des malades désespérés aient recouvré la
santé, particulièrement ceux dont le système nerveux était
déficient à leur insu peut-être, nous en sommes tout à fait
certain aussi. Nous ne recueillerons donc l'anecdote des deux
curés qu'avec la plus sévère circonspection.

Non que nous considérions impossible toute relation entre
les accidents dont ils ont été victimes et l'action dont ils
furent les protagonistes.

Mais dans cet ordre de faits, il serait insensé de nous en
rapporter au témoignage d'autrui. Il faudrait soumettre les cas
dont il s'agit au crible du plus rigoureux examen. Même
jusque-là, beaucoup d'éléments nous échapperaient et nous
savons à quelle somme de raillerie, de colère, voire de dédain
nous nous heurterions, si nous voulions pousser une enquête
rigoureusement scientifique dans ce sens. Il faudrait pouvoir
faire admettre à priori que les mêmes lois régissent les phénomènes psychologiques qui déroutent notre pauvre raison lors-

qu'à la suite d'un choc émotionnel notre organisme subit une
telle dét ite qu'il s'en trouve altéré dans l'équilibre statique
dont est fait le mystère de la vie. Au surplus, chaque fidèle
admet bien le miracle en ce qui concerne les possibilités
surnaturelles d son culte et conteste celles du voisin. A plus
forte raison, l'E. lise considérerait d'une folle outrecuidance,
la prétention de l'observateur qui voudrait établir une relation de cause à effet entre les accidents — si d'aucuns furent —
dont les prêtres furent victimes et l'action qu'ils entreprirent
contre la foi populaire. D'autre part, quoiqu'elle dise ou
veuille, l'Eglise sait bien qu'elle n'a pas le monopole des
miracles dans l'ordre des guérisons retentissantes, inespérées
et inexplicables. Sans mettre en avant les pratiques du magnétisme animal sur lesquelles de nombreuses observations ont
été recueillies, en dehors des faits d'hypnotisme sur lesquels
nous sommes bien renseignés, il est intéressant de rappeler
à la suite de Charcot et de Pierre Janet (1), que les guérisons
miraculeuses étaient connues dans l'antiquité avec le même
caractère plus ou moins probant que de nos jours à Lourdes.
Ainsi, en Grèce, à Epidaure, le sanctuaire de l'Asclepieion
était célèbre par le nombre considérable de pèlerins qu'il
attirait, et par les cures merveilleuses qui s'y perpétraient.
Une statue du dieu placée au fond du temple recevait les
pieux hommages des fidèles venus de toute part. Un collège
de .fonctionnaires servait à la discipline des cérémonies au
cours desquelles s'opéraient les miracles et des prêtres étaient
préposés à interpréter les signes, les réponses par quoi la
divinité rendait ses oracles. Des. médecins étaient placés en
bonne situation pour attester l'authenticité des cures. Partout
d'ailleurs, se remarquaient des ex-voto en témoignage de la
gratitude des miraculés.

Entr'autres des inscriptions ont été conservées qui nous
révèlent certaines particularités des guérisons obtenues comme
dans les plus fameuses grottes actuelles.

En voici une : « Un aveugle nommé Volérius Aper, ayant
consulté l'oracle, en a reçu pour réponse qu'il devait mêler
le sang d'un coq blanc avec du miel et en faire une pom-
made pour se frotter l'œil pendant trois jours. Il recouvra

(1) Pierre Janet: Les médications psychologiques (1er volume, p. 13).

ainsi la vue et vint remercier le dieu devant tout le peuple. Un phtisique, Lucius, prit des cendres de l'autel, les mélangea avec du vin et s'en frotta la poitrine, il fut immédiatement guéri de sa consomption et la multitude s'en réjouit avec lui ».

Il semble que ces deux exemples, qui pou·.aient se multiplier par beaucoup d'autres, prouvent que, rans cet ordre de faits, il entre des éléments complexes de psychologie dont on ne peut encore se flatter de connaître le mécanisme. Dans tous les cas, il paraîtrait qu'il y a des parités de conditions pour rendre possible la production du phénomène. D'abord, un certain état de tension psychologique, l'attente d'un je ne sais quoi qui dépasse le normal et le naturel ; et lors même qu'on a l'air d'en douter, on en éprouve pas moins la crainte, l'obsession que cela n'arrive tout de même ; puis, l'emprise du milieu humain c'est-à-dire la pression qu'exerce sur vous la croyance anxieuse de la multitude où se répètent à satiété les récits les plus fantastiques des prodiges qui se sont accomplis ou qui viennent de s'accomplir, la fatigue physique et morale déterminée par les longs voyages, les stations de pénitence, le jeune, la prière. Tout cela constitue un état mental, une préparation spéciale, un terrain spécifique très propre à l'accomplissement des phénomènes extraordinaires des guérisons miraculeuses.

De telles conditions ne se retrouvent-elles pas tout entières à Saut-d'Eau naguère à l'ombre sacrée des palmes, aujourd'hui encore aux sources lustrales de St-Jean, toujours au décor merveilleux de la chute parmi la foi des multitudes subjuguées de terreur, palpitantes d'enthousiasme, angoissées d'espérance ?

Ah ! il faut avoir eu comme nous la vision de ces multitudes assoiffées d'espérances, anxieuses dans l'attente des miracles pour comprendre le déclenchement de pareils phénomènes. Nous avons gardé comme des instantanés, les notes recueillies récemment sur les mouvements de la région et qu'on nous excusera de reproduire ici.

Ville Bonheur, 16 juillet 1926.

C'est aujourd'hui la glorification de la Vierge de Saut d'Eau. C'est également la plus grande fête des sources de St-Jean et c'est surtout le pèlerinage aux merveilles de la

chute. La foule bigarrée à souhait grouille dans la rue qui
mène à .a Chapelle et au Saut. Elle se tasse et se presse dans
un fourmillement innombrable et saisissant. Elle est singulièrement composite et pourtant très semblable à elle-même dans
son unité psyc'ologique et miraculaire. On la croirait pareille
au moutonnemei t des vagues dont une lumière ardente accuse
les paillettes multicolores. Pèlerins, curieux, vadrouilleurs,
dévots, marchands de plaisirs, paysans endimanchés, bourgeois superstitieux, ils sont tous là se bousculant, se poussant,
s'impatientant, mais résolus à avancer vers ce je ne sais quoi
qui est de l'autre côté de la rue — tout à fait au bout du
sentier — vers la chapelle ou la chute. Et ce sont eux tous
avec leur formidable instinct grégaire qui composent la foule.
Les voyez-vous ceux-ci, de pauvres malades, émaciés de souffrance, haletants sous les griffes de la syphilis ou de la tuber-
culose, ceux-là des professionnels de la mendicité, hagards
de misère, empuantis dans leurs vêtements effilochés et leur
peau ulcérée de vermines. Voici venir le troupeau des filles
publiques qui n'ont plus d'âge, usées par l'âpre débauche
monnayée, puis des paysans garrotés de dévotion sous le
bariolage multicolore de leur vareuse, en *sapates* de pénitence
— tous pèlerins de douleur en instance de rédemption. Un peu
plus loin ce sont des campagnardes en robes votives de coton-
nade bleue, blanche ou grise, cordelettes en bandoulière.
Quelques-unes parées d'amples vêtements agencés par de multiples morceaux multicolores, les uns aux autres ajoutés avec
un art subtil et singulier, ressemblent à des nonnes échappées
de quelque étrange couvent. Mais, les dominant tous par leur
provocation au tumulte et au désordre, voici que se détachent
les jeunes gens, déserteurs occasionnels des dancings port-au-
princiens, que la débauche crapuleuse rejette dans la clientèle
des bals publics à bon marché, fêtards qui portent dans leurs
yeux caves la souffrance stupide des nuits sans sommeil,
jouvenceaux en apprentissage de l'amour vénal et qui trouvent
dans cette unique journée du 16 juillet l'occasion tant attendue
de jeter leur gourme en profusion épuisante et lascive. Et
comment dire la détresse des tout petits, le piaillement des
marmots juchés sur les épaules de leur mère parmi la houle
profonde, emmenés là en hommages de gratitude envers la
divinité qui fut compatissante aux vœux des couples stériles,

comment dire la musique plaintive de leurs voix perdues dans
le bêlement du troupeau humain ?

La foule est si dense qu'elle donne une vision de piétinement. Cependant dans le désordre apparent des déplace-
ments se dessine une discipline. Le flot accuse un mouvement
de flux et de reflux : ceux qui montent vers la chute ou la
Chapelle et ceux qui en reviennent. Dans la rue où la ligne
géométrique s'ébauche, hésite et s'achève en dessins informes,
les appels gloussent, glapissent ou fusent en rires ébrieux,
en cascades de jurons, en mots de gaieté ou de colère, et
le grondement des mille voix, rythmé par le battement sec
des tambours de dancing ajoute comme un écho d'orages
lointains sous le ciel bas que raie la fuite des éclairs. C'est
vrai que de toute part le grain s'annonce. La chaleur suffo-
cante provoque l'appréhension d'une débâcle imminente. Et
voici que de la région des lacs, les nuages se précipitent en
masses lourdes et noires vers le faîte des montagnes et roulent
en prodigieuse vitesse sur Ville-Bonheur où crève l'orage
enfin.

Alors la foule, comme un bétail désordonné frappé de
terreur panique, se rue sur les maisonnettes trop peu nombreuses pour la contenir. Et ce fut une effarante bousculade
parmi des cris, des rires, des jurons sous la pression de
l'averse. Et le grain rapide, dru, torrentiel, enveloppa le
paysage d'une brume épaisse et humide. Et cela aussi fut
un miracle, une pluie de bénédictions, disaient les bonnes
femmes. Cependant que la nuit se précipitait hâtive et que
dans l'indistinct des ombres, les torches indiquaient qu'au
son des cuivres fatigués, les pèlerins continuaient l'orgie
païenne de la fête de Saut d'Eau.

Les émouvantes particularités que nous venons de signaler sont-elles propres au milieu haïtien et exclusives au Vaudou ? Qui oserait le prétendre. Il semble, au contraire, qu'on
soit presque autorisé à ériger en principe que, quelque soit
le milieu dans lequel vivent deux ou plusieurs religions côte
à côte, il est fatal qu'elles se compénètrent et qu'elles réagissent les unes sur les autres indépendamment de la volonté
des hommes. Et le phénomène est d'autant plus évident que
le milieu est plus primitif et que l'Etat se mêle de protéger
l'une des religions aux dépens des autres. L'histoire des reli-

gions est pleine d'enseignements qui confirment la justesse de cette proposition. Et s'il nous fallait des exemples, nous en puiserions dans l'histoire du christianisme qui nous est plus familière.

Quel spectacle le monde antique ne nous offre-t-il pas du 3e au 4e siècle au moment où le christianisme triomphant absorbe le paganisme agonisant ? Le christianisme y est-il parvenu dans la pureté et l'intégrité de sa doctrine originelle ?

Ne s'est-il pas, au contraire, assimilé quelques-unes des idées, des notions sur lesquelles était édifiée la pensée antique ? (1). Dans sa conquête de l'empire romain, n'a-t-il pas concédé au paganisme un peu de sa transcendance morale, et afin de mieux s'adapter les nouveaux convertis appartenant aux hautes sphères de la société, l'effort des théologiens n'a-t-il pas consisté à concilier les doctrines de l'Eglise avec les spéculations de la philosophie. Et cet effort d'adaptation, cette transition d'une foi à une autre, ont été tels qu'on a pu révéler dans les œuvres d'apologétique chrétienne combien les docteurs de l'Eglise venus des écoles de la philosophie grecque ont gardé les formes de la pensée, le mode du raisonnement, les tendances de l'esprit acquis dans le milieu intellectuel où ils avaient vécu. En devenant chrétiens, ils mettaient toutes les ressources de la dialectique grecque au service de la métaphysique chrétienne. Et la remarque offre encore un intérêt plus saisissant et plus immédiat si l'on s'arrête à la conversion des masses païennes au christianisme. Là, le conflit des croyances ne s'attarde pas à la subtilité des compromis intellectuels. L'effort d'adaptation se montre dans la nudité d'une juxtaposition des deux croyances sur le plan des rites dont la survivance païenne persiste dans la célébration de certaines cérémonies chrétiennes. Tel est le cas si curieux rapporté par Gaston Boissier dans son étude sur Saint-Paulin de Nole (2). Paulin, qui appartenait à une famille très ancienne et très riche de la Gaule romaine, avait acquis le goût des belles lettres avant sa conversion au christianisme. Mais, lorsqu'il fut illuminé par les vérités de sa nouvelle foi, il rechercha la solitude, quitta les bords de la Garonne où il

(1) Cf. Ch. Guignebert : Le Christianisme antique.
(2) Gaston Boissier : La fin du paganisme, II vol. pages 95 et suiv.

était né, se réfugia en Espagne d'abord, puis à Nole, dans la Campanie romaine où se trouve le tombeau de St-Félix dont on célèbre la fête tous les ans, au 14 janvier.

Paulin y mena une vie d'ascète, ne quitta plus la petite communauté dont il devint l'évêque, et rédigea en vers la vie du bienheureux dont la fête faisait éclore tant de prodiges chaque année. La dévotion au tombeau de S-Félix était éminemment populaire. Le saint passait pour être exorable à la prière des humbles. Des milliers de pauvres gens venus de toutes les parties de l'Italie se rendaient à Nole. Saint-Félix opérait des miracles particulièrement sur les possédés qu'il débarrassait de leur obsession. Paulin nous a laissé une excellente description de l'état dans lequel ces malheureux approchaient de la basilique de Nole. « Leurs dents grincent, dit-il, « leurs cheveux se hérissent, leurs lèvres sont blanches « d'écume, leurs corps tremble, leur tête s'agite d'un mou- « vement vertigineux. Tantôt ils se prennent eux-mêmes par « la chevelure et s'élèvent en l'air, tantôt ils se pendent par « les pieds ». Il suffisait aux possédés de s'approcher du tombeau de St-Félix pour qu'ils fussent guéris malgré la persistance avec laquelle le démon s'attachait à eux quelquefois. Mais le côté le plus curieux de cette fête populaire, c'était l'attitude de la foule. « Elle se compose, nous dit-on, surtout « de paysans, c'est-à-dire des derniers qui soient venus au « christianisme, de ceux qui s'étaient séparés avec le plus de « regrets et après tous les autres de la vieille mythologie. « Aussi n'étaient-ils encore chrétiens qu'à moitié. Ils gardaient « avec obstination beaucoup de pratiques de leur ancien « culte qu'une longue habitude leur avait rendues chères. Ils « arrivaient à Nole en famille, avec leurs femmes, leurs en- « fants et quelquefois leurs bestiaux. Ils continuaient à croire « qu'il n'y avait pas de meilleur moyen de se rendre la divi- « nité favorable que de lui faire des sacrifices sanglants, et « ils s'empressaient d'offrir à St-Félix le mouton ou le bœuf « qu'ils immolaient autrefois à Jupiter ou à Mars. Comme ils « venaient de loin, ils arrivaient le soir et passaient la nuit « sans dormir pour se préparer à la fête du lendemain. C'était « un souvenir de ces *pervigilia* ou veillées sacrées qui précé- « daient les grandes cérémonies païennes, ces veillées, ils ne « les consacraient pas à la prière et au jeûne, comme il eut

« été convenable de le faire, ils les passaient en joyeux fes-
« tins, ce qui était encore une tradition ancienne que l'Eglise
« avait supportée sans rien dire pendant deux siècles... »

Il semble qu'il eut été paradoxal de contester l'analogie
entre la célébration de la fête de la Vierge de Saut d'Eau et
celle de Saint-Félix de Nole. Bien plus, on peut trouver dans
le mécanisme des deux dévotions les mêmes tendances de
l'esprit humain en quelque lieu qu'elles se révèlent et quelles
que soient les croyances qui en fassent l'objet, de s'accom-
moder paresseusement des conditions les plus inconciliables
de la foi en des divinités différentes pourvu que ces conditions ne violentent point des habitudes de pensée, des démarches séculaires de la logique affective, certaines routines
cultuelles, en attendant que de la transformation lente des
idées s'éliminent peu à peu les agrégats des plus anciennes
croyances et que du fond commun s'élèvent les nouvelles
raisons de croire. C'est ce moment transitoire, cette démarche
hésitante de la pensée populaire haïtienne que nous avons
voulu saisir et mettre en évidence. Elle nous paraîtra encore
sous une forme très suggestive par la tentative qu'on a faite
d'identifier quelques dieux du vaudou avec des saints du
catholicisme. N'est-ce pas que cette propension du sentiment
populaire donne un sens ascentionnel aux tendances actuelles
du Vaudou ?

D'abord faisons une réserve. Les dénominations que nous
allons mentionner n'ont rien d'absolu. On entend déclarer
qu'elles peuvent varier d'un point à l'autre du pays. Seules
les principales divinités vaudouesques ont trouvé dans le
paradis catholique une incarnation chrétienne intangible.
Dans tous les cas, nos dénominations valent pour le Nord du
pays où elles ont été soigneusement recueillies.

La première incarnation est celle de :

Legba, le grand maître, le père, le dieu familier des
Dahoméens qui est devenu *Saint-Antoine* (probablement Saint-
Antoine l'ermite parce que le saint est représenté non plus
avec un porc mais avec un coq noir comme fidèle compagnon).

Ce sont ensuite :

Ougou Balindjo devenu *Saint-Jacques-Majeur;*
Agomme Tonnerre devenu *Saint-Jean-Baptiste;*

Daguy Bologuay devenu *Saint-Joseph,* auquel on adresse la prière suivante : « Saint-Joseph, conduisez-moi s''i vous « plaît comme vous avez conduit Marie en Egypte. Je ne « mérite pas cette faveur, il est vrai, mais je suis votre « enfant ».

Le *Roi d'Aouèseau* devenu Saint-Louis (Roi de France) ; *Grande Mambo Batala* devenue *Sainte-Anne* ;

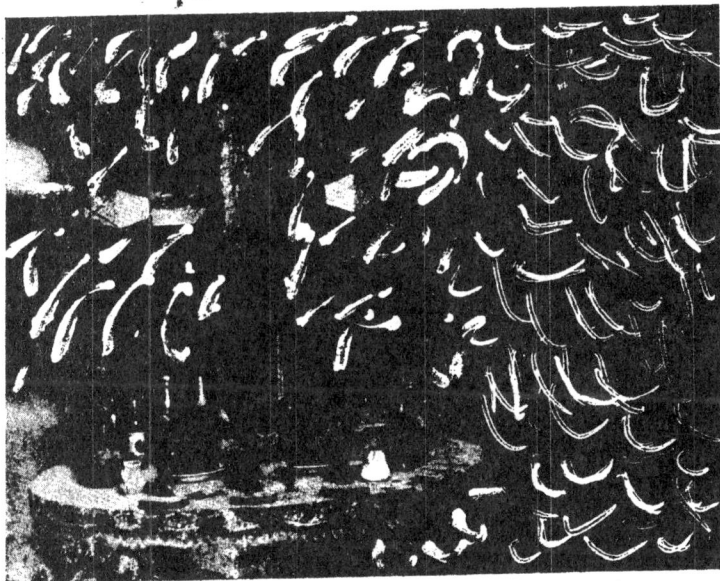

Un autel des dieux du Vaudou orné de croix.
Collection du Dr Arthur Holly.

Maîtresse Erzulie devenue la *Sainte Vierge* (plus spécialement la Sainte Vierge de la Nativité) ;

La *Sirène* devenue *l'Assomption* ;

Pierre d'Ambala devenu *Saint-Pierre.*

Il est évident que l'Olympe vaudouesque est chargé d'une plus riche déité. Nous n'avons voulu citer ici que les dieux dont les attributs et les noms ont été confondus avec les saints du calendrier romain.

Il en existe d'autres, des dieux mineurs, si nous pouvons

ainsi dire, qui ont trouvé leurs correspondants parmi les bienheureux de l'Eglise. Ceux que nous avons désignés sont les
plus grands et occupent le premier rang dans le syncrétisme
vaudouesque. D'autre part, ce travail sournois d'identification
a donné naissance à une littérature de bas étage dont les
oraisons popula. es sont la plus louche production. De quoi
sont-elles faites, ces oraisons ?

Quelques-unes sont composées de pieuses formules ap-
prouvées par l'autorité ecclésiastique et inscrites dans les meilleurs rituels. D'autres empruntant le ton général des formules
autorisées, invoquent l'intercession des saints dont les noms
ne se trouvent nulle part et entassent un tissu de lieux communs et des propos grotesques qui sont les pires caricatures
de la prière. Presque toutes s'adressent d'ailleurs aux Saints
véritables de l'Eglise avec ces airs engageants de promesses
conditionnelles qui dénotent la plus fruste conception de la
divinité : *Do ut des*.

En veut-on des exemples ?

Oyez l'Oraison à Saint Roi Degonde (Sainte-Radegonde).
« Recette ».

« Le jour du brave est lundi et le samedi vous irez au
« cimetière allumer des bougies et dire votre prière. Brave,
« je mets ma personne entre vos mains, Cher Brave, tout
« est dit.

« Oraison ».

« Sainte-Radegonde, Brave et Brave Baron Samedi, gar-
« dien du cimetière, Grand Saint, vous avez eu le pouvoir
« de traverser le purgatoire, donnez à mes ennemis une
« occupation quelconque afin qu'ils puissent me laisser en
« paix. Jésus qui est maître de tout, qui jugez les vivants et
« les morts, jugez cette cause pour moi, âmes ennemies, ren-
« versez leur complot sur eux-mêmes. Croix, Sainte Croix,
« sanctifiez les Juges, convertissez les pécheurs. Grande Sainte-
« Radegonde, Reine des âmes du Purgatoire, qui avez tra-
« versé le purgatoire pour délivrer, délivrez-moi de ceux qui
« me poursuivent. Je vous promets un Pater. Priez votre
« âme de me délivrer ».

L'accumulation de sottises, la trivialité du langage, les
lourdes incorrections que révèle cette rédaction, dénotent le

milieu dans lequel et pour lequel elle a été écrite. Par contre,
la vogue extraordinaire dont jouissent les oraisons, dit élo-
quemment combien les masses populaires croient en leur
efficacité. Et lorsque, d'aventure, on rencontre une bonne
femme quelque part à l'église, au cimetière, marmottant une
prière, il ne serait pas téméraire d'affirmer que sur ses lèvres
se précipite quelquefois le singulier galimatias des oraisons
à Saint-Joseph « pour lui demander la grâce d'un bon mariage
« parce qu'il fut un bon époux de la sacrée mère de Dieu »,
à Saint Barthole qui « aussitôt que les coqs chantent se réveille
« d'un profond sommeil, prend ses souliers, après avoir lavé
« ses yeux, met son chapeau ainsi que son habit, puis, armé
« de son bâton mabial, sort et gagne le grand chemin ».
Saint-Barthole est propice à ceux qui ont besoin de se dérober
aux recherches de la police.

Mais la pièce qui nous paraît contenir la quintessence
de cette grossière littérature est l'oraison à *Saint Bouleversé*.
Il est inutile de faire remarquer que ce personnage a été
inventé de toutes pièces par la superstition des basses classes
et que les pouvoirs qu'on lui a reconnus sont étroitement
associés à la signification même du nom qu'il porte. En outre,
il n'est pas hors de propos de signaler que l'engouement des
oraisons est plus accentué dans la plèbe des villes que chez
les paysans. La raison en est que probablement dans les villes
se recrute une clientèle dont la culture primaire est une simple
amorce à la connaissance. La magie de la parole écrite quelque incompréhensible qu'elle soit, est souveraine sur ces cer-
veaux mal dégrossis tandis qu'à la campagne où les gens
sont totalement illettrés, seules les traditions orales conservent
leur autorité indestructible et puisque la littérature des oraisons est de date récente, elle est en conséquence plus répandue
dans la plèbe des villes que dans les masses rurales.

Mais, voyons un peu en quoi consiste l'oraison à *Saint-
Bouleversé* :

« Saint-Bouleversé ! vous qui avez le pouvoir de boule-
« verser la terre, vous êtes un saint et moi je suis un pécheur ;
« je vous invoque et vous prends pour mon patron dès aujour-
« d'hui. Je vous envoie chercher un tel, bouleversez sa tête,
« bouleversez sa mémoire, bouleversez sa pensée, boulever-

—

« sez sa maison, bouleversez pour moi tous mes ennemis
« visibles et invisibles, faites éclater sur eux la foudre et la
« tempête. En l'honneur de Saint-Bouleversé, trois Pater.

   « Satan, 'e te renonce, si tu viens de la part du démon,
« que le démo.' t'emporte et te jette dans l'abîme et dans
« l'infernal séjou.

   « Bête méchante, langue de vipère, langue pernicieuse,
« si tu viens de la part de Dieu pour me tromper, il faut que tu
« marches de terre en terre, de coin en coin, de village en
« village, de maison en maison, d'emplois en emplois, comme
« un juif errant, l'insulteur de Jésus-Christ. Seigneur, mon
« Dieu, viens chercher à perdre un tel, afin qu'il soit disparu
« devant moi comme la foudre et la tempête ».

   L'état d'esprit qu'expriment ces pitoyables rédactions
publiées sous forme de tracts n'est pas éloigné de la mentalité
vaudouesque. Il tient l'étape entre une foi et l'autre. Il marque
cette période transitoire, singulièrement trouble où se fait le
mélange des deux croyances. Il est le plus sûr indice de l'anarchie des croyances.

   L'individu sollicité par les deux pôles de la foi penche
d'un côté ou de l'autre selon que la balance des motifs s'incline à chercher du secours plutôt d'un côté que de l'autre.
Cependant, pour être plus certain du succès de sa démarche,
il associe quelquefois les deux divinités dans sa prière étant
persuadé d'ailleurs qu'elles sont fort au-dessus de sa pauvre
raison et qu'au besoin elles peuvent vérifier la pureté de ses
intentions et pardonner à la faiblesse de son cœur. Ainsi donc,
telles quelles, les oraisons marquent un moment de l'élaboration de la pensée religieuse des masses populaires plus
proches de la superstition que de n'importe quelle religion
par leur puérilité mais aussi ardentes que n'importe quelle
autre manifestation à trouver la voie de Dieu par la flagrante
naïveté et l'inflexible bonne foi de ceux qui s'en servent.

   C'est tout ce que nous avons voulu démontrer.

   Un jour viendra où cette forme transitoire aura disparu
au grand regret des philosophes et des ethnographes. Car rien
de ce qui fut un moment la pensée et la conscience d'un
peuple ne saurait périr sans dommage pour l'histoire de la
pensée humaine. C'est pour sauver de la destruction du Temps

ces manifestations de la conscience populaire que nous avons écrit ces essais. Et c'est parce que nous avons trouvé une belle exploitation littéraire de telles traditions dans les « Esquisses Martiniquaises » de Lafcadio Hearn que nous allons maintenant interroger la littérature haïtienne sur l'emploi qu'elle a fait des thèmes de notre folk-lore.

CHAPITRE VII

Le Folk-Lore et la Littérature

Parvenu au terme de notre enquête, nous pouvons jeter un coup d'œil général sur l'ensemble de nos recherches et en tirer quelque enseignement utile à la vie et à l'originalité de notre groupement social.

D'abord, la démonstration n'a pas démenti les prémisses posées au seuil de ces études lorsque nous avancions que notre folk-lore était riche en matières diversifiées.

Contes, légendes, devinettes, chansons, proverbes, croyances, fleurissent avec une exubérance, une générosité et une candeur extraordinaires. Magnifiques matières humaines dont s'est pétri le cœur chaud, la conscience innombrable, l'âme collective du peuple haïtien ! Mieux que les récits des grandes batailles, mieux que la relation des grands faits de l'histoire officielle toujours guindée par la contrainte de n'exprimer qu'une partie de l'insaisissable Vérité, mieux que les poses théâtrales des hommes d'Etat en attitudes de commande, mieux que les lois qui peuvent n'être que des oripeaux d'emprunt mal agencés à notre état social où les détenteurs passagers du pouvoir condensent leurs haines, leurs préjugés, leurs rêves ou leurs espérances, mieux que toutes ces choses qui sont le plus souvent des parures de hasard imposées par les contingences et adoptées par une partie de la nation seulement — les contes, les chansons, les légendes, les proverbes,

les croyances sont des œuvres ou des produits spontanés jaillis,
à un moment donné, d'une pensée géniale, adoptés par tous
parce que fidèles interprètes d'un sentiment commun, devenus
chers à chacun et mués, enfin, en créations originales par
le processus obscur de la subconscience.

Si une ronde enfantine qui ne dépare pas les lèvres de
la patricienne bouffie d'orgueil nobiliaire se retrouve identique
dans la voix émue de tendresse de la paysanne penchée sur
son marmot perdu de sommeil, si une légende qui fait fris-
sonner le muscadin farci des plus récentes théories d'art ou
de science, fait également tressaillir le tâcheron des ateliers
des grandes firmes industrielles, si la croyance que repousse
avec ostentation l'homme grave assis à son comptoir, l'oblige
à douter de la trame naturelle des choses dès que ses affaires
déclinent et le poussent à chercher la justification de son doute
dans la parole amère du personnage shakespearien :

« Il y a sur la terre et dans les cieux,

« Plus de choses que n'en peut rêver notre philosophie ; »
si la même croyance amène peu à peu le bourgeois à com-
munier avec son domestique dans la même crainte de l'inconnu, parce que dans sa cour auront été ramassées des
choses insolites : maïs grillés, feuilles flétries et autres ingrédients, cependant que quelqu'un de son entourage est frappé
par la maladie ou la mort ; si le même optimisme impertur-
bable galvanise l'énergie de chacun aux heures mornes du
découragement parce que chez chacun de nous dans l'élite
comme dans la plèbe, la confiance dans le redressement des
choses d'ici-bas par quelque intervention providentielle forme
le potentiel des actions ; enfin, si cette pensée miraculaire qui
est à la base de la vie haïtienne et lui confère sa marque
propre — la tonalité mystique — si tout cela est puisé dans
le réservoir commun des idées, des sentiments, des faits, des
gestes qui constituent le patrimoine moral de la communauté
haïtienne, la superbe des uns et des autres aura beau se cabrer
contre la solidarité des fautes et des péchés, le bovarysme
des dilettantes aura beau leur dicter des actes de lâcheté et
de mensonge, l'imbécillité des égoïsmes de classe aura beau
déclencher des attitudes d'antipathie et des mesures d'ostra-
cisme — rien ne saura empêcher que contes, légendes, chansons venus de loin ou créés, transformés par nous, soient une

partie de nous-mêmes, à nous-mêmes révélée comme une extériorisation de notre moi collectif, nul ne peut empêcher que des croyances latentes ou formelles venues de loin, transformées, recréées par nous, aient été les éléments moteurs de notre conduite et aient conditionné l'héroïsme irrésistible de la foule qui se fit massacrer aux jours de gloire et de sacrifices pour implanter la liberté et l'indépendance du nègre sur notre sol; rien ne peut enfin empêcher qu'à l'époque de transition et d'incertitude que nous vivons en ce moment, ces mêmes éléments impondérables ne soient le miroir qui reflète le plus fidèlement le visage inquiet de la nation. Ils constituent d'une façon inattendue et ahurissante les matériaux de notre unité spirituelle. Où donc pourrait-on trouver une image plus sincère de notre communauté ?

Quoi donc a jamais exprimé plus complètement l'âme haïtienne ?

Mais alors on a le droit de se demander quel parti l'art et la littérature ont-ils tiré de notre folk-lore ? Et d'abord y a-t-il un art haïtien, une littérature haïtienne ?

Cette dernière question revient périodiquement dans les préoccupations de la presse et, de temps en temps, l'interview d'un homme de lettres la résout par l'affirmative ou la négative C'est un jeu de princes. On nous excusera de trouver cette préoccupation un peu oiseuse. Sans doute, les raisons qui en provoquent l'énoncé résident non point seulement dans la pénurie des œuvres mais dans leur mode d'expression. Parce que l'Haïtien cultivé ne se sert que d'une langue d'emprunt — le français — parce qu'il nourrit sa pensée d'œuvres françaises, parce qu'il s'inquiète, grâce au truchement de la langue de tout ce qui intéresse la vie et la civilisation françaises, on en infère que ses productions littéraires ne peuvent être que des productions françaises. Quelque apparence de fondement que recèlent ces raisons, elles sont insuffisantes pour nous empêcher d'avoir une littérature et un art indigènes.

Certes, si la langue est le véhicule de la pensée et la messagère ailée qui entretient le principal attribut de la vie sociale — l'intercommunication entre les membres d'un même groupe, — elle ne crée pas la pensée elle-même et elle n'est pas non plus son mode exclusif d'expression. Elle n'est qu'un artifice pour traduire les émotions, les sensations, toute la vie intérieure. Encore dans ses multiples modalités, est-elle souvent inférieure et toujours postérieure au geste qui est, lui, l'expression la plus élémentaire des besoins de l'âme.

La langue est fonction de facteurs psycho-biologiques et sociologiques (1) qui expliquent sa genèse, conditionnent son existence, déterminent son évolution et engendrent sa richesse ou sa pauvreté. Elle est, parmi les institutions, celle qui s'adapte le plus à la mentalité du groupe qui en use comme le plus souple instrument de la vie sociale. Mais elle peut être interchangeable. C'est pourquoi des peuples divers parlent quelquefois la même langue sans qu'il y ait entre eux une identité de sentiments et de croyances, communauté de goûts et d'idéal. N'est-ce pas qu'il s'en faudrait de beaucoup pour que les états espagnols de l'Amérique soient de simples décalques de la péninsule ibérique ? A-t-on jamais confondu la littérature anglo-saxonne d'outre-mer avec les productions littéraires d'Irlande ou d'Ecosse ? Qui a jamais contesté l'existence de la littérature suisse, belge, canadienne, d'expression française ? Qui a jamais empêché la langue anglaise d'exprimer l'état d'âme des nègres d'Amérique dans les œuvres de James Weldon Johnson, Dubois, Booker, T. Washington, Chesnut ? Et pourquoi donc la langue serait-elle un obstacle pour que des Haïtiens apportent au monde une notion d'art, une expression d'âme qui soit tout à la fois très humaine et très haïtienne ?

Sans doute, notre plus grand littérateur du siècle dernier, M. Delorme, dans les œuvres appréciables qu'il a laissées à notre admiration tant par la pureté du style que par la netteté de la composition, n'y a rien mis qui puisse rappeler, même de loin, qu'elles ont été écrites par une plume haïtienne. Sans doute, les romans de M. Delorme empruntent le cadre de leur action autant que leurs personnages à la Turquie, à l'Italie, à la France, et jamais à Haïti, et on est anxieux de scruter les raisons qui justifient un tel dédain ou une telle réserve. Et sans porter atteinte à la liberté et au droit de l'artiste de chercher le sens ou l'inspiration de son ouvrage au gré de sa fantaisie, on est enclin à se demander si M Delorme n'a pas succombé à un certain snobisme en méconnaissant les possibilités littéraires du milieu haïtien. Peut-être

---

(1) Ici on confond volontiers langue et langage.

a-t-il obéi au goût du romantisme en allant chercher dans le
passé, à la manière d'Alexandre Dumas, un lointain congé-
nère, les sujets de ses livres ? Peut-être avait-il compris aussi
que le succès et la gloire ne pouvaient couronner son talent
que s'il écrivait pour un public étranger plus apte à l'apprécier que le public haïtien ? Il y a un peu de tout cela dans
l'attitude du grand écrivain. Mais il y a autre chose. A notre
gré, M. Delorme a sacrifié à l'un des plus stupides, parmi les
plus plats préjugés qui jugulent l'activité haïtienne, à savoir
que notre société, dans son passé comme dans son existence
actuelle, n'offre aucun intérêt à l'art du romancier. Ainsi il a
passé à côté des mille et un drames émouvants, à côté des
troublantes péripéties de la tragicomédie dont est tissée la vie
haïtienne, il a côtoyé cette humanité déconcertante où la
vanité collective et individuelle, l'hypocrisie sociale, la bêtise
solennelle livrent les plus farouches assauts à la simplicité du
cœur, au dévouement tranquille, à la vraie culture de l'intelligence et du sens moral et il ne s'est même pas aperçu que
ces choses-là existent. Lui qui fut l'orateur dont la voix
enchanteresse berça les rêves politiques de ses contemporains,
lui qui fut l'idole de la jeunesse avide de savoir et amoureuse
de la beauté et qui lui ouvrit ses salons où se discutaient
toutes les questions d'art et de littérature, lui qui connut les
triomphes précaires et les défaites soudaines de la politique,
lui qui fut ambassadeur de son peuple auprès des Victor Hugo,
des Alfred de Lamartine, il ne laissa rien dans son œuvre
qui soit un frisson de sa sensibilité affectée par l'action de
son milieu, rien qui nous permette d'avoir une opinion sur
les mœurs de son temps, ni sur aucune autre époque de la
vie haïtienne. Et cet homme distingué qui eût pu être un
grand écrivain français, n'est pas connu dans la littérature
française et n'existe presque pas pour la littérature haïtienne.
En vérité, le cas de M. Delorme est une illustration de notre
mentalité qui n'accorde de relief à la personnalité intellectuelle d'un écrivain que si elle est projetée sur l'écran incer-
tain de la gloire étrangère.

Heureusement qu'une réaction tardive ramena nos écrivains, poètes et prosateurs, à puiser la matière de leurs œuvres
dans le milieu où ils vivent et cette nouvelle conception d'art

nous a valu, dans ces trente dernières années, une floraison
d'œuvres intéressantes au point de vue haïtien.

Il n'y aurait qu'à glaner parmi les ouvrages de Georges
Sylvain, Frédéric Marcelin, Fernand Hibbert, Justin Lhérisson, Massillon Coicou, Burr-Reynaud, Rey, Carolus, et tant
d'autres que nous pourrions citer si nous faisions un tableau
de la littérature haïtienne, pour démontrer le souci de plus en
plus évident de nos écrivains de chercher autour d'eux des
sources d'inspiration, des traits de mœurs, des études de
caractère et de faits sociaux qui sont très propres à notre façon
d'aimer, de haïr, de croire, à notre façon de vivre enfin.
Et alors comment dénier à cette production littéraire son
caractère national ? N'est-ce pas que *Séna Chacha, Epaminondas Labasterre, Féfé candidat, Eliézer Pititecaille, Boutenégue,* sont des types de chez nous ? Il ne serait pas téméraire d'ajouter qu'un écrivain étranger qui essaierait de les
camper n'eût réussi qu'à demi quel qu'eût été son talent, parce
que pour les faire vivre, il faut d'abord pénétrer le secret des
ressorts qui font mouvoir tous les paladins du vice, de la
débauche et du mensonge qui pullulent dans notre communauté. Mieux que cela, pour prendre de l'intérêt à la pitrerie
de leurs gestes et savourer le ridicule de leurs attitudes, il
faut être Haïtien. En définitive, il y a donc une littérature
haïtienne. Nous n'entendons pas, répétons-le, juguler la liberté
de l'écrivain et encore moins prétendons-nous signifier que
les qualités ci-dessus énumérées soient les seules aptes à donner l'investiture haïtienne aux œuvres littéraires. Il semblerait
qu'une certaine sensibilité commune à la race, voire un certain tour de langue, une certaine conception de la vie très
propre à notre pays dont un écrivain de talent marquerait
ses ouvrages sans que ses personnages soient haïtiens, ne
manquerait point de leur donner le caractère indigène que
notre critique réclame. Mais, à côté de tout cela, il faudrait
quelque chose d'autre qui soit plus grand, plus vrai de vérité
humaine et haïtienne, il faudrait que la matière de nos œuvres
fut tirée quelquefois de cette immense réserve qu'est notre
folk-lore, où se condensent depuis des siècles les motifs de
nos volitions, où s'élaborent les éléments de notre sensibilité.
où s'édifie la trame de notre caractère de peuple, notre âme
nationale.

Fleurs littéraires d'un terroir inquiété ?

Timidement, si timidement, que sauf dans la *Mimola* d'Antoine Innocent où la fiction est emmaillotée en d'âpres soucis d'apologétique, c'est à la loupe qu'on peut déceler çà et là des motifs, des thèmes de folk-lore. En veut-on des exemples ?

Pourquoi hésiterions-nous à commencer par un des ouvrages de Georges Sylvain ? En vérité, jamais écrivain ne peut justement se réclamer d'une plus authentique filiation française pour l'ensemble de ses œuvres quant au tour classique de la langue et à la belle ordonnance du discours. Georges Sylvain, trop tôt enlevé aux lettres et à la patrie haïtiennes qui furent les deux grandes passions de sa vie, a laissé dans son *Cric-Crac* le témoignage de la plus formidable gageure à laquelle un homme de talent se soit livré. Transposer en patois et en vers créoles les fables dans lesquelles La Fontaine s'est immortalisé, tel est l'effort qu'il a réalisé. Et dans le langage qu'il fait parler à ses personnages, bêtes et gens, même lorsque ceux-ci ne sont pas de chez nous, il réussit si souvent à leur donner l'intonation, la mimique des gens de chez nous, que l'on se demande pourquoi avait-il donc besoin de modeler sa pensée sur celle du génial fabuliste ?

Voyez-vous à quelle magnifique création originale eut abouti Georges Sylvain s'il avait oublié La Fontaine pour ne puiser ses sujets entièrement que dans les légendes et les contes d'Haïti. N'est-il pas regrettable que nous ayons perdu la plus belle occasion d'avoir un chef-d'œuvre de littérature folk-lorique ?

De la même veine humoristique et bouffonne sont nées les fables locales de Carolus (1) savoureuses et gaillardes. Ecrites en français, elles ramènent le lecteur tout doucement à la conclusion morale qui est chaque fois un proverbe créole.

D'un autre genre, et basé sur une préoccupation pédagogique est la tentative hardie de M. Frédéric Doret qui a édité un opuscule « Pour amuser nos tout petits », dans lequel il a transposé du français en créole les principales fables de La Fontaine. Le dessein de M. Doret, très louable, fait application du fameux précepte de Pestalozzi qu'en matière d'édu-

(1) Carolus est le pseudonyme d'un écrivain retiré du monde mais qui de sa thébaïde, suit tous les mouvements intellectuels du pays.

cation, il faut aller du connu à l'inconnu. Il n'aurait pas de
rapport avec notre sujet si dans la prose créole du petit
opuscule nous n'avions trouvé des aphorismes, des proverbes
qui sont des matières de folk-lore.

Au reste, chaque livraison de la « Petite Revue » que
M. Doret dirige avec tant de tact et d'autorité contient un
conte puisé dans nos traditions orales. On ne saurait trop
féliciter la clairvoyance de ce bon Haïtien qui, dans maints
articles, dans maints petits livres, préconise l'emploi de créole
comme point de départ de l'enseignement du français, afin
que l'école primaire haïtienne ne soit plus un entraînement
au psittacisme, un outrage au bon sens, mais donne un enseignement concret, substantiel et plus profitable à la clientèle
populaire pour laquelle elle a été créée. Il faut souhaiter que
tous nos penseurs se libèrent des préjugés qui les ligotent et
les contraignent à des imitations plates de l'étranger, qu'ils
fassent usage des matières qui sont à leur portée afin que
de leurs œuvres se dégagent, en même temps qu'un large
souffle humain, ce parfum âpre et chaud de notre terroir, la
luminosité accablante de notre ciel et ce je ne sais quoi de
confiant, de candide et d'emphatique, qui est l'un des traits
particuliers de notre race.

C'est en partie, à pareille considération qu'a obéi M.
Dominique Hippolyte, dont le persévérant labeur a augmenté
la bibliothèque haïtienne d'un nouveau volume de poésie :
« La route ensoleillée ».

Multiples sont les notes de folk-lore sur lesquelles sa
muse a modulé des accords simples et touchants. Et ce ne
peut être que plaisir de rencontrer chez nos jeunes hommes
le souci de traduire en œuvres d'art ce dont ils se sentent
redevables au sol ancestral. M. Hippolyte n'a-t-il pas exprimé
le fond de son cœur lorsqu'il a mis en exergue de ses poèmes
cette pensée de M. Charles Maurras :

« J'ai tout reçu du sol natal... ».

On peut dire que la même sympathie pour les choses
et les croyances du passé a marqué assez fortement l'œuvre
de Burr-Reynaud. Son théâtre et ses poésies en sont tout
imprégnés. Il a conté que :

« Dans les grands bois ombreux, lorsque sonne minuit,

« Sous la cascade blanche aux notes cristallines,

« L'on peut voir s'avancer mollement et sans bruit
« Une femme aux seins nus, une sœur des ondines :
« La maîtresse de l'Eau...

Malheur au passant qui s'arrête, fasciné, pour contempler
la beauté de l'immortelle ! Il en tombe fatalement amoureux.
Or, il est dans la destinée de cette cruelle souveraine d'être
insensible aux désirs des hommes. Plus l'amour qu'elle ins-
pire est farouche et indomptable, moins l'accès de son cœur
est possible. Et c'est pour accomplir son œuvre de cruauté
qu'elle apparaît aux hommes.

« Sous la cascade blanche aux notes cristallines »
prête à entraîner les impudents au fond de son empire mouvant.

Avec un égal bonheur, le poète nous parle de la fleur de
bambou qui n'éclôt qu'une fois l'an à Noël. Tous ceux que
l'amour tient sous son joug et que l'effroi et le désir assiègent
doivent être vigilants pour aller au fond de la forêt recueillir
les pétales de la fleur rare, à Noël à l'heure de minuit. Si
d'aventure, la nuit sacrée les surprend sous l'arbre devant
que s'accomplisse la mystérieuse floraison, ils en sont enve-
loppés comme de leur linceul.

Joli thème que le poète a évoqué en des vers délicats
et subtils.

Bien avant Burr Reynaud, Frédéric Marcelin en maintes
pages colorées d'humour et de malice a raillé les superstitions
de Marilisse inquiète des prédictions de la cartomancière,
s'est penché sur la tragique aventure de *Jan Jan* trop naïve-
ment fidèle aux coutumes ancestrales, et en s'inspirant des
croyances populaires, sa plume nous conduit, avec *Mama*
chez le Hougan préparateur du poison destiné à *Télémaque*,
l'assassin du fiancé que pleurait la farouche héroïne. *Mama*
s'était engagée sur la route, seule, pendant la nuit : « D'une
tristesse mélancolique, charmeuse, ennemie des prodigues
éclats, évocatrice des pensers somnolents, de facile digestion,
la lune promenait sa face morne sur les bois déjà endormis ».
La jeune fille avait franchi la barrière de la propriété où rési-
dait le consultant et marchait en tâtonnant à travers le jardin.
Soudain, elle entendit une plainte grave, morne, douloureuse,
qui semblait venir des profondeurs de la terre. Elle en trembla
jusqu'à la défaillance. Et la plainte se prolongeait, s'étendait
dans le silence de la nuit, sinistre, indéfinie.

Affolée, *Mama* accourut jusqu'à l'huis du Hougan et sollicita des explications sur la provenance de cette étrange rumeur.

Alors le vieillard instruit des choses de la terre lui dit :
« Ce qu' vous a fait peur c'est le cri de l'igname grossis-
sant sous terre. C'est l'effort qu'elle fait pour briser sa croûte,
c'est son époque, c'est ça qui lui arrache sa plainte... »

Et qui donc s'était avisé avant Marcelin de ramasser ces
gerbes de croyances populaires pour en tirer les effets de
réalisme et de pittoresque dont il a imprégné quelques-uns
de ses livres ?

L'écrivain a un autre mérite qu'il partage avec M. Fernand Hibbert. De la quarantaine d'ouvrages dont se compose l'ensemble de leur production — romans, contes critiques,
œuvres politiques — pas un seul, pas le moindre opuscule
ne traite d'une matière qui ne se rattache étroitement aux
choses et à la vie haïtiennes, bien que Frédéric Marcelin et
Fernand Hibbert aient habité Paris pendant un très long
temps et aient été très mêlés à la vie parisienne par leurs
goûts, leur éducation, leur talent ou leur fortune. C'est cette
inflexible volonté de tirer parti de la matière haïtienne pour
l'édification de l'œuvre d'art qui leur donne la place privilé-
giée qu'ils occupent dans les lettres haïtiennes.

Ils nous paraissent résumer le plus sérieux effort qui ait
été fait jusqu'ici pour élaborer une littérature proprement
indigène. Nous entendons bien — encore une fois — ne point
frapper d'exclusivisme ceux de nos écrivains qui cherchent
leur inspiration ailleurs que dans notre milieu. Ce serait, en
vérité, témoigner d'une pitoyable étroitesse d'esprit, et nous
ne savons au nom de quel dogme irréductible, nous frappe-
rions d'interdit un Damoclès Vieux, un Etzer Vilaire, un
Charles Moravia, parmi les plus notoires écrivains de notre
époque ou un Léon Laleau dont le talent s'affirme fécond et
divers et tant d'autres dont les productions littéraires augurent
une moisson abondante et de bon aloi. Ce qu'il était nécessaire de faire remarquer, c'est que les œuvres des écrivains
dont il s'agit les placent en dehors des préoccupations qui
font l'objet de ces essais.

II

Et maintenant que pouvons-nous hasarder sur l'art haïtien sans jongler avec le paradoxe ?

Quelques manifestations sporadiques de pe:.ture et de sculpture suffisent-elles à caractériser une production artistique ? Il est vrai que Normil Charles existe et pétrit dans la glaise les rêves de gloire que hantèrent jadis le cerveau de nos héroïques aïeux ?

Mais une hirondelle ne fait pas le printemps...

Peut-être n'est-il pas déplacé de faire une simple mention de la musique dont l'esthétique se rattache par quelque côté au sujet qui nous occupe.

Nos danses populaires — vaudou, yanvalou, pétro, ibo, méringue — ont toutes leur rythme et ce rythme s'entend à la cadence de la mélodie qui en décompose la mesure.

Toutes les cérémonies vaudouesques — évocations, initiations, exorcismes, rites piaculaires, etc., — ne s'accomplissent qu'au rythme dolent des chants liturgiques d'une ligne aussi simple que le plain-chant. Il nous semble qu'il y aurait lieu d'étudier ces thèmes et d'en tirer des poèmes, des pièces dramatiques d'une veine originale et neuve. Bien que nous ne soyons pas qualifié pour en parler au point de vue technique, nous n'avons pas trouvé une seule œuvre décisive dans toute cette production confuse qu'en ces temps derniers on a dénommée : « Musique vaudouesque ».

Il nous a même paru qu'on confondait assez volontiers des rondes populaires avec des thèmes vaudouesques. Cependant la matière est en gestation. Beaucoup d'ouvriers sont à la tâche. Un Occide Jeanty déjà malmené par l'âge mais dont le front est encore frôlé par l'aile de la Muse, un Lamothe dont la sensibilité est une réserve inépuisable de rêves et d'espérance, un Justin Elie dont le talent mûri par tant d'essais heureux nous engage à en attendre un ouvrage de grand style, un Franck Lassègue qui, évadé sur les bords de la Seine, y exhale la nostalgie de son âme vagabonde en notes plaintives et tous les autres que hante le problème de créer une musique haïtienne originale, sensuelle et mélancolique, tous sont des garants que dans la matrice du Temps s'élabore l'œuvre qui marquera l'aptitude de la race à un art personnel, générateur de pensées et d'émotions.

Moderato

Do-do ti pi - tite Do -do . ti pi - tite si li pas do do crab va

mangé li si li pas do do crab va manger li Mamman li al-lé la ri -viè

Pa-pa li al-lé chaché d'lo Si li pas do-do crab va man-gé li

crab lan ca la lou

CHAPITRE VIII

Conférence prononcée à " Primavera "

Avril 1922

Mesdemoiselles,
Mesdames,
Messieurs,

Certain jour de Novembre dernier, un de mes amis, revenu d'

« Un voyage en lointain pays »,

fatigué d'avoir fourni un trop âpre effort scientifique, me proposa quelques jours d'excursion dans les hautes altitudes des Sourçailles d'où l'on peut voir les pics de la Selle profiler la solitude auguste de leurs cîmes sur un fouillis de vallées, de collines et de mamelons. J'acceptai l'offre d'enthousiasme non point que j'eusse, moi aussi, un particulier besoin de détente intellectuelle ou encore que je fusse avide de faire la cabriole après avoir été rivé pendant trois ans à une chaire d'enseignement, mais parce que rien d'autre n'eût pu gonfler mon cœur d'une joie plus ardente que de vivre de plus près dans le commerce d'une amitié dont l'esprit clair et original de mon camarade mettait quelque coquetterie à me refaire les honneurs sans apprêt et sans cérémonie.

De lui à moi, j'acceptai l'offre d'enthousiasme : « parce que c'estoit luy, parce que c'estoit moy ».

Mais pardonnez, je veux en priex, le sans-gêne avec lequel
je vous prends pour confidents de ces heures délicieuses
Ce n'est p. s pour en rendre témoignage que nous voici réunis
en confiance et en sympathie. Cependant je suis sûr que votre
sens de la mesure sera moins choqué par l'indiscrétion de
mon souvenir quand je vous dirai que mon compagnon de
route a été le critique attentif et clairvoyant des idées que
je m'en vais avoir l'honneur d'exposer devant vous.

Ensemble, nous avons recueilli dans les habitations
paysannes les propos hésitants de nos hôtes, ensemble, nous
avons levé l'interdit des réticences, forcé la légitimité des
scrupules, désarmé des susceptibilités qui ne sont que cui-
rasses de défense. Ensemble, nous avons apaisé les inquiétudes nées de notre curiosité pénétrante. Ensemble, nous
avons amené les plus retors à nous livrer peu à peu les trésors
d'une vie parfumée de légendes absurdes et de croyances
surannées.

Ainsi, nous avons lié brin à brin une lourde gerbe de
traditions orales dans lesquelles on peut démêler des survivances de la terre d'Afrique, les apports de la colonisation
européenne, l'ombre fugitive des souvenirs aborigènes et,
enfin, le labeur ininterrompu des transformations locales sous
la double pression d'une civilisation encore indécise et la
résistance d'une mentalité que le doute n'a jamais effleurée.

Si, en reprenant mon enquête sur le folk-lore, je vous
apporte maintenant le résultat de mes démarches quelle qu'en
soit la valeur, et surtout, quoique vous pensiez d'une méthode
qui ne se prévaut d'aucune rigueur scientifique, j'aurais
mauvaise grâce, en vérité, de ne point avouer la part de colla-
boration de tous les anonymes qui m'y ont aidé, encore moins
pourrais-je taire le concours d'un camarade dont l'intérêt à
l'œuvre que je poursuis sera le principal élément, l'élément
conditionnel de succès...

      Mesdemoiselles,
      Mesdames,
      Messieurs,

Je gagerais volontiers que vous avez éprouvé quelque
malaise, voire de sérieuses inquiétudes quand vous avez appris
que je me propose d'étudier devant vous la famille paysanne.

Famille paysanne ! Qu'est-ce que cette équivoque de termes contradictoires ? Une famille, d'après la conception la plus élémentaire que vous vous en êtes faite, n'e*t*-ce pas le point de départ, le noyau embryonnaire de to*ut*e société en vertu de la doctrine chrétienne et selon le rituel qu'enseigne votre catéchisme quand il élève le mariage à la hauteur *d'un sacrement qui sanctifie l'union légitime de l'homme et de la femme et leur donne la grâce de remplir leurs obligations ?*

Ainsi, rangée dans une étroite catégorie, l'union de l'homme et de la femme même lorsqu'elle est consacrée en conformité des obligations de la Loi civile, n'a aucune valeur morale si elle n'a pas reçu la sanction de l'Eglise. Et puisque *dans notre société chrétienne,* M. le Curé, du haut du prône, dénonce la proportion fantastique des baptêmes d'enfants naturels dont les quatre cinquièmes, enregistrés au village, viennent des populations rurales, n'y a-t-il pas quelque paradoxe à associer ces deux termes : *famille paysanne ?*

Eh ! bien, non. L'opposition n'en est qu'apparente ou du moins elle révèle à l'observateur attentif une des formes les plus saisissantes du conflit des croyances et des mœurs sur lesquelles s'échafaude notre société.

Certes, à qui se leurre d'une vaine illusion par vanité, inintelligence ou nigauderie, il peut arriver de croire que nous vivons la plénitude de la vie chrétienne, mais à celui-là qui n'a pas peur d'affronter le pharisaïsme de nos mensonges conventionnels, qui fouaille sans pitié les gestes inélégants de détachement social et projette une claire vision sur les problèmes de notre passé ethnique, à celui-là il apparaîtra que notre société est en plein travail d'évolution.

De même que le géologue par l'étude des fossiles et des couches superposées, suppute l'âge des terrains, de même que le naturaliste démontre l'originalité de la forme actuelle en décelant les vestiges des formes anciennes par quoi se marque la série de mutations qu'a subies l'être depuis les époques préhistoriques, de même la survivance des coutumes, des croyances et des mœurs anciennes dans une société contemporaine qui a accepté la civilisation occidentale comme étalon de progrès, le triomphe ou le recul, le compromis ou l'apparente répudiation de ces mœurs, coutumes et croyances sont les plus sûres données des étapes parcourues du point de

départ au point d'arrivée de cette société ; elles sont les témoins
les plus véridiques de ses aptitudes à accomplir sa destinée,
des virtua.'tés qu'elle recèle en elles pour réaliser les ambi-
tions qui aig 'illonnent sa vie. Surprendre ce travail de transformation dans quelques-uns de ses détails, me semble un
plaisir si vif que je n'ai pas craint de braver votre patience
en vous y conviant.

*
* *

Ainsi l'Eglise fait de la fondation de la famille un acte
de foi. J'accepte la rigueur de sa doctrine. Mais alors, je
ferai de l'adhésion du paysan plus ou moins sincère, plus
ou moins complète au credo de l'Eglise, une condition de
sa conformité à lui, le paysan, à fonder un foyer d'après le
rituel chrétien. Mieux que cela. Si sa vie continue à être sous
la dépendance d'autres croyances religieuses et si la constitution de sa famille relève aussi de l'emprise de ses croyances,
il sera intéressant de découvrir dans quelle mesure il leur est
resté fidèle, dans quelle mesure il a fait sa concession à la
nouveauté divine qui lui a été révélée, à quel compromis et
à quelle conciliation disparates ont abouti son orgueil de ne
point apparaître en dehors du mouvement et son goût secret
de ne point violer des interdits qui peuvent lui être préjudi-
ciables.

Mais, j'y songe. Une telle étude embrasserait ni plus ni
moins l'ensemble de la vie paysanne : l'habitation, le vêtement, la nourriture, le travail, enfin toutes les manifestations
qui englobent l'existence du campagnard de la naissance à
la mort.

Malgré le désir qu'on en ait, une telle étude ne comprendrait rien de moins qu'une importante monographie, et, dans
ce genre un peu faux qu'est la *conférence* — le temps nous
étant mesuré — nous sommes contraint de limiter notre choix.

Voulez-vous tout simplement que nous assistions dans le
district de Kenscoff à la fondation d'une famille ?

*
* *

Kenscoff ? Beaucoup d'entre vous sont peut-être des fami-
liers de cette délicieuse région ?

C'est, là-bas, un canton montagneux serti parmi le groupe

des pics dont la ligne sinueuse se confond avec les lourdes
masses qui aboutissent à l'extrémité de la presqu'île.

Les Montagnes Noires qui font bloc au sud-est de Port-

Ti Jean, paysan de Kenscoff.

au-Prince, se prolongent vers la basse plaine au nord-ouest
en une suite de rameaux fragmentés de gorges et de vallées.
Un de ces rameaux darde vers la mer son éperon de roches
argileuses où poussent çà et là des pins clairsemés. Tout le
reste est battu par d'âpres vents. C'est cette pointe avancée
si souvent fréquentée par les orages qui forme le plateau de
Furcy.

A l'Orient — un très proche Orient — l'autre branche
du rameau contenue par les contreforts de la Selle étale sa
croupe vallonnée vers l'Ouest où l'espace lui semble moins

mesuré, puis, comme épuisée par l'effort, s'infléchit et s'effondre dans la vallée de Grands Fonds. C'est dans cette soudaine dépression, semblable à une cuvette au fond bosselé, que se blottissent les maisonnettes de Kenscoff Là, nous sommes à 1.200 mètres d'altitude. Des bords abrupts de la cuvette croissent des arbustes en groupes serrés que les habitants appellent « tabac sauvage », puis sur la pente roide ou en gradation douce, dans les moindres anfranctuosités, une herbe courte, grasse et drue revêt toute la terre d'un tapis vert, moelleux et tendre.

Kenscoff est un frais pâturage. Le bétail s'y développe sain et vigoureux. A cause même de sa configuration en creux et de sa haute altitude, la terre de Kenscoff, abritée contre la bourrasque, retient une très grande quantité d'humidité soit que le nuage se résolve en pluies fines ou torrentielles, soit que le brouillard quotidien s'accroche au flanc des collines et traîne sa robe de mousseline blanche dans le moindre repli des vallons. Au surplus, un clair ruisseau dispense en minuscules cascades l'eau dont s'abreuve la région. Ah ! cette eau savoureuse de Kenscoff. On ne sait plus, en s'y désaltérant, si elle est savoureuse d'avoir humé de trop près l'haleine odorante du *petit baume* ou d'avoir ramassé, absorbé, clarifié, l'humus séculaire de la terre généreuse et féconde des cressonnières.

Mais enfin, de cette rapide esquisse, il me paraît possible de tirer diverses conséquences au point de vue des aptitudes de Kenscoff à nourrir une communauté humaine.

C'est d'abord que le pays offre de grandes facilités à l'établissement d'habitations fermières. Avec le système de propriétés morcelées qui domine notre économie rurale, chaque famille à Kenscoff est propriétaire de son lopin de terre et possède une ou plusieurs vaches dont elle tire un appréciable supplément pour l'équilibre de son budget.

Dans chaque famille, c'est la fillette, la jeune fille, plus rarement le jouvenceau, qui, à pied, transporte le lait, 5 à 10 litres, de Kenscoff à Pétionville et à Port-au-Prince. Notre laitière effectue ainsi un parcours quotidien de dix à douze heures de marche (1) souvent par des sentiers glissants, rocheux, malaisés... A l'industrie laitière, le paysan de Kenscoff

(1) 15 à 20 kilomètres.

joint la culture maraîchère et horticole. Et c'est plaisir de voir
combien, à la faveur de l'altitude et de la fécondité du sol,
croissent en exubérance les plantes potagères et .'es arbres
fruitiers originaires des pays tempérés. On y fait des pêches,
des fraises, des pommes, des légumes et d'autres choses
succulentes. En résumé, la vie paysanne prend ici un aspect
d'aisance tout à fait frappant, et cela est dû autant à la
richesse du terrain qu'à la fraîcheur exceptionnelle du climat.

Et maintenant de quelle manière ces magnifiques aptitudes du milieu physique vont-elles influencer le développement de l'être humain ?

Et d'abord de quel type est-il, cet être humain ? A quelle
variété de l'espèce ou de la race appartient-il ?

★ ★
★

Il est difficile de déterminer de façon même imparfaite
la part respective des divers groupes humains qui ont contribué
à la formation physique du type haïtien contemporain. Nous
l'avons dit ailleurs, on nous excusera de le répéter. Ce type
est la résultante des races amalgamées en d'autres continents
depuis des millénaires et voici près de deux siècles que sur
cette terre se tassent, se condensent et s'agrègent les matériaux d'une race historique en processus d'évolution. Mais
autant que des hypothèses d'ordre général nous permettent
quelque indication, il nous semble que la communauté de
Kenscoff a gardé des ressemblances physiques assez remar-
quables avec le type congolais qui appartint — on s'en souvient — à la plus nombreuse des tribus africaines importées
à Saint-Domingue. Dans tous les cas, tel qu'il est à l'heure
actuelle, le paysan de Kenscoff est dans son ensemble un
homme de taille moyenne, allègre et vigoureux bien qu'il ne
soit ni râblé, ni trapu, ce montagnard qui supporte, torse nu,
des températures de 4 à 5 degrés au-dessus de zéro, est au
demeurant un gaillard solide, bien équilibré sur ses jambes
un peu grêles et beaucoup plus finaud qu'on ne pense sous
ses traits accusés en saillie, avec ses gestes lents et son goût
immodéré de la palabre. A 21 ans, il est mûr pour les grandes
entreprises et pour la plus grande d'entre toutes qu'est la
fondation d'un foyer ; à cet âge, il peut, quand il est ordonné,
avoir du bien au soleil. Mettons que l'alternance saisonnière

ait été favorable à son travail : ni trop de pluie, ni trop de sécheresse. Avec un gai *counbite* (1), il a engrangé une masse respectable de pois rouges. La semence du maïs a quintuplé la moisson ordinaire. Il affiche sur les bouquets d'avocatiers qui entourent la demeure paternelle 6 ou 7 grappes d'épis empaillés dont la lourde pyramide témoigne à tous de la vigueur de son bras. Les légumes ont été d'un bon apport au marché de la ville. Sa vache pendant plus de 6 mois lui a fourni quotidiennement quelques bons litres de lait que, sur place, il a cédés aux marchands ambulants. Même à la *gaghière* (2) la chance lui a été plus d'une fois complaisante, que manque-t-il donc à *Ti-Jean-Pierre-Jean* pour être tout à fait heureux ? Ce qui lui manque ? Parbleu, c'est de ne pas avoir sa maison à lui, sa femme et ses enfants à lui, qui feraient dire à la ronde qu'il est un homme marié, un père de famille, un *habitant notable*. Eh ! sans doute, comme tous les jeunes gens de la région, il a eu avec les donzelles un peu faciles sa part de fruste aventure. Mais là, jamais son cœur n'a battu plus fort et ses tempes ne se sont gonflées d'un sang plus généreux que, lorsque d'aventure, il croise sur son chemin *Dorismène*, la laitière de Guibert (3), revenant de la ville chargée de son panier, la poitrine pointant drue sous la pression du corsage étriqué, les hanches bombées, les mollets dodus, saillissant sous le retroussis de la robe bleue.

Alors figé par l'émotion, la faucille sous le bras, il la dévore des yeux, la laisse passer, puis remarque tout haut :

— Eh ! *Mainmainne* ou t'a capab' dit m'bon jou ! (4).

Elle éclate. Et c'est dans le jour lumineux une cascade de rire clair qui sonne comme un appel de printemps.

— Non ! *pas possible, ou gangnin l'air ou soude...* (5).

C'est vrai que *Ti-Jean* est un peu fou s'il n'est sourd. Il a l'ivresse de ses vingt ans, l'inquiétude de l'amour et l'ardent désir de le faire partager. Mais il est timide. Combien de fois n'a-t-il pas pris la résolution de s'en ouvrir à la belle,

---

(1) Counbite : Réunion agricole où l'on s'entr'aide pour le défrichement, l'ensemencement et la récolte.
(2) Gaghière : Lieu où l'on se réunit pour les combats de coq.
(3) Guibert : Communauté rurale voisine de Kenscoff.
(4) Eh ! Mainmaine vous pourriez me dire bonjour ?
(5) Non, c'est pas possible, vous avez l'air d'être sourd.

de lui arracher un bref consentement afin d'en finir ? Chaque
fois il a bredouillé quelques mots inintelligibles et s'est arrêté
coi, cependant que déjà jaloux, il est prêt à se battre avec

Mainmainne, la laitière.

n'importe lequel des gas qui parlerait trop librement de
Mainmainne. En attendant, il travaille dur et thésaurise sou
par sou.

Enfin, un soir, l'occasion vint.

C'était à Corail, chez *Lapointe*, le plus fameux hougan
du voisinage. On célébrait un *service* (1) à la participation
duquel tout le monde s'était préparé pendant des jours

(1) Le service consiste en une cérémonie liturgique offerte aux dieux selon
les rites de tel ou tel culte.

d'avance. Les plus accortes filles de *Viard*, de *Godet*, de *Robin*, de *Kenscoff* coudoyaient les jeunes gens venus de plusieurs lieues à la ronde.

Le service était gras (1) : la mangeaille copieuse, le tafia abondant. Les tambourineurs, le coryphée et les chœurs endiablaient l'assistance par une ivresse de sons que rythmait en basse profonde la plainte rauque de l'*Assôtor* (2). Alors, danseuses et danseurs, embués de poussières, allaient tournoyant, virevoletant en piétinement sourd et innombrable, frappant le sol d'une foulée souple et cadencée.

Au premier rang *Ti-Jean* et *Mainmainne* faisaient couple, libres, gais, frivoles. Soudain, sur un signe, un coup de baguette plus intense de l'*Assôtor*, arrête l'élan de l'assistance.

C'est le coryphée qui improvise un air en l'honneur d'*Ogou Ferraille*.

L'assistance se recueille. C'est aussi minuit, l'heure propice aux incantations rituelles...

Ti-Jean profite de l'intermède pour entraîner sa partenaire à l'arrière. Il a à causer avec elle. De quoi ? Il ne le sait pas lui-même, mais il éprouve un besoin de lui dire quelque chose. Sa poitrine s'oppresse, ses dents se serrent. Hélas! les mots se rebellent dans son vocabulaire un peu mince. Alors, sans plus de cérémonie, dans l'opacité de la nuit et dans le vent frais qui souffle sous les étoiles, il la saisit brusquement, et, dans une farouche étreinte, lui applique au cou le plus tumultueux des baisers. Déjà il rejoint le tourbillon de la danse...

Mais elle, étonnée, ahurie, resta un court instant comme assénée par l'impromptu de la scène. Puis, dans un sanglot, dont on ne sait s'il était fait de joie inquiète ou d'inexprimables regrets, dans un sanglot irrésistible, elle s'écria :

Oh! Oh! Mès zamis. Oh! Oua vlé coué Ti-Jean radi, mes zamis Ti-Jean horde débordé. Parole ça trop fort. Faut m'dit papa m'ça (3).

Ti-Jean lui, était heureux. Enfin, il avait fait son aveu. Il est ou se croit engagé.

Et pourquoi, cependant, longtemps après la scène, la

(1) Expression qui signifie que la cérémonie était d'importance.

(2) Assôtor: Le plus gros des tambours sacrés.

(3) Oh! Oh! mes amis, voulez-vous croire que Ti Jean est impertinent? Il a décidément dépassé les bornes. C'est trop fort. Il faut que j'en avertisse mon père.

belle lui refusa-t-elle son salut et évita même de le rencontrer ? Serait-elle à jamais fâchée ou serait-ce un simple caprice
de femme ? Pourtant personne de la famille de Dorismène n'a
adressé de reproches à Ti-Jean. C'est une preuve qu'elle a
gardé le secret de ce qui s'est passé entre eux. Il y a là une
énigme que l'amoureux se proposa de résoudre. Sournois et
timide, il prit plus d'une fois le chemin qui conduit à la Cour
de Dorismène pour avoir une explication décisive. Vaine
tentative. Un prétexte quelconque, toujours, l'arrêta en route.
Et c'est du haut de la colline qu'il devait se contenter de
contempler la maison où loge la belle.

Un jour, vaille que vaille, il résolut de faire une suprême
démarche auprès de la jeune fille.

Il mit son plus neuf pantalon, endossa sa blouse de coton-
nade bleue, à boutons de *corozo* doré, celle où l'artiste avait
fait courir en dessins naïfs les points les plus fantaisistes d'une
aiguille experte ; *sapattes* (1) aux pieds ; *halefort* (2) de latanier
enluminé de motifs à l'aniline, posé élégamment en bandoulière, Ti-Jean va parler d'amour. Le *halefort* est gonflé de
quelques menus cadeaux, biscuits et pains d'épices, sucre
d'orge et bonbons venus de la ville, quatre ou cinq parmi les
plus beaux épis de maïs de son jardin. Ce n'est qu'une simple
entrée en matière. En route, il muse en échangeant des saluts
joyeux avec les amis de passage. Mais voici qu'au débouché
de la vallée, il heurte du pied gauche un dur caillou juste
au moment où une bande de corbeaux croassaient en tournoyant sur sa tête.

— Tomate ! C'est mon mauvais pied ! grommela-t-il ?

Sale présage ! Il hésita un instant, puis reprit son chemin. Hélas ! à peine eut-il franchi la bananeraie qui borde
le talus voisin, que vit-il ? Dorismène en personne qui était
en tête à tête avec un galant, le cousin Florvil.

Malheur de malheur ! C'était donc pour en arriver là
qu'il avait tant travaillé, mis tant d'argent de côté ? C'était
pour se faire ridiculiser par une femme ? Eh ! bien non, il
se vengera, il relèvera le défi.

Alors, dare, dare, il courut conter ses déboires à *Lapointe*,

(1) Sapattes : sorte de sandales
(2) Halefort : sac en paille.

le plus fameux *hougan* de Corail et solliciter son assistance.
Lapointe gravement, se recueillit, lança les coquilles sacrées
sur le sol, interpréta la réponse des dieux et prescrivit l'ordonnance :

« *Ti-Jean* néglige les Esprits qui sont fâchés d'une si
« coupable indifférence. Ce qui est arrivé n'est qu'un avertis-
« sement. Un plus grand malheur allait lui échoir. Heureu-
« sement Maîtresse Erzilie (1) est là qui le protège. Les *Esprits*
« seront propices à ses vœux s'il n'oublie plus ses devoirs.
« Qu'il sacrifie donc un *coq blanc* et un *poulet noir* au carre-
« four de *Rendez-vous*, le troisième mercredi avant le chant
« des coqs de minuit. Puis il récitera la formule : *Loco Louéba*
« *Yanzi cé Yanzi*, en se frappant trois fois la poitrine.

« Avec la cérémonie qui sera faite, en son honneur, à
« la même heure, dans le hounfort, il peut être sûr que non
« seulement le cœur de *Mainmainne* lui appartiendra, mais,
« désormais, elle le suivra partout où il voudra aller ».

Ti-Jean sourit, rasséréné à cette révélation, se fit répéter
plusieurs fois l'ordonnance, la marmotta tout le long du chemin du retour, et rentra chez lui beaucoup plus tranquille
qu'il n'en était parti. Quand donc vint l'époque d'exécution
il fut fidèle et ponctuel à remplir l'engagement contracté et
attendit la suite des événements.

Décidément le *Hougan* de *Corail* est un homme fort.

Car enhardi par l'assurance du succès promis, selon la
volonté des dieux, dès le mois qui suivit le sacrifice, Ti-Jean
rendit visite chez *Frê Charles*, le père de Dorismène où il fut
cordialement accueilli et l'on convint que dans les huit jours
Captainn Cazeau Jean Pierre, apporterait en personne la lettre
de demande en mariage de son fils. Et la lettre vint.

Ah ! cette lettre, nul à Kenscoff ne fut assez digne de
l'écrire. C'est à Pétionville qu'on découvrit un plumitif qui,
moyennant salaire, une vingtaine de gourdes, coucha en style
traditionnel la pensée de l'amoureux.

Cette lettre ? Mais, je vous assure que personne d'entre
nous aussi n'aurait pu la rédiger. Cette lettre ? Elle est l'écho
affaibli d'une très vieille coutume remontant à cette époque

---

(1) Erzilie gé rouge : Divinité vaudouesque, passe pour représenter la
Sainte Vierge.

lointaine où le scribe était l'oracle de la Cité, quel que fut le sens ou le non sens de son grimoire. Une lettre de demande en mariage doit contenir tout à la fois l'aveu d'amour du prétendant, son engagement de se bien conduire envers sa future compagne et la garantie présentée par les siens qu'il est de bonne vie et mœurs. Elle est signée non seulement du prétendant lui-même, mais de ses parents naturels et spirituels, parrain et marraine, si faire se peut. Et surtout elle doit être écrite sur du papier spécial, ajouré, brodé, enjolivé d'images coloriées et cachetée dans une enveloppe de la même tonalité que le papier. En outre, elle doit être apportée chez les parents de la jeune fille par l'homme le plus âgé de l'autre famille, soigneusement enveloppée dans un mouchoir de soie rouge et le tout, lettre et mouchoir, sera remis au chef de famille dont on sollicite l'alliance. La réponse sera faite avec le même cérémonial. La date du mariage sera alors fixée.

Vous ne m'en croyez pas, peut-être. Permettez que je vous donne lecture d'une de ces pièces venues de Dame Marie, dont l'authenticité est garantie par la patine du temps et par l'honorabilité de celui qui m'en fit don, mon ami, M. le Dʳ Fouron.

Fac-similé d'une lettre de demande en mariage.

« Deuxième section rurale de Dame-Marie, le 5 Dbre 1905.

A

« Monsieur Dorméus Béralus et à Madame Méséide « Jaccaint, en la Iʳᵉ section sur l'habitation Sapour.

Monsieur et Madame,

« Nous avons l'honneur de prendre la plume pour vous « souhaiter le bonjour ainsi que votre respectable famille, « dans le but, Monsieur et Madame, d'après notre humanité

« chrétien et en intelligence des honnêtes gens tout en rem-
« plissant un devoir d'honnecté. Nous venons au-devant de
« vous, avec tendresse, joie, sagesse, respect et satisfaction
« tout en vous demandant la main de votre fille, Mademoi-
« selle Zabéla Dorméus, que notre jeune garçon nommé
« Joseph Duverna aimait tendrement, dont il nous a lu ses
« pensées tout en voulant créer une famille avec la tienne,
« car ce devoir est l'humble aveu des gens civilisés : Alors,
« Monsieur et Madame, nous, comme ses gouvernants, nous
« lui témoignons avec courage, et nous vous assurons que
« nous serons responsables de tout ce qui arrive, et nous vous
« assurons que notre garçon est un enfant très sage, docile,
« et remplit de respect, obéissant envers les grands ainsi que
« pour les petits, et prétendant d'acquitter avec honnecté,
« avec fidélité, notre devoir, en vertu Monsieur et Madame
« de ce grand témoignage que nous vous proposons tout en
« demandant à Dieu de leur protéger pour nous afin qu'un
« jour de témoigner cette pareille satisfaction, demandant la
« gloire, le respect et la science, l'union et la persévérance.
« En attendant de nous une bonne réponse afin de savoir notre
« déligeance.

        « Et vous saluent d'un profond et d'une sublime amitié

    Vos serviteurs :

                    DUVERNA ST-LOUIS,

                        Sa mère :

                    CLÉODICE NOEL.

        Son grand-père et son parrain :

                    LOUIS JEUNE NOEL.

                        Sa grand-mère :

            Madame LOUIS JEUNE NOEL ».

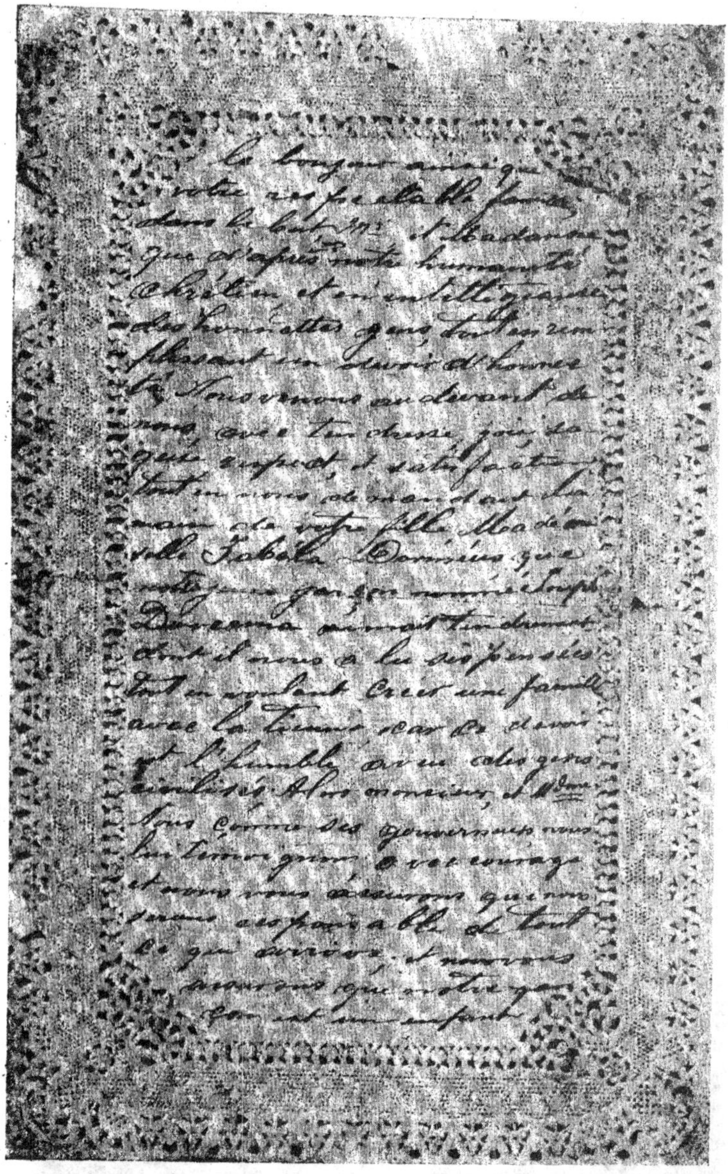

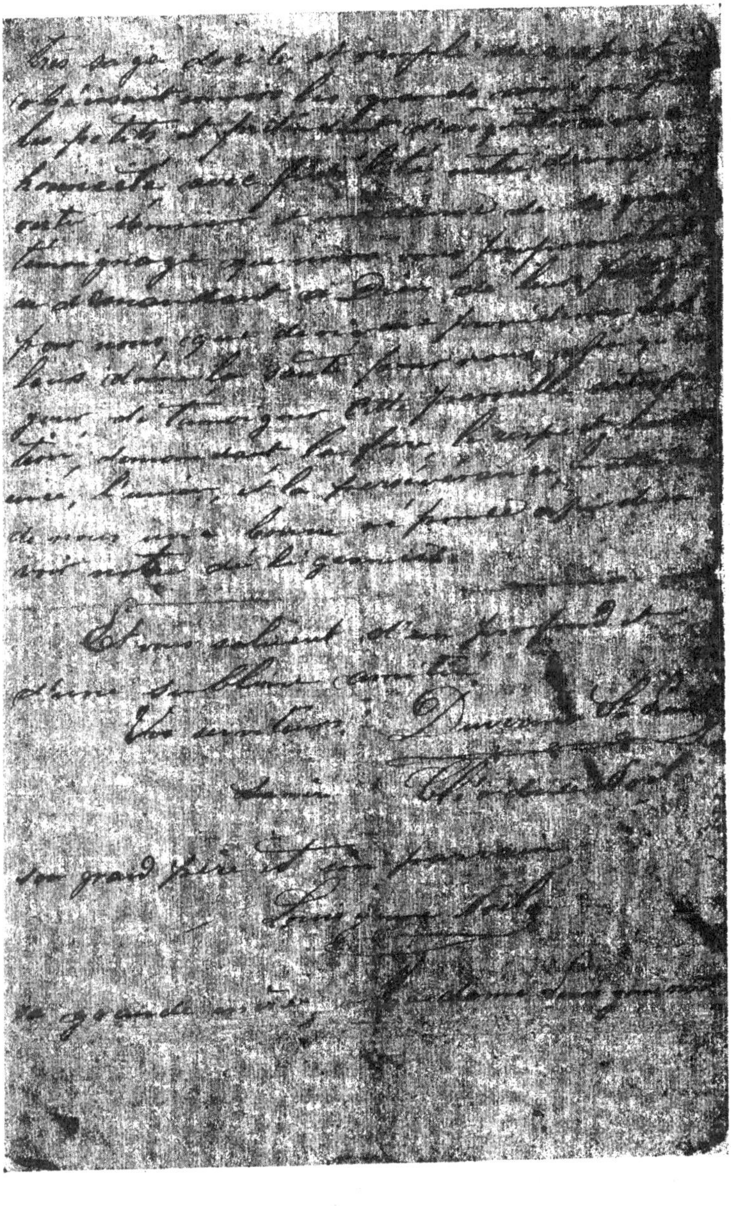

Mesdemoiselles,

Mesdames,

Messieurs,

Voici nos jeunes paysans officiellement engagés, ils peuvent désormais se voir et causer librement. Le père de la promise désigne à son futur gendre le terrain sur lequel sera bâtie leur maison. Cette maison viendra augmenter le nombre de toutes celles qui s'agglomèrent dans l'espace de terrain limité et indivis dont l'ensemble constitue « *la cour* », le patrimoine inviolable de la famille. Parmi ces maisonnettes, on en remarquera une d'une architecture un peu spéciale : forme rectangulaire, vague ressemblance avec un temple. C'est celle-là qui contient l'autel du dieu honoré dans la famille...

La formalité du choix du terrain faite, il ne reste plus qu'à fixer la date de la cérémonie du mariage. Mais en quoi consiste-t-elle cette cérémonie ?

Elle repose d'abord sur le *consentement conditionnel* des parents et sur la célébration rituelle de l'union.

Premièrement, le futur marié doit « *payer le bonheur de la jeune fille* ». Payer le bonheur de la mariée est l'acte *sine qua non* et qui consiste, de la part du fiancé, à verser à ses beaux-parents une valeur convenue d'avance comme prix de leur agrément. Cette dot — car c'en est une — varie selon l'importance sociale de la famille avec laquelle on veut faire alliance. Elle peut être de cinquante gourdes, de cent gourdes et au-delà (1). L'argent sera compté publiquement le jour de la célébration des noces. Alors, devant l'assistance qui apporte à la fiancée tel un cadeau en espèces monnayées, tel des étoffes, mouchoirs et autres présents, le père prend solennellement la main de la jeune fille et la met dans celle du jeune homme, puis, entraînant le couple dans le rétiro, devant l'autel sur lequel sont posés *plats de marassa, calebasses* et *coquilles sacrées*, où sont conservés les attributs des dieux honorés dans la famille : *tambours et assans*, l'ancien allume la bougie blanche, jette sur le sol de l'eau et de la liqueur,

_____

(1) La gourde haïtienne vaut 20 cents américains.

puis une poignée de farine en décrivant des signes mystérieux, et, enfin, étendant les mains vers le soleil levant, adjure
pieusement les dieux *Ogon, Damballa Legba, Sibi nan d'leau,
tous les morts et les bons esprits de protéger le couple et de
bénir l'union qui vient d'être faite dans la foi des pères et
des ancêtres.*

Tout est accompli.

Et c'est à partir de ce moment que se déroule la seconde
cérémonie — la moins intéressante. — Beuveries et ripailles,
rires et danses, gais propos et devinettes, la seconde cérémonie déroule toute la gamme des plaisirs plantureux.
Désormais, les jeunes époux vont vivre à leur guise. Souvent,
ils restent encore séparés l'un de l'autre un certain temps,
cependant que l'homme fait diligence, coupe ou achète du
bois, sollicite les conseils de l'architecte de la région, taille,
dresse et charpente sa maison, la recouvre d'un toit de chaume,
la *clisse*, la *bousille* et la blanchit à la chaux. Il la meuble
très simplement : une table, quelques gobelets en métal et en
verre, une ou deux nattes, une malle, des chaises. C'est à
peu près le mobilier d'un ménage débutant et modeste. La
famille est établie. Dorénavant l'homme et la femme s'entr'aideront à la besogne quotidienne, attachés l'un à l'autre
pour le bon et le mauvais temps. De longues années peuvent
ainsi s'écouler dans la monotonie des jours sans fièvre et sans
nouveauté.

Voilà Mesdemoiselles,

Mesdames,

Messieurs,

dans les lignes générales, ce qu'est une famille paysanne dans
les régions où les conditions de la vie contemporaine et le
voisinage des grandes villes n'ont pas altéré l'autorité des
traditions.

Sans doute, ces traditions se perdent, se modifient et se
transforment avec plus ou moins de rapidité et de netteté par
ci, par là. Sans doute, quelques-unes d'entre elles n'ont même
laissé aucune trace appréciable dans certaines parties du pays
et résistent pourtant à toute perturbation, quelque part, ailleurs.

Sans doute... Mais à qui sait bien voir, elles dominent la conception de la vie paysanne parce qu'elles sont liées à des croyances séculaires qu'il est difficile de déraciner dans ces milieux frustes. Dois-je remarquer que plus d'un philosophe regrette l'effritement de certaines de ces coutumes dont le symbolisme suranné et désuet possède un charme et une poésie indicibles? Me sera-t-il permis d'évoquer les jours ensoleillés de mon adolescence quand j'entendais les vieillards — laudator temporis acti — regretter les traditions disparues dans la région de la Grande Rivière du Nord? A cette époque-là, un mariage paysan même célébré à l'Eglise du bourg, comportait comme défilé une magnifique cavalcade, à une condition, cependant: il fallait que les mariés eussent les meilleurs chevaux et fussent précédés d'un porte-étendard et que l'étendard lui-même fut d'une blancheur immaculée.

A la barrière de la propriété où la réception des invités devait avoir lieu, un reposoir de feuilles vertes, moucheté de lauriers pourpre, donnait l'accès de la cour. Arrivé là, le mari, prestement, sautait en selle et courait s'enfermer dans la maison nuptiale. Alors, l'épousée, en toute humilité, devant l'assistance muette, frappait trois coups à la porte principale, en répétant à haute voix : « Mon mari, mon mari, ouvrez-moi la porte ». L'homme aussitôt accédait à la prière de sa femme, lui remettait les clefs du foyer accompagnées d'un mouchoir bleu et d'un pain...

Joli symbole, n'est-il pas vrai et dont la signification pour l'épousée peut ainsi se traduire : « Je suis ici le maître, je te donne une place en cette demeure où, désormais, je pourvoirai à ta nourriture et à tes vêtements... ».

Et comment pourrais-je oublier cette autre coutume, chère à mon pays natal, il y a quelque trente ans, et qui consistait à célébrer les noces somptueuses à la tombée de la nuit ? Le cortège nuptial, au retour de la cérémonie religieuse, traversait le bourg précédé des porteurs de torches...

Etait-ce simplement parce que la municipalité, oublieuse des nécessités de l'éclairage public, laissait les rues enténébrées, ou bien y avait-il là une vague survivance de la course du flambeau, la belle fête antique dans laquelle des coureurs se passaient le flambeau inextinguible pour symboliser la transmission de la vie de génération en génération ? Que sais-je ? J'opterais volontiers pour la seconde hypothèse qui rattacherait nos porteurs de torches à leurs pareils des bords de la Méditerranée si je ne craignais qu'on ne me reprochât mon penchant à lier le présent et le passé d'hier à un passé plus lointain, embrumé peut-être par la reculée des âges. Les municipalités ne sont pas plus prodigues de lumière aujourd'hui qu'hier et les vieux usages se sont en allés sans retour...

Et que d'autres souvenirs hantent mon imagination pleine de leurs ombres inquiètes ? Que ne puis-je m'empêcher de trouver dans les gestes de nos campagnards quand ils font la politesse à leurs hôtes en s'inclinant en une gracieuse révérence, un témoignage lointain des habitudes élégantes de la société coloniale du XVIIIᵉ siècle ? Vous savez que les grands Seigneurs de Saint-Domingue étaient des imitateurs forcenés des usages de Versailles et dressaient leur livrée à « l'art exquis des poses ». La révérence paysanne est une survivance certaine des usages de l'époque.

Quoiqu'il en soit, quelques-unes des coutumes que j'ai essayé de faire revivre, sont empreintes du symbolisme le plus transparent et puisque toute la vie humaine est enveloppée de symboles qui en masquent la brutalité, n'est-il pas déplorable que nous laissions s'évanouir quelques-uns parmi les plus suggestifs de ces symboles qui paraient l'existence des gens d'autrefois ?

Nous en avons honte parce qu'on nous a dit qu'ils étaient des superstitions et des préjugés. Y pensez-vous ? « Quand vous vous indignez contre quelque vieux préjugé absurde, songez qu'il est le compagnon de route de l'humanité depuis dix mille ans peut-être, qu'on s'est appuyé sur lui dans les mauvais chemins, qu'il a été l'occasion de bien des joies, qu'il a vécu pour ainsi dire de la vie humaine. N'y a-t-il pas pour nous quelque chose de fraternel dans toute pensée de l'homme ? ».

★
★ ★

Mais, au fait, quelle est l'origine de la plupart des coutumes dont nous venons de parler ? Sont-elles filles du terroir ou bien nous viennent-elles d'outre-mer ?

On s'en doute bien. Aucune d'entre elles n'est une

création tout à fait locale, mais aucune d'entre elles n'est parvenue jusqu'à nous sans altération. Elles sont comme l'est notre personnalité elle-même, toutes chargées de réminiscences et impressionnées par de successives mutations qui marquent la complexité de nos origines ethniques et, puisque notre évolution de peuple s'effectue en direction divergente, de telle sorte qu'un petit nombre d'entre nous acquiert une culture intellectuelle et sociale, qui en fait un monde à part, très fier et très orgueilleux de vivre dans sa tour d'ivoire, n'ayant qu'un contact distant et compassé avec le reste perdu de misère et d'ignorance, c'est parmi la multitude que nous aurons les chances de retrouver le fil des traditions orales venues d'outre-mer. Qu'on soumette ces traditions à un examen comparé, elles révèleront aussitôt que l'Afrique, pour la plus grande part d'entre elles, est leur patrie d'origine.

Mais de même que les croyances dont elles dérivent ainsi que nous l'avons établi ailleurs, partagent l'Afrique en des zones distinctes, de même la carte des mœurs et des coutumes dont il s'agit s'étendra sur la grande moitié occidentale du vieux Continent.

Voulez-vous que nous assistions maintenant et par comparaison à la fondation d'une famille quelque part au Congo, au Soudan et dans le Dahomey ?

Ah ! je sais à quelle répugnance je me heurte en osant vous parler d'Afrique et de choses africaines ! Le sujet vous paraît inélégant et tout à fait dénué d'intérêt, n'est-il pas vrai ?

Prenez garde. mes amis, que de tels sentiments ne reposent sur un fonds de scandaleuse ignorance ? Nous vivons sur des idées rancies par la prodigieuse bêtise d'une culture mal agencée et notre vanité puérile n'est satisfaite que quand nous ânonnons les phrases écrites pour d'autres où l'on glorifie « Les Gaulois nos aïeux ».

Or, nous n'avons de chance d'être nous-mêmes que si nous ne répudions aucune part de l'héritage ancestral. Eh ! bien, cet héritage, il est pour les huit dixièmes un don de l'Afrique. Au surplus, sur cette étroite planète qui n'est qu'un point infinitésimal dans l'espace, les hommes se sont mêlés depuis des millénaires au point qu'il n'y a plus un seul savant authentique. pas même aux Etats-Unis d'Amérique qui soutienne sans rire la théorie des races pures. Et si j'en crois la science propre de Sir Harry Johnstone, il n'y a pas un seul nègre, si noir qu'il soit, au centre de l'Afrique qui n'ait quelques gouttes de sang caucasique dans les veines, et peut-être pas un seul blanc dans le Royaume Uni d'Angleterre, en France, en Espagne et ailleurs, parmi les plus orgueilleux, qui n'ait quelques gouttes de sang nègre ou jaune dans les veines. Tant il est vrai selon le vers du poète :

Tous les hommes sont l'homme.

Nos ancêtres ? Mais en quoi puis-je être humilié de savoir d'où ils vinrent, si je porte, moi, ma marque de noblesse humaine au front comme une étoile radieuse et si dans mon ascension vers plus de lumière, je suis allégé par la blessure sacrée de l'idéal ?

Nos ancêtres ? Ce sont d'abord les morts dont les souffrances séculaires, le courage, l'intelligence et la sensibilité se sont confondus jadis dans le creuset de Saint-Domingue pour faire de nous ce que nous sommes : des êtres libres. Nos ancêtres ? Ce sont les morts dont les vices et les vertus conjugués, parlent tout bas dans nos cœurs mauvais ou notre conscience héroïque et hautaine.

Nos ancêtres ? Ce sont tous ceux qui s'élevèrent lentement de l'animalité primitive pour aboutir à l'être transitoire que nous sommes, encore tremblants devant l'inconnu qui nous enveloppe mais héritiers de la gloire immarcescible d'être des hommes. C'est parce que nos ancêtres furent des hommes qui souffrirent, qui aimèrent et qui espérèrent, que nous pouvons, nous aussi, prétendre à la pleine dignité d'être des hommes malgré la brutale insolence des impérialismes de tous les ordres.

Blancs, noirs, mulâtres, griffes, octavons, quarterons, marabouts, sacatras, qu'importent ces vaines étiquettes de la défroque coloniale si vous vous sentez des hommes résolus à jouer proprement votre rôle d'hommes sur cette minuscule partie de la scène du monde qu'est notre société haïtienne.

Acceptez donc le patrimoine ancestral comme un bloc. Faites-en le tour, pesez-le, examinez-le avec intelligence et circonspection, et vous verrez comme dans un miroir brisé qu'il reflète l'image réduite de l'humanité tout entière. Eh ! oui, les mêmes causes ont produit les mêmes effets sur toute la surface de la planète. L'Amour, et la Faim, et la Peur ont engendré les mêmes fables dans l'imagination ardente des hommes — qu'ils vivent dans la brousse embrasée du Soudan, qu'ils parussent jadis sur les collines où s'éleva l'Acropole ou sur les bords du Tibre où s'édifia la ville aux Sept collines. Et c'est pourquoi l'Africain d'aujourd'hui fournit aux sociologues les éléments qui lui permettent d'établir la psychologie de l'homme primitif. La constitution de la famille est chez lui, avant tout, un acte de foi, une cérémonie d'initiation religieuse. Telle elle fut dans la Grèce et la Rome antiques, telle elle est dans certaines tribus du Soudan, du Dahomey, du Congo, sauf les variantes inévitables qu'engendrent les circonstances et les nécessités du milieu physique. Si vous voulez m'en croire, faisons l'étude comparée de la fondation de la famille dans ces ébauches de civilisation, nous en tirerons la plus instructive leçon de sagesse et de méditation. Ecoutons Fustel de Coulanges décrire la cérémonie du mariage chez les Grecs et les Romains :

« Chez les Grecs, dit-il, la cérémonie du mariage se composait pour ainsi dire de trois actes : le premier se passait devant le foyer du père, le troisième au foyer du mari, le second était le passage de l'un à l'autre.

« Premièrement, dans la maison paternelle, en présence du prétendant, le père, entouré ordinairement de sa famille, offre un sacrifice. Le sacrifice terminé, il déclare, en prononçant une formule sacramentelle, qu'il donne sa fille au jeune homme. Cette déclaration est tout à fait indispensable au mariage. Car la jeune fille ne pourrait pas aller tout à l'heure adorer le foyer de l'époux si son père ne l'avait pas préalablement détachée du foyer paternel. Pour qu'elle entre dans sa nouvelle religion, elle doit être dégagée de tout lien et de toute attache avec sa religion première.

« Deuxièmement, la jeune fille est transportée à la maison du mari. Quelquefois c'est le mari lui-même qui la conduit. Dans certaines villes, la charge d'amener la jeune fille appartient à un de ces hommes qui étaient revêtus chez les Grecs d'un caractère sacerdotal et qu'ils appelaient hérauts. La jeune fille est ordinairement placée sur un char, elle a le visage couvert d'un voile et porte sur sa tête une couronne. La couronne était en usage dans toutes les cérémonies du culte. Sa robe est blanche. Le blanc était la couleur des vêtements dans tous les actes religieux. On la précède en portant un flambeau. C'est le flambeau nuptial. Dans tout le parcours, on chante autour d'elle un hymne religieux qui a pour refrain : ὦ νμεν, ὦ υμεναιε.

On appelait cet hymne, l'hyménée, et l'importance de ce chant sacré était si grande que l'on donnait son nom à la cérémonie tout entière.

La jeune fille n'entre pas d'elle-même dans sa nouvelle demeure. Il faut que son mari l'enlève, qu'il simule un rapt, qu'elle jette quelques cris et que les femmes qui l'accompagnent feignent de la défendre...

Après une lutte simulée, l'époux la soulève dans ses bras et lui fait franchir la porte, mais en ayant bien soin que ses pieds ne touchent pas le seuil.

Ce qui précède n'est que l'apprêt et le prélude de la cérémonie. L'acte sacré va commencer, dans la maison.

Troisièmement, on approche du foyer, l'épouse est mise en présence de la divinité domestique. Elle est arrosée d'eau lustrale ; elle touche le feu sacré. Des prières sont dites. Puis les deux époux se partagent un gâteau, un pain et quelques fruits. Cette sorte de léger repas qui commence et finit par une libation et une prière, ce partage de la nourriture vis-à-vis du foyer, met les deux époux en communion avec les dieux domestiques.

★
★ ★

Le mariage romain ressemblait beaucoup au mariage grec, et comprenait comme lui trois actes.

1° La jeune fille quitte le foyer paternel. Comme elle n'est pas attachée à ce foyer par son propre droit, mais seulement par l'intermédiaire du père de famille, il n'y a que l'autorité du père qui puisse l'en détacher...

2° La jeune fille est conduite à la maison de l'époux. Comme en Grèce, elle est voilée, elle porte une couronne, et un flambeau nuptial précède le cortège. On chante autour d'elle un ancien hymne religieux...

Le cortège s'arrête devant la maison du mari. Là on présente à la jeune fille le feu et l'eau. Le feu c'est l'emblème de la divinité domestique, l'eau c'est l'eau lustrale qui sert à la famille pour tous les actes religieux. Pour que la jeune fille entre dans la maison, il faut comme en Grèce, simuler l'enlèvement. L'époux doit la soulever dans ses bras et la porter par-dessus le seuil sans que ses pieds le touchent.

3° L'épouse est conduite alors devant le foyer, là où sont les pénates, où tous les dieux domestiques et les images des ancêtres sont groupés autour du feu sacré. Les deux époux comme en Grèce, font un sacrifice, versent la libation, prononcent quelques prières, et mangent ensemble un gâteau de fleur de farine.

Ce gâteau mangé au milieu de la récitation des prières, en présence et sous les yeux des divinités de la famille, est ce qui fait l'union sainte de l'époux et de l'épouse... (1) ».

Voilà ce que fut le mariage dans l'antique civilisation gréco-romaine.

Et maintenant voyons ce qu'elle est chez certains nègres d'Afrique, et d'abord au Congo.

Là, pour que jeunes gens et jeunes filles soient complètement considérés aptes au mariage, il faut qu'ils se soumettent d'abord à une cérémonie d'initiation qui les rende propres à partager la vie pleine de la tribu. Nous empruntons à Mgr Leroy, dans la « Religion des primitifs », la description de ce rite curieux :

« L'initiation qui s'applique aux deux sexes, dit-il, est « très variable dans son cérémonial de tribu à tribu, mais « on la trouve partout au moins à l'état d'ébauche ou de « survivance, ici plus simple, là plus compliquée, plus sym- « bolique et plus solennelle.

« Naturellement, elle diffère pour les garçons et pour les « filles, mais on attend pour les uns et pour les autres qu'il « y ait un certain nombre de jeunes gens ou de jeunes per- « sonnes de même village ou de villages voisins en âge d'être « admis. Le jour venu, les garçons qui peuvent alors être « âgés de 15 à 18 et 20 ans, sont réunis sous la conduite d'un « spécialiste et soumis, dans un costume de circonstance, à

---

(1) Fustel de Coulanges: La Cité Antique.

« diverses épreuves qu'ils doivent subir virilement. C'est une
« sorte de retraite qu'ils font ainsi, vivant, mangeant, cou-
« chant à part, généralement dans la forêt voisine, se livrant
« à divers exercices, répétant certains chants et certaines
« danses, instruits avec mystère de ce qui est permis ou
« défendu, des intérêts et des traditions de la tribu, etc...

« C'est aussi l'occasion de renouveler l'alliance avec le
« totem par des cérémonies symboliques, un sacrifice, une
« communion. Tout cela dure plusieurs jours, souvent plu-
« sieurs semaines et même plusieurs mois. La peau noire
« disparaît en tout ou en partie sous une couleur blanche
« obtenue avec de la craie délayée ou de la farine : c'est
« la couleur des esprits. Les ornements du costume sont
« parfois très compliqués. Les danses se succèdent. Un
« nom nouveau est souvent donné : c'est une seconde nais-
« sance... Le tout se termine d'ordinaire par une grande fête,
« comportant procession solennelle, repas, danses et cadeaux,
« sans compter la beuverie, qui doit être particulièrement
« soignée...

« Les filles sont soumises à une cérémonie identique, va-
« riable pareillement suivant les pays et que R.-E. Dennett
« nous décrit ainsi du Congo :

« Quand une enfant est nubile, on lui construit une petite
« hutte en dehors du village. Sa tête est rasée et tout son petit
« corps est couvert de *takula*, ou poudre de bois rouge délayée
« dans de l'eau. Ainsi peinte, la fille se retire avec celles de
« ses amies qui ont déjà passé par semblable cérémonie, dans
« sa petite cabane ; là, on lui offre une poule, ou si la famille
« ne peut se la procurer, un œuf. Elle reste ainsi renfermée
« pendant six jours, entourée de ses compagnes qui la gardent,
« l'amusent et la nourrissent durant le jour, la servant comme
« une princesse, et, la nuit, chantant et dansant aux sons
« des *misunga*.

« Entre temps, on lui bâtit une belle case dans le village,
« et on dispose deux lits. Sur l'un elle dort avec deux de ses
« plus anciennes amies, le second est au service des autres
« plus jeunes. Chaque jour elle se soumet deux fois à la
« cérémonie de la peinture, et pendant quatre ou cinq mois
« il ne lui est pas permis de travailler.

« Quand le moment est venu pour elle d'être portée à
« son mari, un de ses parents entre dans sa case au lever
« du jour et du pied, pousse son lit dehors. Si elle n'est pas
« encore retenue pour le mariage, c'est son père qui jette
« son lit dans la cour. Alors toutes les femmes de la famille
« lui apportent des ombrelles, linges propres et ornements,
« la conduisent au bord de la mer et lui enlèvent sa couche
« de peinture avec de petites baguettes flexibles ; puis elles
« vont au plus voisin cours d'eau douce, la lavent et l'ha-
« billent. Ses chevilles sont chargées de gros anneaux de
« cuivre, ses poignets de bracelets, son cou de tous les col-
« liers de la famille, sur sa poitrine flotte un linge de couleur
« et le reste de son costume est rouge : une ombrelle complète
« sa toilette. Alors la procession s'organise et toutes ses amies
« faisant tourner leurs ombrelles, s'avancent en chantant à
« travers les villages jusqu'à sa maison. Tout le long du che-
« min, les jeunes gens du pays viennent danser devant elle
« et lui font quelque menu présent. Alors elle est livrée à son
« mari et les danses continuent toute la nuit » (1).

Etrange cérémonie que celle-là, n'est-il pas vrai, mais
d'un symbolisme si transparent qu'il est inutile d'insister là-
dessus. En tout cas, l'union de l'homme et de la femme chez
ces Congolais signifie autre chose que la complaisance à un
acte charnel. Elle implique au contraire la renaissance du
couple à une vie nouvelle dans laquelle il est censé perdre
jusqu'au souvenir de l'existence d'autrefois. Même le nom
des époux est changé, tant il importe que dans leur nouvel
état, il faut qu'ils soient dignes de participer aux mystères
de la religion de la tribu. Si, ici, l'analogie avec la cérémonie
gréco-romaine est moins dans la forme que dans le fond,
nous allons monter un degré de plus de l'échelle des comparaisons en assistant à une cérémonie du mariage au Soudan
chez les *Ndogom Habbés* du plateau des *Bandiogara*. Cédons
la parole au lieutenant Desplagnes :

« Les jeunes gens habitant les villages du plateau du
« *Bandiagara* vivent en dehors de leur famille, formant une
« association avec leurs camarades du même âge. A tour de
« rôle, aidés par leurs compagnons du Clan, ils se bâtissent
« une maison et se préparent à se mettre en ménage. Tous

(1) R. E. Denett : At the back of the black man's mind, p. 69.

« ont de petites amies de leur âge qui viennent passer la
« soirée avec eux, échangeant des cadeaux. C'est parmi ces
« fillettes qu'ils choisissent leur fiancée. En général, les jeunes
« gens attendent toujours pour se marier que leurs frères aînés
« soient déjà installés en ménage, sans quoi ils devraient leur
« demander l'autorisation de les précéder dans le mariage.

« Lorsque le jeune homme a obtenu le consentement de
« sa fiancée, il se rend, accompagné d'un ami, chez le père
« de la jeune fille et lui annonce son intention de devenir son
« gendre. Si le futur beau-père accepte, on lui fait un léger
« cadeau, paquet de bois, gibier ou poissons. Puis, on fixe
« le jour de la cérémonie, autant que possible un jour heureux
« de la lune qui suit la fin des récoltes de janvier. Jusqu'à
« cette époque, le fiancé, aidé par les camarades de son clan,
« va travailler au champ de son futur beau-père et prépare
« vivres et boissons pour la fête. La veille du mariage, le jeune
« homme envoie 500 cauries à la jeune fille pour la faire coif-
« fer et parfumer, puis achète du riz, un mouton et beaucoup
« de bière de mil, avec le secours de son association. Le
« jour fixé, les jeunes gens donnent une grande fête, à laquelle
« assiste tout le village excepté les parents de la future.

« Au milieu des danses, les amis du mari enlèvent à
« ses compagnes qui la défendent, la fiancée et la conduisent
« au son du tam-tam au domicile de son époux. Le lendemain
« matin, la nouvelle mariée prend sa cruche et descend à la
fontaine ou au puits, pour montrer qu'elle est mariée et se
charge des soins du ménage.

« Le premier jour heureux qui suit l'enlèvement et le
mariage, les nouveaux époux réunissent tous les amis du clan
du mari, puis font prier le vieillard le plus âgé du village,
l'Hanna Gara, de venir consacrer le nouvel hôtel de famille,
afin d'attirer la protection céleste sur le nouveau couple.
Ce vieillard *Hanna Gara* (qui, chez les tribus habitant plus
au sud, prend le titre de Hogon), grand prêtre du village,
vient s'asseoir, revêtu de ses insignes sacerdotaux, à côté
du nouvel autel familial, sur lequel a été déposé l'objet
choisi par le mari, comme signe d'alliance entre sa nouvelle
famille et la divinité.

« Le mari sacrifie lui-même les victimes, poulets et mou-
ons blancs, il arrose de leur sang l'autel et le signe d'al-

« liance, pendant que le vieillard prie Ammo de leur accorder
« une nombreuse famille, la richesse et le bonheur. La jeune
« femme prépare immédiatement un repas avec la viande des
« victimes, dont le prêtre offre les prémices à la divinité et
« aux esprits ancestraux qui vont résider autour de l'autel,
« et tous festoient en l'honneur des ancêtres et de la conti-
« nuation de la famille.

« Par cette cérémonie, les époux sont liés l'un à l'autre
« devant leurs ancêtres et se doivent fidélité. Son mari venant
« à mourir, la femme devra garder le deuil un ou deux ans
« avant de se remarier, en outre, si elle voulait divorcer, elle
« ne pourrait le faire sans un nouveau sacrifice favorablement
« accueilli par la divinité.

« Après le festin, tous les jeunes gens vont saluer le chef
« de famille du mari et lui annoncer l'entrée d'une belle-fille
« dans sa parenté. Ce vieillard offre en général un cadeau
« au jeune ménage. De là, le nouveau marié se rend seul
« chez son beau-père et lui porte une offrande pour le remer-
« cier de lui avoir accordé sa fille; en acceptant, le père de
« la jeune femme doit adresser également un cadeau à sa
« fille » (1).

Ainsi se perpétuent les traditions de la tribu par le mariage selon la foi des ancêtres dans les populations soudanaises, et, si vous voulez avoir un sentiment plus net du double
sens religieux et traditionnel que le nègre met dans la cérémonie du mariage, nous allons prendre, pour exemple, un
troisième type de cérémonie nuptiale chez le peuple du
Dahomey dont les coutumes et les croyances ont laissé une
si forte empreinte sur les coutumes et les croyances du peuple
haïtien. Mais, au Dahomey, le rituel des noces varie en
splendeur selon qu'il s'agit des noces de simples particuliers
ou des personnes de sang royal. Encore qu'il eut été intéressant
de vous en montrer la différence, je craindrais tout de même
d'abuser outre mesure de votre patience, et c'est pourquoi
nous choisirons l'exemple d'une union de grands seigneurs
pour vous en faire voir le pittoresque et la grave beauté.

J'emprunterai à un administrateur colonial, à M. A.
Hérissé, l'autorité de son témoignage pour vous parler des
fêtes d'un mariage princier au royaume du Dahomey.

(1) Lieutenant L. Desplagnes: « Le plateau central nigérien ».

« J'ai gardé de ces fêtes un souvenir charmant », écrit
M. l'Hérissé.

« C'était le soir, dans l'ancienne demeure des rois du
« Dahomey dont les ruines profilaient leur rectitude au clair
« de lune. De tous côtés surgissaient des ombres humaines :
« leur silence ajoutait encore à la mélancolie des lieux. Le
« marié, Mêvo, était un chef de la ville d'Abomey. Aussi
« avait-il convié tous ses pairs.

« A mon arrivée, ceux-ci s'avancèrent pour me saluer.
« Ils avaient le pagne noué autour de la ceinture et le torse
« nu en signe de respect. Nous fûmes bientôt rejoints par le
« marié. Il était drapé dans un pagne blanc. Des gens de
« sa suite portaient quelques calebasses qu'il fit déposer à
« mes pieds : "Résident, dit-il, tu es notre chef, daigne accep-
« ter ces liqueurs et offre-les à mes frères et à mes amis. Ils
« ne les goûteront que si tu les y autorise". Les liqueurs sont
« versées : chaque invité me présente son verre en me disant :
« "Voici de l'eau ! Sin dié !". A chacun je réponds :"Bois,
« bô nou". Ainsi le veut la coutume.

« Tous les princes s'alignent par rang d'âge et forment
« une double haie en avant d'une des grandes portes du
« palais ; derrière eux se groupent les simples assistants.

« La mariée sort de la demeure de ses pères. Elle est
« vêtue d'un long pagne blanc, laissant les bras libres, et
« attaché au-dessus des seins par une écharpe blanche, ses
« épaules sont couvertes d'*Atiké*, poudre blanche dont le
« parfum rappelle l'encens, un collier de perles cercle son
« cou, des anneaux d'argent, d'où pendent de minuscules
« clochettes, se heurtent en bruissant sur ses poignets et ses
« chevilles. Elle porte pour coiffure un long cône d'étoffe
« blanche. On étend un pagne blanc à terre ; elle s'y agenouille
« et se soutient des mains posées un peu en avant du corps.
« Elle incline la tête et baisse les yeux.

« A ses côtés deux femmes s'agenouillent, à droite une
« représentante de la mère du roi Glélé (l'aïeule du premier
« prince de la dynastie), à gauche, la fille aînée du même roi.

« Le Méhou, maître des cérémonies, appelle par trois fois
« le marié. Celui-ci pénètre dans l'allée formée par ses invités.
« Il se couche à terre, se couvre de poussière. Il se relève,
« fait quelques pas, se courbe et s'humilie encore. Puis, il

« s'étend sur le ventre, et, s'aidant des avant-bras et des
« genoux, il rampe jusqu'à quelques mètres de sa fiancée.

  « Que veux-tu ? lui demande le Méhou ».

  « Je veux emmener comme épouse une fille de nos rois ».

  « La voici ! Approche ».

  « Le fiancé rampe de nouveau.

  « Mévo, reprend le Méhou, nous sommes heureux de ce
« qui arrive, tu étais l'ami de Béhanzin, ton père était l'ami
« de Glélé ; tu es petit-fils de Chézo.

  « Nous sommes heureux que tu épouses une fille de nos
« rois.

  « Soyez assurés, répond Mévo, que votre fille aura la
« vie facile dans ma case. Rien de ce qu'une princesse doit
« avoir ne lui manquera. Personne autre que moi ne la com-
« mandera. Si elle fait mal, moi seul le lui reprocherai.

  « Ici, Mévo est interrompu par la Méhounou, vieille femme
« qui a autorité sur les princesses.

  « Si ton épouse agit mal, dit-elle, il t'appartiendra de la
« corriger. Cependant, ne la frappe pas trop fort ».

  « J'ai entendu, je suivrai tes conseils. Il ne lui arrivera
« rien de mal chez moi. En souvenir de son père, je l'appel-
« lerai « Tokênha » (celle qui compte les cailloux dans la
« rivière), parce que « Béhanzin, à l'œil de poisson, compte
« les cailloux de la rivière ».

  Les discours sont finis, Mévo rampe tout proche et en
face de sa fiancée.

  « La représentante de la mère du roi prend une calebasse
« remplie d'eau, en verse une partie du contenu sur le sol
« pour les ancêtres, et la présente à la fiancée, puis à Mévo.
« L'un et l'autre y trempent leurs lèvres. Après la même
« cérémonie avec un verre de liqueur, la mariée se lève et
« se met en marche accompagnée de ses deux acolytes et
« d'autres femmes en grand nombre, ses sœurs, ses parentes,
« ses amies.

  « Mévo la précède, il fait dégager le chemin. Le cortège
« débouche sur la place du palais. Aussitôt, des fusils et une
« antique caronade annoncent le nouvel hymen. Les tam-tams
« grondent, on pousse des cris de joie, tandis que de jeunes
« garçons rythment leurs chants avec les *asan*.

« La princesse, fille de panthère, marche lentement (ceci
« est une allusion au totem de la famille royale).

« La princesse, fille de panthère, marche lentement.

« Allons ! Partons !

« Elle marche lentement, gracieusement, comme la pan-
« thère dans la forêt.

« Allons ! Partons !

« Le caméléon monte le long du fromager et aussi mar-
« che lentement.

« Allons ! Partons !

« Et en effet, souple et gracieuse, la mariée marche posé-
« ment, soutenue par ses compagnes.

« De temps à autre, elle appelle son mari :

« Mon mari, recommande-t-elle, fait jeter des cauris pour
« celles qui m'accompagnent, elles sont fatiguées ».

« Mévo, alors, puise à pleines mains dans des sacs à sa
« portée et lance à la volée des cauris sur lesquels les gamins
« se précipitent.

« Le cortège s'éloigne ; longtemps encore j'entends dans
« la nuit ses cris aigus et le bruit sourd de ses tam-tams » (1).

J'ajouterai aux descriptions diverses qui viennent de vous
être faites, que nulle part en Afrique le mariage ne se fait
sans que l'homme paie une dot à la famille de la jeune femme.
Cette dot est variable d'une tribu à l'autre, mais elle est
indispensable en tant que symbole de la valeur sociale et
économique de la famille avec laquelle on désire contracter
alliance. Car il faut bien que vous sachiez que la femme,
là-bas, est avant tout celle qui perpétue la race et augmente
le nombre des travailleurs dans une famille. A ce double titre
elle est une richesse dont ne peut se départir une famille sans
compensation. Si, au dire de Ratzel (2), le roi de l'Ouganda
avait 7.000 femmes, ce qui prouverait sa gloire et sa magnificence, le simple mortel qui ne peut déployer autant de faste
doit accuser plus de modestie dans ses goûts. Ainsi les Bantous de la zone des bananes, près de la côte occidentale,
d'après Milligan, paient la dot de leurs femmes selon le tarif
suivant : 10 chèvres, 5 moutons, 5 carabines, 20 caisses vides
pour faire le colportage, 100 têtes de tabac, 10 chapeaux,

(1) A. Le Hérissé : L'ancien royaume du Dahomey.
(2) Cité par Dowd : The negro, p. 131.

10 miroirs, 5 couvertures, 5 pantalons, 2 douzaines d'assiettes, une certaine quantité d'étoffes et d'alcool équivalent à 100 dollars, une chaise et un chat.

★
★ ★

Mesdemoiselles,

Mesdames,

Messieurs,

En manière de conclusion, il ne nous reste plus qu'à tirer quelques bonnes leçons des comparaisons ethnographiques auxquelles nous venons de nous livrer. C'est d'abord qu'il existe dans la cérémonie du mariage des analogies saisissantes entre les coutumes de la Grèce et de la Rome antiques et celles qui sont en honneur aujourd'hui encore dans certaines parties de l'Afrique. En outre, nos populations paysannes, de ce côté-ci de l'Atlantique, sont toutes imprégnées de ces coutumes. On y constate, de part et d'autre le même symbolisme qui fait de l'union de l'homme et de la femme un acte éminemment religieux. On y retrouve presque le même rituel et le même sacrifice propitiatoire qui obligent les jeunes époux envers les dieux de la famille, de la cité ou de la tribu, presque le même symbolisme qui fait choisir voile et couronne blancs, pagne, poudre et claie blancs comme les signes extérieurs de l'initiation à la vie nouvelle. Tout comme aujourd'hui dans notre monde le voile blanc, la couronne de fleur d'oranger, la robe blanche sont des emblèmes de pureté et d'innocence de la vierge que l'amour initie à la vie du foyer. Puis-je dire, Messieurs, que votre cravate blanche et vos gants blancs sont peut-être aussi les signes extérieurs de la pureté... d'intentions que vous apportez au foyer ?

Dans tous les cas, en Grèce, à Rome tout comme en Afrique, l'homme est le maître consacré par l'ancienneté de la coutume.

Chef de famille ayant la responsabilité du groupe devant les dieux et les ancêtres, c'est lui seul qui peut autoriser l'impétrant ou l'impétrante à approcher de l'autel où il sacrifie à la divinité tutélaire. Que cette pensée soit plus formelle ici que là, nulle part elle n'est absente, quand même ce ne serait plus qu'à l'état de survivance. Eh! bien, il me semble qu'un

fait de haute importance sociale découle de ces diverses remarques : si la cérémonie du mariage revêt un tel caractère
de solennité religieuse çà et là, elle implique en même temps
l'idée de gravité qu'on y attache, elle implique que la constitution de la famille est en étroite relation avec la continuité
du culte divin et le bien-être de la cité ou de la tribu. De
ce caractère mystique découle la solidité des liens de la famille.
Elle est dans certaines des régions africaines dont nous avons
parlé, une petite communauté protégée par le mâle le plus
âgé qui en est le chef naturel. C'est l'ancien. La réunion de
ces communautés sur un espace donné, forme le village, soumis
à un chef choisi parmi les anciens dont on a su apprécier la
sagesse et l'expérience. Conçoit-on dans ces conditions la
puissance des liens de famille formés en de telle conjoncture ?
C'est ce que les africologues ne manquent jamais de signaler.
Ils disent tous combien le jeune nègre s'attache à son village,
à son groupe de famille et particulièrement à celle qui en est
l'incarnation vivante, à sa mère.

« Si le noir se plaît aux voyages, nous confirme Mgr Leroy,
il n'oublie jamais son *chez lui*, sa mère, ses frères. Le nom
de celle-ci revient souvent au loin, dans ces chansons très
douces qu'il répète à lui-même, le soir, aux campements des
caravanes, le long des petits sentiers qu'il parcourt et sur les
grands fleuves où sa pirogue file sans bruit...

Malade, abandonné, blessé, mourant, d'un bout de
l'Afrique à l'autre, dans tous les rangs et à tous les âges,
il a un appel qui revient, toujours le même et fort touchant :
« Ma mère, ma mère ! »

Et pareillement il n'y a pas, pour lui, d'injure plus grave
et, disons-le, plus commune, que celle visant la femme qui
lui donna le jour... »

« Quelle que soit l'opinion qu'on ait de l'Africain, écrit
un autre observateur, nous ne pouvons douter de son amour
pour sa mère. Le nom de celle-ci, qu'elle soit morte ou vivante,
est toujours sur ses lèvres et dans son cœur. Sa mère est la
première chose à laquelle il pense dès qu'il se réveille, la
dernière dont le souvenir berce son sommeil. Pour elle, il
réserve des secrets qu'il ne révèlera à personne au monde.
Il ne fait appel à aucun être humain pour le soigner s'il est
malade : elle lui prépare sa nourriture, ses remèdes, ses ablu-

tions, c'est elle encore qui arrangera la natte où il repose. Ce sera vers elle qu'il se réfugiera dans toutes ses détresses, sachant bien que si le reste du monde se tourne contre lui, elle lui demeurera fidèle dans son amour, qu'il en soit ou non resté digne.

« Et s'il y a quelque chose capable de justifier un homme de se porter à la violence contre son semblable, ce sera l'insulte qu'il aura entendu proférer contre sa mère.

Entre jeunes gens, c'est la cause la plus fréquente de querelles et de batailles. Et c'est chez eux un proverbe que si l'on voit sa mère et sa femme en danger de périr, il faut sauver d'abord sa mère, pour cette raison que l'homme qui a perdu sa femme peut en reprendre une autre, mais qu'il ne retrouvera jamais sa mère » (1).

La bénédiction des parents est un gage de bonheur, et la malédiction la pire des calamités, celle qui poursuit partout le fils coupable, empoisonnant sa vie et semant le malheur autour de lui. J'ai été témoin de cette scène : les vêtements en lambeaux, les traits bouleversés comme ceux d'une furie, son maigre corps agité par un tremblement convulsif, jetant des cris qui n'avaient plus rien d'humain, une vieille femme ramassait par terre des poignées de poussière, et, de ses longs bras décharnés, les jetait dans la direction d'un jeune homme qui fuyait éperdu... Et ce spectacle était impressionnant comme aux premières pages de la Bible, celui de Caïn maudit par sa mère et par Dieu, après le meurtre d'Abel (2).

Que de telles mœurs révèlent la bonté native d'une race et fassent le plus grand honneur à la moralité générale de l'espèce humaine, c'est ce dont les plus féroces des négrophobes conviendront sans peine. Que ces magnifiques vertus aient été transportées dans ce pays par les nègres dont la traite a peuplé Saint-Domingue, c'est ce que nous apprend Moreau de St-Méry quand il nous parle avec attendrissement du dévouement des femmes noires à leurs enfants.

« On ne peut donner, s'écrit-il, assez de louanges aux sentiments que l'amour maternel a placés dans le cœur des négresses. Jamais les enfants, ces faibles créatures, n'eurent de soins plus assidus, et cette esclave qui trouve le temps de

(1) L. Wilson : Western Africa dans Miss M. H. Kingsley.
(2) Mgr Leroy : La Religion des primitifs.

baigner chaque fois ses enfants et de leur donner du linge, est un être respectable ».

Mais, chose curieuse, voici que la piété filiale se transforme brusquement et ne s'adresse plus qu'à une autre créature : « la marraine ». « Jurer la marraine d'un nègre, c'est lui faire l'injure la plus sanglante et on les entend, après de longues querelles, s'écrier : il m'a insulté, mais il n'a pas osé jurer ma marraine », nous informe l'historien colonial. De plus, les filleuls d'une même marraine s'appellent frères et sœurs et se considèrent comme tels.

Ah ! savez-vous pourquoi à Saint-Domingue la marraine a presque remplacé la mère dans l'affection de son enfant, c'est que le plus souvent, l'enfant, à peine nubile, est arraché à sa mère dont le service est réclamé par l'exploitation, il ne connaît, désormais, que sa marraine, en attendant de devenir, plus tard, lui aussi, un numéro d'ordre dans l'atelier du travail. La raison profonde d'un si cruel bouleversement gît dans l'action destructive exercée par l'esclavage sur l'économie sociale du noir, tel que ce monstrueux système a été perpétré pendant quatre cents ans par la race blanche sur la race noire. Ah ! mes amis, mon cœur n'est pas assez grand pour contenir tout l'amour que j'éprouve pour tous les hommes. Je n'ai donc pas de place pour la haine. Mais je ne peux m'empêcher de frémir d'horreur à la pensée de carnage et de destruction dont l'application a été poursuivie ici et sur le vieux continent avec une méthode implacable, par ceux qui se targuent d'être une humanité supérieure et qui osent reprocher maintenant à la race noire sa sauvagerie et l'instabilité de ses institutions.

Oui, pendant quatre cents ans, la race blanche, sans pitié ni miséricorde, a allumé la guerre intestine en Afrique, poussant le nègre contre le nègre, le pourchassant sans trêve ni merci pour satisfaire son ignoble trafic de chair humaine, en destruction de toute civilisation et de toute culture indigènes. Puis, pendant deux siècles, elle a poussé ses bateaux chargés du bétail humain vers les rives de cette île déjà ensanglantée par l'extermination de l'Indien, et pendant deux siècles d'outrageante promiscuité, de corruption et d'abâtardissement, elle a souillé l'antique chasteté de la négresse en lui imposant la loi brutale du concubinage. Et c'est ainsi

que le statut de la famille nègre a été déchiré, détruit, anéanti
par la plus triste abomination qui ait jamais maculé la face
de la terre, si vrai qu'au lendemain de 1804, nos pères, en
adoptant sans sourciller un statut légal et religieux qui était
si différent de leur vieille conception sociale, allaient se livrer
sans s'en douter à la plus formidable expérience qui ait été
tentée parmi les hommes.

Quel en est le résultat depuis cent ans ? Vous pouvez le
voir par cette confusion de mœurs, de croyances et de coutumes d'où émerge lentement une forme sociale nouvelle.
Elle n'est peut-être maintenant qu'une chrysalide dont s'indi-
gnent, se moquent ou rougissent les impatients, les myopes
et les ignorants, mais que les philosophes et les hommes de
cœur regardent, attendris et intéressés. Que sera-t-elle dans
cent, deux cents, cinq cents ans ? Je l'ignore. Mais qu'étaient-
ce donc les nations et les peuples qui sont pourris d'ostentation, de préjugés et de haine aujourd'hui, quand pendant
dix-neuf siècles une magnifique civilisation florissait sur les
bords du Nil ? Qu'étaient-ils ? De misérables barbares, répond
l'histoire.

« Les hommes passent et il ne serait pas bon qu'ils fussent
éternels ».

C'est pourquoi ceux d'entre nous qui font profession de
se pencher sur les origines historiques et ethniques de ce
peuple, sont subjugués par l'éblouissante intuition que son
passé répond de son avenir. Mais, de grâce, mes amis, ne
méprisons plus notre patrimoine ancestral. Aimons-le, consi-
dérons-le comme un bloc intangible. Répétons plutôt la fière
apostrophe que le vieux barde met dans la bouche d'un
habitant de l'Olympe : « Il n'y a rien de laid dans la maison
de mon père ».

Pour moi, si je pouvais dire ma joie à ces jeunes filles
de Primavera qui m'ont accordé aujourd'hui une si généreuse
hospitalité, je leur exprimerais d'abord ma gratitude de nous
avoir fourni l'occasion, en interprétant le sens de notre folk-
lore, de bénéficier en même temps d'une heure de morale
sociale.

A vous comme à elles je ne saurais dire rien d'autre et
qui parte du plus profond de mon cœur si ce n'est : Merci.

BIBLIOGRAPHIE

ATLANTA (THE). — Publications. The Negro Church. A social study, 1903.

AUBIN (EUGÈNE). — En Haïti. Paris, 1910.

AUDAIN (Dr LÉON). — Le mal d'Haïti. Port-au-Prince. 1908

BAGHEOT. — Lois scientifiques du développement des nations. (Paris, 1885).

BOISSIER. — La fin du paganisme. 2 volumes, Paris.

BOULE (MARCELLIN). — Les hommes fossiles. Paris, 1923.

BRICOURT J. — Où en est l'histoire des religions. Paris, 1912.

BRUHNES (JEAN). — Géographie humaine. Paris, 1912.

CUREAU (Dr A.). — Les sociétés primitives de l'Afrique équatoriale. Paris, 1912.

DELMAS ET BOLL. — La personnalité humaine. Paris, 1922.

DELACROIX (H). — La religion et la foi. Paris, 1922. — Le langage et la pensée. Paris, 1924.

DELAFOSSE (MAURICE). — Haut-Sénégal-Niger. 3 vol. Paris, 1911. — Les noirs de l'Afrique, 1922. — L'âme nègre, 1922. — Les nègres, 1927.

DENIKER. — Les races et les peuples de la terre. Paris, 1926.

DESPLAGNES (Lieutenant L.). — Le plateau central nigérien. Paris, 1907.

DODDS. — The negro races. New-York, 1914.

DORSAINVILLE (Dr J.-C.). — Vaudou et névroses. Série d'articles publiés dans « Haïti médicale » en 1912 et 1913. Port-au-Prince. — Une explication philologique du Vaudou. Port-au-Prince, 1924.

DUBOIS (W.-E.-B.). — The negro. New-York, 1915.

DUBOIS (FÉLIX). — Tombouctou la mystérieuse. Paris.

DUMAS (GEORGES). — Traité de psychologie. 2 vol. Paris, 1923

DURKHEIM (EMILE). — Les formes élémentaires de la vie religieuse. Paris, 1912.

DWELSHAUVERS. — L'inconscient. Paris, 1916.

FLEURY (Dʳ MAURICE DE). — L'angoisse humaine. Paris, 1924.

FRAZER (SIR JAMES). — Le Rameau d'or. Edition nouvelle
abrégée. Traduction de Lady Frazer. Paris, 1923.

FUNCK-BRENTANO. — La civilisation et ses lois. Paris, 1876.

FUSTEL DE COULANGES. — La cité antique. Paris.

GUIGNEBERT. — Le Christianisme antique. Paris, 1922.

GUILLEMINOT. — Les nouveaux horizons de la science. Paris,
1926.

HARDY. — Vue générale de l'histoire d'Afrique. Paris, 1926.

JANET (PIERRE). — L'automatisme psychologique (9ᵉ édition).
Paris, 1925. — Les médications psychologiques
(3 vol.). Paris, 1919-1925. — Article dans le
« Traité de psychologie » de Dumas. — Les
Névroses. Paris.

JOHNSTONE (SIR·HARRY). — Liberia (2 vol.) London, 1906. —
The negro in the new world. London, 1900. — The
opening up of Africa (publié dans la collection
Home University Library, 18 vol., sans date
d'édition).

LEBON (Dʳ GUSTAVE). — Lois psychologiques du développement des peuples. Paris, 1900. — Les opinions et
les croyances. Paris, 1916.

LEVY-BRUHL. — Les fonctions mentales dans les sociétés
inférieures (2ᵉ éd.). Paris, 1912. — La mentalité
primitive. — Paris, 1925.

LEROY (MGR). — La religion des primitifs. Paris, 1911.

LE HÉRISSÉ (A). — L'ancien royaume du Dahomey. Paris,
1911.

LHÉRISSON (Dʳ ELIE). — Etudes sur le Vaudou publiées dans
« La Lanterne médicale ». Port-au-Prince.

⸱ᴿᴬ (JAMES H.). — Psychologie du mysticisme religieux.
Traduction de M. Lucien Herr. Paris, 1920.

LOISY (A.). — La religion d'Israël. Paris, 1908. — Les livres du nouveau Testament. Paris, 1922. — Essai historique sur le sacrifice. Paris, 1920.

MOREAU DE ST-MÉRY. — Description topographique, physique, civile, politique et historique de Saint-Domingue. Philadelphie, 1797. — La danse. Parme, 1803.

MAURIS. — Article du « Mercure de France », n° 531.

NAU (EMILE). — Histoire des Caciques d'Haïti. Port-au-Prince, 1894.

PETIT. — Histoire Universelle illustrée des peuples. Paris, 1913.

PEYTRAUD. — L'esclavage dans les Antilles françaises avant 1789. Paris, 1897.

PINARD DE LA BOULAYE (S.-J.). — Etude comparée des religions. Paris, 1922.

PRICE (HANNIBAL). — La réhabilitation de la race noire. Port-au-Prince, 1900.

REINACH (SALOMON). — Orpheus. Paris, 1900.

SEBILLOT. — Le folk-lore. Paris, 1913.

SEMPLE. — Influences of geographic environment on the basis of Ratzel's system of anthropo-geography. New-York and London, 1911.

SERGENT (EMILE). — Traité de pathologie médicale. Tome V, VI, VII, VIII. Neurologie et Psychiatrie.

STANLEY. — A travers le continent mystérieux. Paris, 1879. — Dans les ténèbres de l'Afrique.

SÖDERBLOM. — Manuel d'histoire des religions. Paris, 1925.

TAUXIER. — Le noir du Soudan. Paris, 1911.

TOUTÉE (Colonel). — Du Dahomey au Sahara. Paris, 1907.

TROUILLOT (D). — Esquisse ethnographique de Vaudou. Port-au-Prince, 1885.

VALLAUX (CAMILLE). — Le sol et l'Etat. Paris, 1911.

WOODRING. — Géologie de la République d'Haïti. Port-au-Prince, 1925.

TABLE DES MATIÈRES

CHAPITRE VII

CHAPITRE VIII

APPENDICE